U0933811

珍藏本
纪念版

汉译世界学术名著丛书

政治经济学研究

第二卷

〔瑞士〕西斯蒙第 著

胡尧步 李直 李玉民 译

胡尧步 校

商务印书馆
SINCE 1897
The Commercial Press

2017年·北京

J. C. L. Simonde de Sismondi
ÉTUDES SUR L'ÉCONOMIE POLITIQUE
Treuttel et Würtz, Libraires, Paris, 1837
本书根据巴黎特勒泰尔和维尔茨书店1837年版译出

汉译世界学术名著丛书
（120年纪念版·珍藏本）
出 版 说 明

2017年2月11日，商务印书馆迎来120岁的生日。120年前，商务印书馆前贤怀揣文化救国的理想，抱持“昌明教育，开启民智”的使命，立足本土，放眼寰宇，以出版为津梁，沟通中西，为中国、为世界提供最富智慧的思想文化成果。无论世事白云苍狗，潮流左右激荡，甚至战火硝烟弥漫，始终践行学术报国之志，无改初心。

迻译世界各国学术名著，即其一端。早在20世纪初年便出版《原富》《天演论》等影响至今的代表性著作，1950年代后更致力于外国哲学和社会科学经典的译介，及至1980年代，辑为“汉译世界学术名著丛书”，汇涓为流，蔚为大观。丛书自1981年开始出版，历时三十余年，迄今已推出七百种，是我国现代出版史上规模最大、最为重要的学术翻译工程。

丛书所选之书，立场观点不囿于一派，学科领域不限于一门，皆为文明开启以来，各时代、各国家、各民族的思想与文化精粹，代表着人类已经到达过的精神境界。丛书系统译介世界学术经典，引领时代思想，为本土原创学术的发展提供丰富的文化滋养，为推动中国现代学术和现代化进程做出了突出的贡献。

为纪念商务印书馆成立120周年，我们整体推出“汉译世界学术名著丛书”120年纪念版的珍藏本，寄望既利于文化积累，又便于研读查考，同时向长期支持丛书出版的译者、编者和读者致以敬意。

两甲子后的今天，商务印书馆又站在了一个新的历史时间节点上。我们不仅要铭记先辈的身影和足迹，更须让我们的步伐充满新的时代精神。这是商务人代代相传的事业，更是与国家和民族的命运始终紧密相连的事业。我们责无旁贷，必须做好我们这代人的传承与创造，让我们的努力和成果不仅凝聚成民族文化的记忆，还能成为后来人可以接续的事业。唯此，才能不负前贤，无愧来者。

商务印书馆编辑部

2017年10月

目　　录

第一部分(续篇)

论领土财富和农民的生活状况

第十篇　论罗马农村里农民的生活状况

当初,我们不打算把对领土财富的研究扯得太远。在本书的第一卷中,我们汇集的几篇文章,论述了最著名的民族为其农民所安排的不同生活状况,以及这种生活状况产生的限制或增进普遍繁荣的效果。我们认为,某些值得注意的事实比对某些原则进行新的论述更具有说服力。我们也想将这些研究的续篇留给我们的后辈,他们会从中勾画出关于领土财富理论的全貌,更确切地说,通过研究领土财富,由他们找到保证人类社会幸福的方法。

我们承认,我们尚未取得多大进展以实现这种愿望,因此觉得有些气馁。有位才智横溢的作家在一篇关于政治经济学基本原理的文章(1836 年 12 月《日内瓦万有文库》)中写道:在我们这里,“对他的呼吁并不是没有反响;他的教诲使人得益之多可能是他自己也想象不到的;当今日益增长的生产对产品分配,并通过分配对社会福利产生恶劣影响，这是从科学中得到的真理”。[①] 恰巧相反，我们认为，我们所阅读的所有政治经济学著作，甚至上述文章，都提醒我们，我们的呼吁仍未获得反响：没有人重复、发展和应用由我们首先陈述的真理。我们已经看到，我们已在不止一个问题上获得胜利，但是这种胜利也仅仅是以沉默代替往日的喧嚣而已。我们看到，我们的论敌已经承认我们早已提醒注意的很多现象，对这些现象，他们开始是否认，尔后又含糊其辞地承认，他们仅仅是改变方式以便和我们作斗争。他们尽管不断地退却，已将我们的大部分理论占为已有，但是还不得不拒绝我们的原则，好像拒绝这些原则就是拒绝我们的整个理论。因此，我们能将真正的政治经济学，**即家庭和城市的规律**，托付给后辈照料并使这门科学结出硕果，这样的时刻还没有到来。

我们是这样区分财富学和政治经济学的：财富学[②]把财富当做目的，或像人们期望的那样，抽象地看待财富；而政治经济学则把财富看做获得社会幸福的手段。我们看到，这种区分已开始为人们所承认。我们也看到，财富学派有位杰出作家纳索·西尼尔，他本人承认，在他的科学中是不谈人的幸福的。他说：“立法的主题不是财富，而是人类的幸福；政治经济学(应读做财富学)的主题不是幸福，而是财富。而经济学家所要得到的结论，不管这些结论是否真实和全面，也不能允许经济学家提出一种实际可行的建议。提这种建议是政治家和研究立法的作家们的任务。”[③]当然，如果

---

① 《日内瓦万有文库》，第 6 册，第 266 页。

② 财富学(Chrématistique)，又译理财学。——译者

③ 《日内瓦万有文库》，第 6 册，第 247 页。

这种沉默是经济学家的职责，那么，他们迄今很少尽到责任；他们向来也没有得到过这样一种结论，即他们的要求能立即实行，也从来没有安排或相信安排过这样一系列活动，这些活动既能增加财富，又不会贬低那些具有错误和落后思想的人们和那些固执己见的人们的名声，这些人就是指出上述理论弊病的人。此外，我们还要问西尼尔先生本人，他对这个问题保持沉默，与他的先驱者的说教不是一样令人失望吗？他是否相信，当他承认某种经济活动正在增加财富并毁掉幸福时，而且在增加财富与毁掉幸福二者之间只是强调前者，这就算是对人类尽了职责吗？当他说“这样干才能多挣钱”时，他是否相信，对他所说的“必须这样干”这句话，任何人都不会听吗？

撇开增加财富的目的不谈，我们坚持将财富学或对增加财富方法的研究看做是一门骗人的科学；我们坚持将政治经济学看做应是对上帝为维护人的善心与和蔼而赋予人类社会的伟大律法的探讨和应用；我们坚持将我们的努力用于人类的进步而不是物的进步，用于谋求人类的幸福而不是用来获取财富；对于人们向我们宣称的那些传闻，我们既不相信也不同意；我们相信，我们还应该重复过去向全世界各国发出的呼吁：多关心你们的农民吧！因为他们既是国家中人数最多的又是最重要的阶级；审慎的政治经济学应该满足这个阶级最大的幸福；农民又是这样一个阶级，有时在危险的财富学的驱使下，贪财使之蒙受过很多痛苦！

此外，偶然的机会使我们得以实践在本书上册中阐述过的那些原则，使我们能够研究一些新的国家，而每一次新的实践都向我们证实了那些原则的真理性；事实检验学说，对我们过去也感到吃惊和费解的那些事实,一旦用我们力求符合社会科学的新的观点来考查,它们就会脉络分明,不言而喻;财富学的原因和伦理学的效果之间的因果联系也一览无遗,通过这种实践,使我们所揭示的原则又在一个新的高度获得了可靠性。

在我们即将出版社会科学论著的第二册时,我们得在罗马逗留更长的时间。从我们第一次访问这个古老的首都到如今,已经过去了30年,离上次访问也已经20年,然而,除去考察的目的有所不同以外,这三次访问的印象几乎都是一样的。

每年,成群结队来到罗马的大多数游客并不是把这座伟大的城市看做首都,看做是享有享受权利和人的发展权利的芸芸众生的生活场所,以及看做是绘画、雕像和名胜古迹的博物馆,形形色色的艺术品一饱游客们的眼福。在他们的心目中,罗马城的16万或18万居民只不过是城市的附属品。此外,大多数游客浮想联翩,想看的只是城市诗境般的风景;如果这个遍布坟场的城市,这个到处留下埃及人、埃特鲁立亚人、希腊人、罗马人以及先后征服和压迫过当地居民的蛮族的文明遗迹的城市,它不留下一点人类的哀伤,游客们也是会感到扫兴的。中世纪的伟大人物和教士曾将这种文明传播到欧洲。罗马街上徘徊的衣服褴褛的乞丐,广场上晒太阳取暖的闲人,他们目光炯炯,动作敏捷,从来不慌不忙,无所事事,在那些怀着诗情雅意的游客看来,这些人比起现代城市的工匠来,似乎更为标致漂亮!这些游客对身着褴褛衣衫、游手好闲、穷极潦倒的人们感到遗憾,而且,可能在这种遗憾中,还有对工业主义使现代城市的穷人经常处于穷极潦倒处境的反感,而他们是从未感受过这种处境的。在大街小巷,人们经常能碰到长长的

教士行列，这是长期以来享有盛名的圣城的极好的陪衬，并使这个圣城保存了特色。公共建筑和私人宅邸皆已黯然失色，街上污泥满地，道路破碎，到处凌乱不堪。牛群伸着长角，到处漫游，它们野性难驯，骨瘦如柴。在这个古罗马帝王的城市里，家禽到处乱窜，对人毫无惧色，如同生活在寂静的村庄。这种景色对富有想象力的罗马孩子们增添了诱惑力，因为它证实了人的一统局面已经结束。确实，这种景色可以轻而易举地说服那些沉湎于往日废墟而联想翩翩的游人，他们不必像在其他都会一样，受充满猜疑和不安的警察的监视。画家和业余画家，多愁善感的旅行家十分赞赏罗马的农村，在一望无际的原野上，拉普伊的牧童、阿布鲁齐的农夫、马尔凯的刈割者不再来此问津，这里已找不到农户，找不到土生土长的居民，找不到人们热爱土地的痕迹，也找不到至少有 300 年历史的人类古迹，如今已成为一片废墟了。这块土地尽管肥沃，如今已经荒芜，自从罗马执政官时期不再耕种后，好像不再生长庄稼、树木和葡萄。同时，画家们却赞叹反映荒野和自然风光的景致的丰富和热情的色调。

我们应该承认这种感觉和激情对我们来说是格格不入的；由于感官缺陷，艺术享受也与我们无缘。我们很想激起对雕塑和绘画的热情，但是我们没有这种闲情。我们曾听说过的罗马农村的美丽景色，也只是在眼前一晃而过，留下的只是一片闪光。使我们更为激动的是建筑学的杰作；但是，在那些古迹中，如果有一些使我们想起了智慧和道德的光荣岁月的话，大多数是由于体积庞大和外表漂亮。这些也不过是说明土地的主人很富有，他们曾驾驭自然，役使他人。如果劳动成果未曾给过他们享受，他们也不会相信千万个不好使唤的劳动力的成果。

因而,我们虽然眼力不济,我们的思想却习惯于注意那些吸引游客的诱人的风景。我们不能享受真正的美景,我们感受到的是它所缺少的东西,这比其他的一切可能更使人感慨万分。由此得出结论,罗马是我们所知道的、我们待过的地方中最凄惨的地方之一;对我们来说,它之所以凄惨,并不是人们那种淡薄的伤感,因为这种感情和我们相去甚远,而且是使我们超越种族观念,它使我们既看到伟大又看到贫困;我们在罗马感到的不是这种伤感;相反,这种伤感在世界别的地方更能感觉到;但是,通过这种景象,我们看到的只是很大一部分人处于贫困、毁灭败落的境地。在坟墓之间,我们已看到临死的人躺在床上,听到他们的呻吟声,死亡临近,情况迫切,以致在这种情景面前,我们难以沉湎于梦幻似的回忆中。

首都周围的四个省即阿格罗罗马诺、萨皮纳、坎帕尼亚-马里蒂马和帕特里莫尼乌-圣皮埃特罗的农业人口,即农村人口已经消失。这 4 个省面积达 3 881 平方公里,可是,这里可能没有一个真正的农民。从首都出发,朝某一个方向走去,走 20—30 里地,人们找不到一块由当地人耕种的土地。从海滨一直绵延到阿布鲁齐山脚下的小丘陵地,伸展着一块人们称作平原的凄凉荒野,地势的起伏似层层叠浪,在其他地方,人们称这种荒野为丘陵和山岳;在夏天,空气发出一股恶臭,凭眼力找不出原因,因为哪儿也找不到沼泽和死水坑。这里土壤十分肥沃,犁耕的痕迹到处可见,然而,它在十年内只翻过一次,播种和收获等农活都由来自远方的外地人承担,几个星期后,他们又返回家乡。坎帕尼亚地势平坦,地面上长满野草。在帕特里莫纳，染料木和欧石南绿荫遍地；沿着海边还有一片广阔的森林。当人们靠近翁布罗内时，在牧场中心，大橡树就像是果园中栽培的林木；但是，这里也和别处一样，找不到居民。意大利引以为荣的能言善辩的教士吉赛浦·巴尔比利，他怀着善良的愿望，用富有哲理和诗一般动听的语言，描述过这片荒野。"你想，周围几公里都是满目荒凉，旷无人烟，万物萧条，我的心情会是怎样。在这种凄凉偏僻的地方，游客们在生活上得不到任何帮助，遇到强盗袭击也束手无策。四周一片沉寂，只听见令人伤感的飒飒的风声和叮咚的泉水声。隐约可见的茅舍没有一丝炊烟。路边没有教堂，也没有十字架，不能对无依无靠的心灵给予安慰。无论是在平原上，在山冈上或是在蜿蜒曲折的山谷里，到处都是荒凉景象。并且，这种景象一直延伸到大城市的城墙脚下。"①

在罗马以东 10 里至 30 里地区，有一片丘陵，这里过去居住着萨宾人、埃克人、赫尔尼基、阿尔班人。② 这片丘陵的部分地区覆盖着橄榄树、葡萄树和果树，稀稀落落地散布在田野上，茁壮的庄稼更增添诱人的景色；然而，更深入仔细地研究就使我们认识到，这里也没有农民，如果没有每年都来这里的外地工人的帮助，给地里送肥的活计就没法完成。

罗马是欧洲的中心，有过光荣历史，那里气候温和，土地肥沃。因而，将整个农民阶层从这里赶走或毁灭，这是骇人听闻、令人吃惊的事件，使来到这个首都的游客触目惊心。因为它是文明古都，

① 巴尔比利致作家的书简，见他的《著作集》。

② 萨宾人（Sabins）、埃克人（Èques）、赫尔尼基（Herniques）、阿尔班人（Albains），都是意大利古民族。——译者

是基督教世界的中心，两千年来，它对世界大部分地区要过贡品。

越过荒野，游客来到了这座雄伟的城市。从地平线眺望，圣彼得教堂的圆顶映入眼帘，在这种距离，人们看不见别的建筑。几个世纪以来，这个教皇城市的人口不断增长。但是，过寄生生活的居民靠基督教徒付给教皇的贡品过日子，奴仆们靠世俗的和宗教的大领主付给的工资，还有讲排场时付给仪仗队的钱，最后，还有慈善机构以及宗教机构的施舍。穷人收入的三种来源已被榨取殆尽；而各国君主竭力缩减臣民付给罗马的贡品。当西班牙、葡萄牙、美国和印度削减交纳的贡金时，财政就十分拮据了。这时，贵族辞退大部分他们所不需要的仆人，这些人在过去是给他们打仗的；日益穷困的修道院也只好取消一部分每天的配给品。过去有收入来源的老百姓在城里干不了手艺活，到农村也干不了农活，只好沿街乞讨，但是，施舍也越来越少了，他们受冻挨饿，日子越来越苦，最后一命呜呼；这些人住在屋檐下，在大街上到处流浪；古代的废墟加上现代的废墟，今天的罗马就是建立在这样的基础之上的。在懒散和贫困中，城市人口增长了，这是游客们得到的第二个印象。

每年来这个基督教首都访问的外国财主总有 15 000 到 2 万人。他们在这里吃喝玩乐，挥霍钱财，这笔钱过去几乎是罗马居民的唯一收入。这些外国财主很可能谁也没有看到我们刚才指出的两个事实，但是，大部分外国财主也不能指望无能的政府，即这个教士掌管的政府干什么好事，任何人也没有为这个政府承担的职责做什么事情。轻微的指责经常隐藏着严厉。人们不怜悯那些迫不及待去判别人罪的人，不再注意某种任务的艰巨性，而只是说应该完成此项任务的人是无能之辈。人们事先编出一套理由，说教权政府是不合情理的政府。然而，当人们将这种政府与那些不负责任的政府，以及那些不稳定和权力得不到保证的政府相比较时，找出一些荒谬的理由以说明这个政府是低劣的也并非难事。确实，如果有人要问，人们喜欢授权给什么样的人，谁都可以这样回答：应该挑选才智与品德出众的人。但是经验表明，在这个社会里，难以找到两全其美的人，世界上找不到什么缺点也没有的人。但是，在各行各业中，教士是最具有纯正品质的人。他们在开始接受教育时，就要求他们教人民学习伦理学，而且经常结合学习人类的法律和哲学来学习神学。在各种人中，他们应该是最懂得是非与处世之道的，他们所受的训练应该最能保持纯正的品质。而行为不端的人会损害神职的尊严，他们中间的大多数人将不得不放弃神职。

如果在宗教团体中，这些保证能吸引和维持比其他行业更多的有道德的人，那么，这些保证就能更有效地招请有识之士。教会已经采用了两个民主原则之中的一个，即容许所有的人从事各种工作，同时，教会放弃了另外一个原则，即保证大众的权利或保护一切人们。任何一个人，不管他出身于哪个等级，都应该完全有机会得到教会中最崇高的荣誉，并且只是因为智慧超群，也能得到教会政府中的整个权力；政治组织应该经常维护这种光彩夺目的平等的荣誉，很多法国有识之士偏爱自由，并且把它当做本世纪最伟大的成就。罗马教会并不因出身而给予任何特权，它在社会最卑微的阶层中选择主教，直至教皇，只要这个人智力超群，能胜任红衣主教或教皇的职位就行。今天，虽然有人对教皇政府怨气冲天，但也该承认,比起其他欧洲国家来,教皇的臣属中才能卓越者比劣迹昭著者更多。

然而,我们并不认为教皇的政府是这样的政府,即那些服从于它的国家有权对教皇政府提出要求,这个政府应有力量摆脱目前陷入的致命的困境,它应该促进臣民物质和精神的进步,使他们不致堕入社会底层;人民群众的不满似乎是很普遍的,嘴上说的都是牢骚话,甚至说它已丧失昔日的威信,人民在思想深处和感情上已不再支持它。我们曾经说过:一切有无限权力的政府、一切不负责任的政府都必然会变成滥用权力的政府。被授予最高权力的那些人,不管他们是多么值得称道,如果他们不依靠人民,这种权力还是会将他们腐蚀。自从再次建立教皇政府以来,它废除了各省的自主权和市政宪章,以及所有能限制政府的人民权力机构,这个政府变得更糟糕了。这个政府老朽了,就像领养老金的老人一样,因此,人们已经感到这个政府将寿终正寝,天长日久,它将断送前途。统治这个政府的人不是靠能力而是靠权术,因此,它是软弱无能和害怕人民的,害怕人民也就说明它的错误有多么严重。而教士们习惯于把自己当做道德的主宰而不是奴仆,因此,教士们不把人类社会最好的保证,即对道德的尊重,当做原则、规则和法律。但是,在个人享受优惠待遇和特权方面,它完全是各行其是的。最高权力机关每前进一步,都要碰到有权有势的人物和有钱人的反抗,而它也不得不屈服于他们的压力。最高当局考虑问题不是看是否正确,而是看是否会得罪权势人物。但是,这些严重缺点是宗教国家所共有的,也不致因此而引起罗马附近省份的教区的田地荒芜,因为在马尔凯、佩鲁新、罗马尼阿、博洛奈等省没有类似的问题,那里

的农业人口很多，人丁比较兴旺。

因此，我们不把罗马附近4个省的田地荒芜归罪于政府，这个问题牵涉面广。在我们看来，这是经济现象而不是政治现象；这种现象更引人注目，并使我们惊恐万分，因为这是我们从事的职业而经历的现象，也是日常所作的努力的结果，这种现象的产生是现代文明必然的结局。给我们带来的社会趋势是，大国不断吞并小国，将小额财富聚集成巨额财富，积累资本，扩大农庄，增加一块又一块领地。然而，对事实观察的结果更使我们证实老普利尼①以前说过的那些话，当同样的奢侈品，同样的财富积累，当上帝为众人准备的财产只是集中在少数人手中时，大多数人必然处于依赖地位并受奴役，然后，农夫也被驱逐。普利尼说，在那些寻求真理的意大利人看来，"那面积无边无际的地产已经搞垮了意大利和它的行省"。②

罗马国农民目前所处的境况，其他国家是不能理解的，如果不研究它的历史，不研究它经过什么阶段才会落到此等状况，那是很难了解其究竟的。罗马国农民，过去人口众多，勤劳能干，而今天几乎完全被消灭了，这是很奇怪的和有教育意义的；但是，要找到历史事实的痕迹也很困难，因为财产从这个家族转移到另一个家族，财产的分散和集中几乎都是静悄悄地进行的。编年史家虽然了解一些不很重要的事件，然而，在他们的著作中也并未提及。确实，在契据和公证人的证书中，也可以找到土地所有权转让的一些

① 普利尼(Pline l' Ancien，公元23—79年)，古罗马博物学家，著有《自然历史》。——译者

② 此段文字，引自普利尼的著作(《国家历史》，第17册，第6章)。——译者

记录,但是,这也仅限于大领地,是在贵族和权贵人物之间进行的。有些贵族失去了爵位或者徒有虚名,这比失去财产本身付出的代价还要高。特别值得注意的是,土地所有者和农民之间的契约往往没有文字形式,因为在中世纪,农民不识字,领主也不识字,因此,为了相互方便和使双方都放心,领主和农民就订立口头协议。但是,我们还是设法描绘一张罗马国土地转移的图画。为了了解情况,我们有时经常得求助于猜想,并以猜想代替事实,大家对此不必大惊小怪。

为了解释现代罗马的状况,我们不得不回溯到古罗马时代,甚至意大利最古老的历史。在真正自由、真正繁荣、人民尚武的时代,意大利的各个城邦都是独立的,每个城邦都可能受到邻邦的攻击,每个城邦经常将收获物置放在城郭内的围场里。农民种地可以不必离开城市的住宅。根据蒂图-李维[①]的叙述,在整个罗马王朝年间,或到罗马历 244 年,教区财产所有制还没有建立,每天早晨,农夫赶着牲畜出城耕地,直到太阳落山才回城。当阿尔巴龙加城被洗劫一空后,在罗马城的西留山上安顿了该城的居民;萨宾人住在卡皮多尔山上,拉丁人住在阿万坦山和雅尼居尔山。相反,当时还处于罗马统治下的城市仍保留着农民。当科拉蒂亚城的革命推翻了塔尔甘王朝[②]最后一位国王时,为使居住在该城的农民不给罗马通风报信,国王的卫队被逐出城市。

人们可能把这种经营方式称作城市式的,它不能容忍在田野

① 蒂图-李维(Tite-Live),生于公元前 59 年,古罗马历史学家,著有《罗马史》。——译者

② 塔尔甘王朝是公元前六世纪的王朝,被推翻于公元前 510 年。——译者

里有孤立的房子，而是要把房子连成一片，有共同的围墙，以便共同防卫和确保安全。在其他国家，在社会秩序没有足够保证的地方，如普罗旺斯、西班牙、意大利其他地方，也实行这种经营方式。确实，这种方式会浪费时间，运肥和收庄稼时搬运花费太大，但是，在另外一方面，它对当地的习俗和文明的进步产生有利的影响。首先，这种耕作制度几乎不允许别人分享农民的利益。一般来说，这里建立这种耕作制以后，土地完全属于农民。在古代的意大利，这种经营也存在过，农民是土地绝对的主人，他不与别人分享收获物；他不向任何人交纳地租。

罗马农民的财产是完全有保障的，他知道在死后这些财产会留给他的子孙，所以精心照料，使之产生收益；先辈的劳动给后代带来了好处，罗马乡村的土地十分肥沃，庄稼品种很多，拥有 7 朱热拉，或 7 阿尔庞[①]的土地就足以养活一家人。庄稼汉像城里人一样住在城里，但是他们与国家有双重的联系，这就是他们具有政治优越性的理由。城里的居民有干净的饮水、林荫道，还有新鲜的空气，垃圾也运到离城很远的地方，居民很少传染上疟疾。在今天的罗马，这种病使人胆战心惊，然而，这种病只是传染给白天流大汗、早晚又受寒风吹打的人。然而，蒂图-李维在其《乡村式城市》[②]一文中曾提到过，公元 3 世纪末以前，田野里已经盖起了房子，毫无疑问，在大忙季节，居民们就搬到这里来住。拉齐奥、萨宾、坎帕尼亚、伊特鲁立亚的老百姓，选择了地址，在干净和地势高

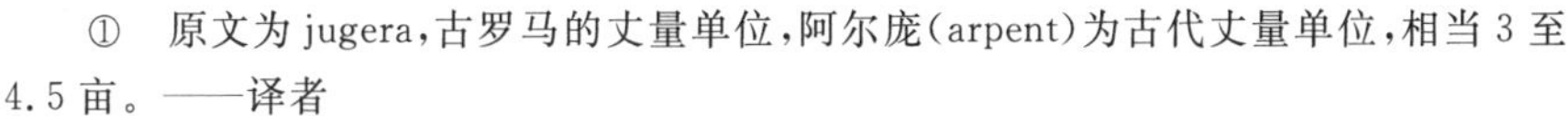

① 原文为 jugera，古罗马的丈量单位，阿尔庞（arpent）为古代丈量单位，相当 3 至 4.5 亩。——译者

② 见蒂图-李维：《几十年间》，第 II 册，第 13 章。

的地方,建起了城邦,那里水源丰富,水质干净:由于他们势孤力单,大家在围墙里聚集和居住在一起;也可能由于这个原因,他们很少住在环境不怎么有益于健康的乡村里。农作物大致总是一些同样的品种;他们总是选择环抱城市的小山岗来栽种橄榄、葡萄或其他果木,在方圆四五里的田野上来种庄稼,在更远的地方进行放牧。

当罗马人口增加,阿格罗罗马诺对罗马农民来说已不敷需要时,附近的城市相继被征服;这些城市被迫让与征服者一部分土地;有时,一个邦联割让整个城市以及属于该市的土地。"在征服了沃尔西斯和韦利泰努斯后,为了建立移民地,人们从城里将移民遣往韦利特拉斯。"[①]罗马的侨民,包括同意移居国外的公民,给送到被征服的城邦里。他们免费地得到一块面积颇大的土地,这些土地是宗主国最好的不动产。要活下去就得干活,移居国外的罗马人就像那些没有军饷的驻防兵士一样,得乖乖地支持罗马的征服事业。

对罗马贵族来说,建立移民地是安定那些失去祖产的公民的妥善办法。确实,其中有些人,由于敌人的入侵、土地被废弃、牛羊被抢走而破产,借了富人的钱又无法偿还;他们被重利盘剥压得透不过气来,对扣押他们的人员感到恼火。[②] 为了平息他们的怨恨,别人就怂恿他们去移民地,并答应给他们免费分配土地;同时,他们也得卖掉罗马附近的地产;与此相反,贵族们总是迫不及待地购

① 见蒂图-李维:《几十年间》,第 II 册,第 16 章。

② 同上书,第 II 册,第 13 章。

买罗马周围的一切田地房产。这些贵族早已不劳动，他们使用奴隶种地。但是，在用人力种地的各种方式中，奴隶劳动是花费最大的，因此，贵族们不可能很快地扩大家产，他们得研究一种办法，用较少的人力取得较大的效益。不久，他们认识到在大城市周围，最有利可图地使用土地的办法是发展牲畜饲养业，因为它需要的劳动力较少；相反，雇用劳动力或用奴隶种麦子成本更贵。以后，他们就给罗马人免费分配麦子，这就使谷物生产更无利可图；于是，小土地所有者在罗马就更无法维持生计，剩下的产业也就出售给富人了。同时，农业也逐渐地被弃之不顾了。在意大利中部，在罗马人的祖国，由于刚刚完成征服世界的伟业，农业人口也就不存在了。在农村，人们已找不到农民为军团补充兵员，也没有休闲田来种粮食以养活他们。在广阔的牧场上，牧奴放牧着成千上万的带角牲畜，他们代替了给罗马共和国带来赫赫战功的种族。

罗马人在丧失自由自在的生活以后，对担任任何公职的贵族院议员和贵族都很反感。过去，走运的士兵也可登上王位，王位不仅是属于那些以财富或出身感到骄傲的人们；因此，奢侈的享受和享乐的愿望代替了雄心壮志。罗马贵族院议员的恣情欢乐、穷奢极欲是世界上任何人也无可比拟的。人类的雄心壮志所建立的幅员辽阔的帝国已成为一小撮富人的天下；罗马人的产业一直扩张到日耳曼人、盖杜尔人[①]和帕提人[②]的国界；但是，贪婪随着奢侈增长，体魄随着怠惰衰弱；这些人虽然为出身感到骄傲，但是不关心

① 盖社尔人(Getules)，古代北非民族。——译者

② 帕提人(Parthes)，古代欧洲民族。——译者

延续香火，大部分人为了独自享受而不愿结婚；后来，由于这些人死后无嗣，旁系亲属将财产吞为己有。财富虽然减少了，但富人却更富了，因为富人的数目迅速地减少，他们的领地变成了行省。2世纪初，普利尼就说过，这些大领地会吞没意大利。到了3世纪和4世纪，随着这些领地的不断扩大，帝国的毁灭也就指日可待了。

乡村居民几乎全部消灭，代替他们的是为数不多的奴隶，这就为异族入侵罗马帝国敞开了大门。在意大利，土生土长的居民都躲在人烟稀少的深山密林里，在那些地方，贵族老爷们无暇顾及购买他们的土地。异族的每一次入侵都驱散、解放或掠夺一批奴隶，在意大利的一些地方，异族的入侵也是重新分配土地的机会。西奥多里克①曾强迫罗马公民接受东哥特客人，并将产业的1/3给予这些客人；但是，异族人对农业是外行，无法使农业繁荣；征服者人数太少，无法改变当地居民的习俗和见解，不久，贝利塞尔②领导的战争几乎消灭了意大利的东哥特人。

在意大利的一些地方，农业人口的重新开始产生可能是在伦巴第人入侵以后。这些热心为独立而战的战士，在完成征服事业之前，并没有绝对地抛弃了社会联系，他们开始在自己的土地上安家了。分享王朝领土的30个大公立刻成为当地的小皇帝。这些大公并不是向土地要钱，而是要为他们服务：当土地的主人关心的是人而不是物时，农民的境况会好一些，他们要求土地的并不是最

① 西奥多里克(Théodoric)，东哥特国王，曾建王朝统治意大利(455—526年)。——译者

② 贝利塞尔(Bélisaire，约494—565年)，拜占庭将军，曾征服波斯人、汪达尔人和东哥特人。——译者

大的收入，而是要勇敢的和忠实的臣仆。但是，这种进步与我们研究对象无关，因为伦巴第人的统治从来也没有扩展到罗马大公国。公爵的大庄园并没有被一块一块地分割。有些地产给了教会，有的分给宗教组织，有的被罗马人或异族人占有。皇帝分给这些人土地是为了酬劳他们的军功。在罗马贵族中，有一个赫赫有名的阿尔贝利克家族，这个家族拥有蒂斯居伦和那些可爱的乡村，地域一直伸展到弗拉斯卡蒂、马里诺和格罗塔费拉塔。为了怀念他们祖先在罗马强盛时期的业绩，家族的首领们分别被任命为伯爵、执政和贵族院议员。他们开始用农民当兵，通过武力任命他们的家族成员为罗马教皇；在这个时期，由于家谱中断，历史也是空白的，对罗马农村状况也不清楚；但是，在查理曼大帝和奥顿一世时，我们可以相信，那时的农村不像今天这样荒无人烟，土地也不像今天这样连成一大片。

但是，10世纪后叶，在奥顿王朝统治时期，在意大利和整个西方帝国，人们掀起一个使欧洲增加人口的运动。“勇往直前”，这就是莫拉托利[①]吉祥的名言。他指出在中世纪时，世界再次走出了混沌时期。国王们最终承认，用军队保卫社会是无效的，他们不得不号召人们拿起武器，允许城市、城堡和修道院进行自卫。于是，城堡又修复了古老的城墙；山冈布满了堡垒；甚至在古代遗址、古代罗马坟场、引水渠道、剧场，人们到处都修起雉堞，这样可以使那些只有在别人英勇保护下、在臣属保护下才得以安全的人找一个

① 莫拉托利（Lodovico Antonio Moratori，1672—1750年），意大利考古学家。——译者

安全的隐蔽场所。846 年,撒拉逊人洗劫了梵蒂冈,而罗马郊区早已一片荒凉。次年,莱昂第四筑起了城墙,建起了莱昂尼城。一百年以后,一眼望去,几乎所有的山冈都修起了堡垒;古老的城墙有的修复了,有的重建了,过去保卫自己独立的萨宾人、埃克人、赫尔尼基人和沃尔西人,现在为挽救居民的生命财产,重新给他们修隐蔽所并激发他们自卫的勇气。然而,这些城市和他们骁勇的居民也没有恢复他们的独立。他们无疑是蜷缩在过去大领主的后裔的庄园里,那时,这些庄园已成为贵族的碉堡了。随着中世纪具有历史意义的文明的产生,我们看到了埃克人的城市、帕勒斯特里那城、格纳查罗城等城市的主宰者科隆那家族;奥尔西尼家族取代了韦斯共和国和塞里斯共和国,并拥有布拉西雅纳、安基雅拉和塞里等城堡;靠近阿尔巴诺的蒙特-萨韦里,它的名字表示是萨韦里的产业,过去包括图尔尼斯王国;弗兰吉帕尼家族过去是昂蒂恩、阿斯图拉和海边地区的主人;加塔尼家族、安尼巴尔代希家族的城堡俯视蓬坦沼泽地;在拉齐奥,过去好战的共和国较多,封建家族较少。

然而,一个民族的战斗精神如果不是有利于农业的话,至少应有利于农民的独立地位。10 世纪以后,贵族或富人竭力避免长期遭受掠夺,谁都懂得只能靠自己的实力来保障安全,要靠土地,还得靠人,而不是靠钱财;因而,为了有人,为了土地上能有居民,为了使这些人既忠诚又勇敢,就应该使他们将来能够过平安和舒坦日子,使他们靠劳动能够改善他们的生活条件,让他们去开发土地,使种田的庄稼汉有足够的生活享受,使他们能安心耕作而不走邪门歪道,鼓励他们积聚钱财以成家立业。此外,还得保障他们的前途，保障他们能用以血汗改良土壤所得到的好处为他们自己和家庭谋得利益，而不是为他们的主人谋利；还要使他们自身的利益和产权密切联系。

罗马郊区最慷慨的地主表现得最为精明，他们给农民一块土地，收很轻的地租，租金有时用现金支付，有时用粮食；他们制定了长期租约制，只是附有服兵役的条件。相反，那些最吝啬的地主只想现在多捞钱，对将来如何概不考虑。他们只雇用移民，给他们一些收获物，并保留每年辞退这些移民的权利。但是，地主给移民种的土地荒芜了，这种不稳定的租地形式使土壤得不到改良；而农民仅仅为了获得一份收获物而不得不付出巨大的劳动。比起地主所得的巨大利润来，他们得到的利益是微不足道的。而那些慷慨的地主只要 1/5 的产品，让农民得 4/5。这种分配办法并没有给农民以足够维持生活的报酬。如果没有橄榄树、没有葡萄树或其他果树，对人和牲畜来说，如果没有农舍和围墙，如果农业没有灌溉渠道和沟渠，也没有世代改良的土壤，农业在过去和将来都不会有前途，也不是有利可图的实业。人们现在还可以见到实行五分制的土地；如果土地肥沃，农民靠 4/5 的收获物也可以维持生活。

长期租赁契约的租金额订的更低：除去兵役以外，地租经常是有名无实的。博学的科比神甫在题为《荒凉的罗马郊区》一文中也只给我们留下了一个古代的契约，那是 1202 年 5 月 11 日的契约。人们看到西里亚科的女修道院长把一个农场租给佃户，这个农场包括阿梅里奥拉和梅迪利里这两个古代拉丁城邦的一部分，租金是 1 桶半油、3 斤蜡、1 斤香、20 苏银币。按照当地习俗、她还有权获得死在其领地上的任何一个农民的 1/7 的收成和 1/30 的遗产。① 此外,永佃户是一辈子在这块地上干活,因此他得努力干活以挣一份家业。他将丘陵地筑成梯田,种上树、灌木或庄稼,将聪明才智都用在这块小小的土地上。全家男女老少无时无刻都勤奋耕作,各自量力而行。永佃户生活很富裕,儿子在家听父亲指挥荷锄种地,出外跟着领主持武器打仗。每当人们攀上拉齐奥熔岩山丘,或在冈扎诺、拉里西亚、罗卡迪帕帕、马里诺、弗拉斯卡蒂的卡斯特尔甘多尔福湖和内米湖畔观赏那些吸引画家的迷人风景时,每当人们看见那些逗人喜爱的庄稼,精心耕作的活计,丰富的物产时,人们会对农民拥有的一切,以及土地契约产生的丰硕成果感到欢欣鼓舞。而那些光秃秃的土地是属于那些收定额地租的领主的;但是,那些有出产的领地,即罗马人称作改良了土壤的土地,是长期租赁的土地,是属于庄稼人的。

由于农民与地产联系在一起,丘陵地带的领地就不像平川地带的那样遭到毁灭性的后果;那些庄园实际上是划分成块块的;农民向领主交纳地租,但并不妨碍他们向君主交纳税金;农民把土地看成是属于他们的,他们省吃俭用谋求发家致富。因此,在这些地区,农业使人丁兴旺,它不仅增加了农民人数和提供了保卫家乡的卫士,同时还培养了一批为意大利打仗卖命的冒险的武士。14 世纪中叶以后,罗马贵族,特别是科隆那家族和奥尔西尼家族,由于军事艺术的发展,一直以勇敢和军事才能著称于世。科隆那家族的 15 或 20 个有名的首领,他们中间哪一个走出山区时,总有一伙

① 1833 年 7 月 4 日,罗马诺学院备忘录,第 209 页。

忠于职守的武士跟着。当时，罗马贵族在山区的采邑，就像瑞士的情况一样，是培养武士的场所，人们在意大利的战场上都可以碰到这类士兵。

奥尔西尼家族和科隆那家族一样勇敢，在中世纪时，他们采邑的人丁并不兴旺，因为从那里抽去许多壮丁，这些武士跟随这个家族到了那不勒斯王国，他们在托斯卡纳、伦巴第、甚至在法国也颇有名气。隆佐达塞里曾在马赛与查理第五作战，在日内瓦与萨瓦公爵作战，这些事迹使塞里斯城的美名远震阿尔卑斯山的那一方，而如今这个城市却是满目凄凉。但是，在奥尔西尼的采邑里，三四个世纪之前以武力著称的居民已杳无踪迹了。他们的城堡倒坍了。田地也荒芜了；也许是他们的住宅不够牢固，但是他们也备受战争之害，瓦伦蒂诺公爵（恺撒・博尔若亚）想要杀绝奥尔西尼家族，一些村子的全部居民被屠杀，而且再也没有恢复元气，而领主们因为不再需要用这些人打仗而显得残杀成性，并用他们的特权来掠夺农民。因为领主们发现，在裁判权属于出让土地的领主这种政治状况下，即使是永久的租让，也不成问题，如果租让者不需要兵员，他就可以逐走移民，因为他本人就是与移民订立契约的法官。

在中世纪，罗马国的其他地方由于战争而繁荣，现在则是一片凄凉，形成鲜明的对比。今天，人们别想再在阿斯蒂拉找到那种勇士，他们曾聚集在弗兰吉帕尼的旗帜下，轻而易举地逮住了可怜的康拉廷。在美丽的维科湖畔的密林中，人类几乎已经销声匿迹。14 世纪，维科的令人生畏的军事首领和他的兵士们曾威震罗马，今天只剩下他们的子孙了。今天，卡斯特罗和隆西格尔家族的凄凉景象,跟与该家族同宗的、豪华的、战功赫赫的法尔内斯家族形成鲜明对比;到处都呈现下列情况:当领主向土地要的是人而不是钱时,他就人财两得,慷慨大度也得到报偿;当他向土地要钱而丝毫不考虑人时,那就人财两空,他的贪婪也得到报应。

只有当农业为战争提供人力时,封建贵族才乖乖地支持农业,在中世纪,只有在山区和丘陵地带人口才得到增长。领主想得到兵士,但是只有在能当兵的人属于他们时才能得到;麦子长出来保不住收获就没有用处,而兵士不服从命令也无济于事;自由城邦采取的是另外一种办法:当这些城邦人口稠密、国力强盛时,路上车辚辚、马萧萧,旌旗飘扬,城邦和郊区固若金汤,周围平原上农业兴旺发达;相反,在那些力量单薄的城市,或在称作卡斯特利(Castelli,城堡)的自由共同体里,人们种植附近平原的庄稼时,心里就不放心,干活也不很勤奋;这些城邦尽量不在这些地方建立村子和盖房子。在这些肥沃的土地上,人们仅在确信能收回庄稼时才耕耘播种,要不然,宁可将这块土地用做牧场,这样做也是有充分理由的。在宽阔的田野上修筑大工程是没有安全保障的,而不修这种工程既不能净化环境又不能疏通渠道。由于上述原因,托斯卡纳在皮埃尔-利奥波德统治年间,虽然工业已很发达,但是沼泽和平原杂草丛生和荒芜不堪,而当时的佛罗伦萨共和国是高度繁荣的。

阿格罗罗马诺和从翁布罗内和萨宾群山脚下延伸到海边的大片波浪起伏的平原,其荒芜原因也是相同的。每年夏天,尽管瘟病流行,一些倒霉的人们几乎总是从远方来到这里播种或收获庄稼,有些地方,土地虽很分散,但不是沼泽地;有些地方,土地很肥沃,可以长出最好的庄稼；但是在中世纪，这里也是无防御能力的。人们可以在平原播种，但是农夫要把收获的庄稼归己所有又有什么保证呢？人们可以开沟筑篱，盖起农舍，培植橄榄树、无花果树、桑树和葡萄（因为在大自然，没有一块土地是只能种大庄稼而不能种小作物的）；罗马本来是可以对永恒的未来有支配权的，但是对这个世界的未来，它却极少操心。中世纪时，教皇们虽然野心勃勃，却胆小如鼠，他们陷入了无休止的、永远无法取胜的争斗。他们在大封建领主之间、富于冒险的军队之间、那不勒斯国王和米兰公爵之间不断挑起争斗，一旦宣战，教皇们让军队洗劫一空，使对方无反抗能力。城市自卫队对教皇畏惧有余而信任不足；因此，教皇们竭力设法解除他们的武装；尽管罗马人口众多，但是他的军队从来不到田间去保卫庄稼汉。因此，管辖这块广阔土地的领主和宗教团体，对在这里设居民点并不操心；他们不订长期租约，也不搞定额地租；他们只让外地的垦殖者来这里播种，付给 1/5 的收获物，他们既不投资，也不给予任何保障，他们宁可要天然的草，而毫不惋惜让垦殖者离去，因为有草就可以将土地作为牧场出租，不必冒什么风险，而百业兴旺对敌人是诱饵，这种经营反而不安全。

可能是在 12 世纪到 14 世纪，罗马的一些居民又像共和国初期那样，开始在罗马郊区种地；他们也不在田野里定居，在富有的领主和宗教团体广阔的领地上耕种一些土地，对他们经营的情况我们并不清楚。人们可以从市场状况、穷人的状况，以及后世的证据中得出结论。小麦贸易花费的资本是很有限的，但它却引起人们很大的不信任，大城邦靠小麦生存，但小麦贸易却经常被战争打断；于是，罗马居民食用的大部分小麦是从自己土地上收获的，此外,当教皇们居住在阿维尼翁时,在西罗马帝国大分裂时,基督教国家的贡品也不送给罗马:那时,教廷处境极为困难,老百姓则更为匮乏。罗马的人口急剧下降,剩下的人总得活下去。由于罗马居民不会干城市的手艺活,在任何工场也找不到活计,贫困迫使他们只好到田间劳动。15 世纪中叶,宗教分裂结束了,罗马贵族重新享受豪华生活,他们又招雇垦殖者来耕种土地。1523 年,克莱芒七世宣布西克斯特四世(1471—1484 年)颁布的宪法重新生效。从下面的文字中,这个宪法颇使我们获得教益:"西克斯特四世说,考虑到以下事实:最近以来,城市面临的饥荒主要是因为少量土地播种了庄稼引起的;领主们更喜欢田地荒芜以便用做牧场,这比种粮食更为合算,因为他们可以从中取得更大的利润……等等。"[①]

因此,从 15 世纪中叶开始,罗马有的大地主总是将罗马农村的土地瓜分,他们拒绝耕种土地,陆续辞退那些企图种地的垦殖者。西克斯特四世为了使公共财产免遭贪婪者之害,命令 1/3 的土地必须种庄稼。为了保证执行这个法令,教皇允许那些想在罗马附近种田、而又不能从地主那里获得土地的人诉诸法庭。而法庭在用于耕作的 1/3 土地的选择问题、在开荒季节问题、在农民使用地主土地交纳租金问题,以及在种植期可能碰到的困难等问题上作出裁决。并且还要考虑到可能碰到的各种困难。西克斯特四世和他的侄儿朱尔二世是令人生畏的教皇,罗马贵族对上述法令不敢有丝毫的违抗;但是,当克莱芒七世想重新使它生效时就遇到强烈的反对。有人保存了一份巴普蒂斯特·卡

① 尼古拉:《论阿格罗罗马诺》,第 2 册,第 31—32 页。

萨里的文章，他在这篇文章中陈述了地主由于这种专横措施而忍受的一切困难。

我们并不想从那些惯于盲从的老人那里借用立法范例；这些老人自信，为了整个社会的利益，应该将产业服从于对地主来说是沉重负担的规定，他们是从一项共同的原则出发的，这项原则直到今天还适用于各国人民，并被应用在各种法典中。只是到现在，英国的政论家才说财产权的存在先于社会的规章，而社会的规章是为保卫财产权而设置的。而我们则不能想象，先于法律和军队的而不受法律保护、不受军队保障的财产权是什么东西。但是，这个理论问题比起事实的存在并不重要。无论哪一个时代，无论哪一个国家，最高权力机构总是根据它所确信的符合大家利益的原则来确定财产范围的；为了这种目的，最高权力机构如果只是听取地主的意见，那社会将遭难，而地主也难逃厄运。罗马的历史，从一开始直到今天，在每个时期都可以证实这个真理。至于西克斯特四世的敕令，最大的缺点是使人容易受骗。罗马贵族对他们的土地拥有很大权力，在法庭面前也很有办法，很快可以想出办法使那些想种他们土地的人破产。他们借口需要麦子，禁止把麦子运到城里，然后拼命降价，又榨取诉讼费，最终逼得农夫荒芜土地。[①]

教皇们重新耕种罗马乡村土地的努力宣告失败后，在 17 世纪和 18 世纪，竭力维持市场的繁荣，防止人民因缺少面包而怨声载道。在我们看来，这种目的是光明正大和合法的，这并不是说，因为立法给地主带来困难和穷困，因而我们要谴责这种立法，而是因

① 尼古拉：《论阿格罗罗马诺》，第 3 册，第 12 章，第 64 页。

为它并没有达到预期的效果,因为它为目前就牺牲了将来,在想保证人民食物的同时,它还连累那些供养人民的人们。1605 年至 1621 年在位的保罗五世,创立了教士会粮库,由它专门负责罗马的粮食供应;教士会的意图是避免人民的不满和骚乱,命令不管小麦的收成如何,不管是丰收还是歉收,在一些面包店里,面包都以同样的价格出售,用 1 个巴奥克(baioc,即罗马苏,它比法国苏价值高 1/10)买 8 盎司面包,这种价格维持了近 200 年,直到今天,一个小面包还卖 1 巴奥克,只是面包的重量已经变了。

因为给面包店作了以上规定,教士会很快独占了小麦贸易;它不仅购买了乡村的麦子,还拥有进出口的准许权。据说,教士们行使权利时不是根据市场的惯例,而是根据要求免税者的势力与捐赠。即使撇开这种滥用权力的情况不谈,规定上写的是只考虑贫穷消费者的利益,这种规定也是很糟糕的,它与我们今天所推崇的考虑生产者或地主利益的规定也是背道而驰的。我们相信政府应该注意生活资料的分配,但是,应该考虑全体人民的利益,而不仅是社会上某个阶级的利益。在阿格罗罗马诺,由于教士会缺乏原则,武断地作出决定,无法事先预计决定的效果,种地的地主的生活条件比以前更糟糕。

不管麦子是否充裕,教士会总是将它以每吕比奥(Rubbio,合 640 公斤)7 罗马埃居(合 37 法郎 10 生丁)的价格转卖给面包商;这个价格与平均价格相差无几,使面包商以 1 巴奥克的价格出售小面包时也有利可图;直到 1763 年,教士会的利润能补偿损失。但是,到了这个时期,麦子开始上涨,直到 18 世纪,涨势一直上升。尽管做赔本生意,教士会害怕招致人民的不满,仍然以原价出售面包。因此,在 1797 年教皇政府被推翻时,教士会粮食库负债达 3 293 865埃居,合 17 457 485 法郎。[①]

远在革命引起的动乱以前,教士会当时已感到陷于一种坏体制中,并加紧调查以找到一种替代它的好制度。1729 年,从教皇伯努瓦 13 世任职时起,稽查员负责价格,面包价格恢复到面包商价格;公共面包烤炉也交给了这些人员管理,这些人一上台,什么手腕都使出来了,他们的一切勾当都在尼古拉的作品中再现了。另外一些图表仔细地描述了每年应该播种的小麦数量和实际的播种数量;罗马人口变动情况,罗马历年的小麦消费量;运输费用使来自马尔凯的小麦涨价。1783 年,庇护六世根据这些资料制定了阿格罗罗马诺的新土地册,要求地主每年播种 17 000 吕比奥的土地,吕比奥是土地丈量单位,即假设播种 1 吕比奥的小麦的土地面积,尽管一般来说,1 吕比奥土地播种 1 吕比奥半的麦种,1 吕比奥有 3 703 平方卡纳,每卡纳是 2 米 22 厘米,1 吕比奥等于18 250 平方米,或者至少是 2 公顷或至少是 5 英亩,每平方英里有 120 吕比奥。庇护 6 世的敕令当时并没有执行,只有5 000到6 000 吕比奥的土地播种了,地主和农场主也拒绝这样做,地主要求另加租金,而农场主种的每吕比奥土地只交给地主 2 吕比奥麦子。[②]

地主们最后明确地解释他们抵制发展作物的原因;1790 年,他们提出了两个有图表说明的报告,1800 年,他们更证实了以上原因,今天的情况也依然如此:一个是在阿格罗罗马诺种作物的费

① 尼古拉:《论阿格罗罗马诺》,第 3 册,第 20 章,第 153 页。

② 同上,第 3 册,第 133 页。

用和播种 100 吕比奥土地时麦子的产量;另一个是在同样情况下养 2 500 头羊的收入。对农民或农场主来说,其结果是种麦子预付 8 000 埃居,得利 30 埃居,这还要在风调雨顺的条件下,如果用来养羊,预付 8 000 埃居款项可得 1 972 埃居的利润。①

这两本带有图表的报告具有很重要的意义:它说明了在罗马称作地产商人的大地主和农场主对发展种植业进行经常性的和不屈不挠的抵制;报告公开地将大地主的利益和社会利益、国家利益对立起来;报告表明,大地主们的真正的经济学是使他们发财致富的经济学,是节省人力,在他们所占有的土地上消灭居民;最后,报告提供我们真实的、迄今仍然是真实的细节,我们也注意到并证实罗马乡村的地主和农场主成功地把劳动力减少到最低程度。但是,这些充满技术名词的报告,对大多数读者来说是难以理解的,我们不逐字逐句地引证,而只是将它评论。

这两个报告的第一个基本出发点,那就是每吕比奥土地以 5 埃居计算,这是对用于放牧的土地上自然生长的草的估价。这笔钱相当于付给地主的租金,超过这两个报告中提到的数目。这笔数字在今天看来似乎高于平均数;因为,人们估计能刈收的草地值 10 埃居,人们每 4 年翻耕一次的牧场仅值 4 埃居;因而,人们不翻耕的土地很快会荆棘丛生,它只值 3 埃居。确实,我们询问过的农场主们承认,他们种麦子经常赔钱;但是,这种种植是必需的,因为它可以阻止土地不被森林所覆盖,以致不适合作牧场。

这两种比较并不是在同样面积的土地上进行的,而是在耕种

① 尼古拉:《论阿格罗罗马诺》,第 3 册,第 167 页及有关段落。

土地和放牧业之间付出同样的资本上作比较。比起种地来，放牧业收益多 10 至 12 倍。2 500 头产毛畜群，再加上 26 头公马或牝马，在罗马平原度过秋天、冬天和春天的 30 周时间，又在萨宾和翁布利山上度过夏天的 22 周。在冬天，饲养地大约需要 700 吕比奥，夏天大约需要 500 吕比奥。1 200 吕比奥相当 10 平方英里。在冬天，畜群能养活 29 人，夏天能养活 18 人，此外，还要维持 20 头专门用于放牧的狗。在 10 平方英里的土地上，过着放牧羊群生活的人数平均是 24 人。确实，在这块荒无人烟的土地上，人们找到的只有这些居民；因而，它像教皇国家的其他地方一样，每平方英里至少有 200 居民，而有些地方还更多一些，把可耕土地变成牧场，就等于消灭了 99%的居民；农场主或从事投机事业者，这种人在罗马被称作乡村商人，他们的利润，就代表维持这 99%的人的生活费用，农场主已使这部分人没法生活下去了。

但是，这种经营制度不仅节省了活的劳动，把靠土地生活的人数减少到最低限度，还使那些被雇用的人衣食不周，几乎完全过着野人的生活，并大大地削减了城市工业消费者的人数。我们研究的图表告诉我们，牧羊人的工资在冬季平均是 10 埃居，或 53 法郎，尽管夏天较短，钱数却一样；此外，牧主每天只给 20 英两面包，每周给半斤咸肉，每周还给相当于 2 小杯的油和一点盐。牧主还允许使用部分羊乳熬乳酪；但是，他不供给葡萄酒、醋、酸汁果酒和其他发酵饮料。这就是牧民常年的食物。这些食物都是从罗马带来的，因为在这片荒漠之地，既没有烘炉和供烹调用的餐具，也没有提供佐餐蔬菜的菜园子。人们远远地看见牧羊人披着羊毛露在外面的羊皮袄，覆盖着双肩和腿部，里面穿的是褴褛衣衫。至于住所,那就更谈不上了:确实,他们经常是露宿在坍塌的废墟上,其土壤里满布着乱石,或者是住在这块火山岩密布的土地的自然洞窟里或地下墓穴的窟窿里;在这些地方,他们贮存着锅、勺、瓢,以及其他一些为维持生活所必需的少得可怜的器皿。我们仔细算一笔账:这 29 人所用器皿的总价值仅仅是 30 埃居或 159 法郎。用于这些羊群的总开支,包括工资、供应品和使用的少数工具,总价值也只不过 1 038 埃居;产品包括羊羔、改良品种的老母羊、羊毛、干酪、乳酪,以及人们认为可以每年出售的 12 匹 3 岁的马驹,这些产品的总值是 7 122 埃居,这笔款项的年利润达 1 972 埃居。

另一张图表,是与带来同样价值的另一种经营有关的,土地面积要少 10 倍到 12 倍,这种情况使我们很好地懂得那些暂时靠土地生活的人的状态。我们在上面说过,在罗马农村,种地往往是得不偿失的行业;收获的麦子很少能顶得上经营费用,很久以来,如果不是为了在几年以后使土地免于生长荆棘、染料木、欧石南和其他一些不适合于作牧场的小灌木,人们早就不想种麦子了。由于这些树木将土地变成无人居住的不毛之地,农场主即农村商人想耕种土地,就不得不从远处雇用工人,为了使工人相互促进以及便于监督,农场主就叫工人一起干活。成千的收割音手拿镰刀干活,而监工骑在马上监督和逼着工人干活,这种情况并不罕见。鉴于工人人数众多,劳动分工也是别的地方所没有的。在一本交给我们的关于种麦子劳动所需要的账单中,我们发现至少有 10 种工人,用其他的语言是无法表达其称呼的,因为在其他地方,不同的农活都是由同样的人来干的。有些农活是由来自萨宾山区的短工干的;另外一些农活是由来自马尔凯或托斯卡纳的工人干的;人数最多的是来自阿布鲁齐的那不勒斯人；最后，为了整理麦秸和堆成垛，人们还雇用罗马的无业游民，这些人干别的活计都不行。这种劳动分工使农活干的很细；麦子至少要锄两次（翻土、除杂草），有时次数还更多；干活时，人人都干的又快又精细。在大量监工和他们的助手的监督下，几乎所有的工程都是采取包工形式的；但是，食品总是由农场主供应的，因为在荒野里，工人得不到食品。农场主供给每个工人一定数量的酒，每周供给 40 贝奥克的面包，3 斤其他有营养的食品，如咸肉、干酪等。冬天干活时，工人住在大屋子里，这是位于田野里劳动场所中心的建筑物，屋里什么家具都没有。工人们到那里去要走 2 英里、3 英里或 4 英里路，工人们在那里度过漫长的冬夜。夏天，他们就在干活的地方就地休息；他们经常在露天睡觉，尽管冰凉的露水常常导致疾病缠身；比较讲究的就是搭个帐篷或者用树枝搭个棚屋。

收割工人干庄稼活一般只有 10 天，这些工人经常是省吃俭用的，回家时带回全部工资，差不多有 5 埃居钱。那些管打场、运输、收藏的工人在阿格罗罗马诺待的时间较长。虽然支付的工资较高，但是工人很少能存下钱，因为他们常常患病。如果风调雨顺，得寒热病的占 1/3 或 1/4，而流年不利时，几乎所有的工人都染疾。在冬天或在气候比较好的季节里，农业劳动日的价格是比较高的，每个劳动日价格从 20 到 35 贝奥克；夏天，价格涨到 9 个保尔[①]，接近 5 个法郎。昂贵的劳动力价格也足以说明，在这些富有的乡村里，种地是无利可图的。然而，不管工资多高，穷苦工人都

① 保尔（Paules），意大利古币单位。——译者

得冒着生命危险来挣。大部分工人来到这里或回家要花两三天时间;他们日出而作,日没而息,中间用两顿饭,休息一小时,劳动时受烈日的灼烤和蚊蝇的叮咬;汗流浃背地干了一天活后,只能躺在地上睡觉,即使有树枝搭起的棚子栖身,这种休息也有损健康。背井离乡,得不到亲人的照料,如果他们病倒了,只有按古老的习俗,靠伙伴关照。于是,有些人被送往罗马的医院,有的便拖着病体回到家乡;有些人在旅途中丧了命,有的人则穷极潦倒地了结一生。有的人走运,带了几个埃居回到家乡,这就像中了彩票一样,又促使其他的人去碰运气。总的来说,外出工人挣来的钱财,对他的家乡来说是一种灾难。

但是,对于他们耕种的地方来说,他们的出现能使谁得到利益呢?只有农场主能得到利益,我们说过,利益有时候等于零,甚至经常是赔本经营。确实,种 100 吕比奥土地,根据我们现在掌握的数字,农场主发工资的花费就达 4 320 埃居;它比放牧 2 500 头羊群,占地 10 倍于耕地面积,牧场所付的工资高达 4 倍。然而,尽管农业的目的是应该养活人们,但是,如果人们过着悲惨的生活,其目的也就没有达到。罗马的农业只是在一段时间内改变了土地荒芜面貌,但是在农村没有定居一个居民,因而,它也没有给城市工业提供市场。冒着得寒热病危险来到这里的工人,过 10 天或 20 天又走了,他们经常连首府也没有看一眼,至少是没有购买什么东西。罗马既没有乡村,也没有乡下人。在城乡之间建立的、其他城镇居民借以安身立命的商业,在这里是不可能存在的。

地产商提出两个表格,他们对教皇作出断然的回答:罗马附近经营的农业总是比牧业收益更少,而且经常是赔本的。因而没有理由扩大它，除非是牧业本身要求这样做。但是，大领主的农业与真正的农业比较，真正的农业使土地产生农民和幸福，还有财富，两者之间是有天壤之别的。

人们称作地产商或乡村商人的农业承包人，是一些家财万贯和受过特殊教育的人，长期以来，很可能就热衷于将他们经营的所有土地归为己有；他们的人数刚好是 80 人。这些人熟悉农业的一切先进手段，掌握科学、技术和大量资本；他们充分利用集中和精细的簿记的优点，依靠田庄的幕僚班子和伸出四面八方的监督机构，自己却住在罗马，只是偶尔骑马去转一圈，人们不能要求他们详细地知道他们同时开发经营的 5 块或 6 块地产。然而，除去他们自己以外，所有那些协助搞农业的人都是仆役，这些人对事业的成败毫无兴趣。但是，地主或农场主通过节约来开发土地，就像人们说的那样，用他们认为能听使唤的仆役或工人来干活，而自己不亲手劳动，他们剥夺工人的聪明才智和对劳动的爱，只使用他们的体力，但是，人最有价值的是智慧和道德，而不是筋骨体肤。因此，在农业上真正的、唯一有利可图的节约措施，就是让那些从农业中得到好处的人来干活，如果可能，使农夫成为地主或订有长期契约的佃户，如果两者都不行，那就成为对分制佃户；因为管理生产劳动的经纪人自认为他们是不能受累和干农业活的，如果雇用短工，他们就会破产，如果不雇用短工，他们就会毁了国家。

地产商在麦子生产上使用的工人花费很多而产值不多，这不仅是因为除去旅费以外，所得的钱正好用来支付赖以栖身的糟糕的住所费用以及治病费用，还因为附近地方最坏的人才是不得不过这种流浪生活的人。工人们对他们的主人和伙伴都很陌生，也

不怕败坏自己的名声,他们只关心自身的利益;往地里撒盐或是种麦子,对他们来说都无所谓,在他们离开这个地方时,就是一把大火烧掉经纪人的厂房,他们也不会感到惋惜。

这些短工的劳动花费也比产值要高,因为在罗马乡村,现在这代人没有继承前几代人修建的工程,他们不能利用自然恩赐的力量以造福于人类。这种力量能把一棵大树在5分钟劈开,那是某人在100年前种的橄榄树或无花果树,土地以它的果实供养人民,在马尔凯,在同一个教皇政府的统治下,每平方英里土地能养活200个居民,并得到各种生活享受,这块土地是由于大量积累资本而富裕的[①],但是,这种资本既包含了人的劳动,也包含了大自然长期所作的工。土壤厚达2—3英尺,由于岁月的恩赐,它还混合了其他成分。葡萄树、无花果树、橄榄树、桑树和其他果树盖满了田野,果树的栽培归功于人类,而它的生长归功于大自然。梯田、水渠、运河、篱笆等使土地和果树免于损毁,并且也节省了子孙后代的劳动,鳞次栉比的房屋不仅保证了农民的享受、休息和健康,也使人们免于往返奔波和徒劳的运输。收获物品种繁多,收获接连不断,使农民得到生活保证,不因气候不好而使各种庄稼受到损害;各种庄稼活安排在不同季节,那些想自己承担全部农活的农民,每天给自己留着有利可图的活计,在播种季节和收获季节,他们去挣工资,在没有活计可干时,可以靠这笔钱过日子。粮食是地

---

① 马尔凯面积2 111平方英里,人口426 222人,其分布如下:阿斯科里397平方英里,弗尔莫279平方英里,马切拉塔598平方英里,安科纳475平方英里,查梅里纳362平方英里。马尔凯95%以上的土地是每平方英里201人;但是,扣除岩石地带和无人居住的不毛之地,每平方英里达300余人。

里长出来的，与农民的需求相当，他们不像罗马农民那样，连面包、酒和生菜都得花钱去买。

但是，人们也许会说，恶劣的空气、疟疾由不得罗马农民自己选择，在这种恶劣的条件下，农民也有本事从土地上得到好处。来访的客人问到罗马人时，大多数人都不承认存在疟疾；确实，他们并不认为疟疾没有折磨这块荒芜的土地，但是他们说，这是结果，而不是荒芜的原因。他们说，在广阔的牧场里，空气是不卫生的，这是因为牧场引起露水太多；长期不种庄稼的翻过的土地也是不卫生的；农村水道不疏浚，水源成为传染疾病的死坑，这种情况也造成不卫生；清洁的泉源不留给人们饮用，住宅不注意卫生，食谱只有面包和咸肉，什么新鲜蔬菜也没有，昆虫大肆繁殖，夏天蚊蝇孳生并传染疾病，人们难以度日，干活的男子无栖身场所，得不到家庭温暖和妻子的照顾，这些都是造成不卫生的原因。确实，在拉丁美洲的热带草原上，在由这类处女地开垦的土地上，都可能出现这种罗马乡村的寒热病，一旦种植业发展，这种疾病也就赶走了，再回头看看，这种疾病确实也只是在人口消失后才开始产生的。而罗马那些地势并不好的地区，因为人口较多，环境倒比较卫生。在托斯卡纳沼泽地中，格罗塞托是疾病最流行的地区，由于工业和人口的发展，今天已征服了瘟疫；蒂卜尔河沿岸，拉维尼恩、劳伦蒂恩和阿斯蒂恩的岸边，在罗马人别墅的遗址里，还能证明罗马人曾寻找海洋的新鲜空气。那里，今天人们找到的只是死亡。但是，如果不能肯定引起疾病的原因与火山岩土壤有关，而说与抛弃种植作物无关，那是不能解决问题的。在世界各地，人类的观察已充分表明，办工业首先会引起空气不洁，然后要克服这种状况，如果每

年夏天，在最恶劣的季节和令人生畏的环境下，外来的工人能到这里来干活，确信他们付出劳动后能够得到报酬，那么，有了干净的住所，人们就容易找到一些人来这里定居。

如果恶劣的空气不能阻止罗马乡村的农业人口定居，那么在增加人口方面，在地形与种多种多样的庄稼方面碰到的障碍会比意大利其他地方要少，在那些地方，各种各样的庄稼作为土地的产品来增加农民的收入。罗马郊区的大部分地区，由于地下火山爆发而极度隆起。所有暴露出来的岩层都像是受过急剧的颠簸：这些岩层都变形了，到处都可以隐约地见到岩洞。丘陵连绵起伏，被称作平原的坡地也很陡峭，旅客坐车时得把牛紧紧地套在车上。葡萄和橄榄树在山坡上长势很好，果实能酿美酒。确实，从阿尔巴诺群山脚下到蓬坦沼泽地，伸展着一片广阔的平原；这片平原可能向来也不是很洁净和卫生的。但是，比萨平原是由流经该地的河流灌溉的；这片平原习惯上是由在沼泽地耕作的水牛耕耘的，以杨树作支架的葡萄树，还有果树、玉米、小麦、牧草等济济一堂，收获物接连不断。

但是，罗马的地主、贵族和乡村商人可能会很不耐烦地回答。地主和贵族们回答说：“我们的土地不仅租给有支付能力的承包人，还租给比我们更富有的人，他们付给我们高额租金，我们对此是满意的，我们还能要求什么呢？”乡村商人说：“在我们的实业中，我们花费了大量资本，费了不少心血，我们可以得到不少利润，我们对此是满意的；政府为什么要干预我们的事务呢？政府为什么要教训我们，要指挥我们将财产派什么用场？难道不应该相信我们，我们对自己的利益会比政府料理得更好吗？”这些话说得很对，但是，政府操心的不是你们的利益，而是国家的利益；对国家来说，这是它的神圣职责，这是使国家不致为了增加某种收入而沦于毁灭。我们说过，无论是国家的哪一部分，都会受到这种农业制度的损害。就农业和牧业这两种行业作比较，对农村商人来说，种地是赔本的，而放牧可以挣大钱。从比较中可以看出，1 200 吕比奥土地的牧场总收益约 8 000 埃居，而用这些土地的 1/12 从事农业恰好等于这笔钱。在这块 1 200 吕比奥的土地上，要付1 000 埃居的工资，如果种地，这样的面积要付 4 800 埃居，在人数上则不是 24 个农业工人，而是要用 1 152 人。我们就拿这些表示繁荣的普通数字，拿产值和养活的居民数字来看，牧业是大大不如种植业的。

然而，当我们用另一种方式来估量因罗马的经营制度而引起土地荒芜的情况，罗马的地主和农场主对这种经营情况是满意的。罗马城、外省的大部分城市已一贫如洗，我们将这种情况的产生归罪于这种经营制度。确实，除了艺术家的画室、旅馆老板、出租车辆者、为外国人服务的店铺老板外，罗马百业萧条，民生凋敝。穷人除了讨饭以外，没有其他出路。人们处处都可以听到，有人指责罗马到处都是游民，愤怒地指责为什么身强力壮的人不干活而成天蹲在街头。人们却没有看到，在现今的社会组织中，不被人雇用的人就不能劳动。在罗马人脚下，伸展着一望无际的没有开垦的原野，土地非常肥沃；但是，谁能允许那些忍饥挨饿的穷人在这块土地上种一棵生菜？谁又能让这些穷人当瓦工、木匠和锁匠呢？但是，这些职业是用来养活农业的；在罗马周围 25 英里的土地上没有农民。这些职业是用来盖房的，在没有居民的地方，这些行业全废弃不用了,乡村中从事放牧的穷苦牧民只好露宿旷野或穴居岩洞。此外,农民们无疑尽量减少衣着、家具方面的开支,然而,他们家里需要床、椅子、桌子、柜子、铁罐或陶罐、餐具、厨房用品、内衣、节日盛装和劳动衣服、鞋子、全套工具或农具。从乡下人的这些需要中,每个乡下人与城市都是有联系的,每一物件相当于城里的一种职业、一种工业;但是,当你们从乡村搞掉所有的人口时,同时也搞掉为乡村人口服务的城市人口,使这些人无所事事;你们也就是在禁止城市人口从事所有那些商业中最重要的一种,即沟通城乡的商业。我们看到,占地 12 平方英里,拥有 2 500 头羊群的营业,所有的工具只值 30 埃居:这样的农业怎么能供养城里的工业家呢?

也许有人会说,即使这些行业无活计可干,穷人为什么不可以到制造业里干活呢?提这个问题说明了人们对什么是制造业还没有一个明确的概念。在这种制造业里,人们看见的只是富有的资本家的企业,它投入大量的资金和耗资巨大的机器,资本家准备用价格更低的产品来代替各行各业的产品。在那里,这些产品无人需求。在那里,由于缺少消费者,产品没有用处,这些制造业也没有用处。罗马的乡村既不消费布匹,也不消费皮货、五金、陶器。在罗马建立加工棉花、黄麻、羊毛、皮革、金属和黏土的工场又有什么用处?罗马的资本家承认在罗马建立工厂不合算,要赔本。当他们觉得事情办错了,他们就不愿在这里办工厂,使穷人不必向他们要求工作就可以了。很多人相信,只要说这样的话就可以回答穷人的抱怨:让他们干点事吧,让他们干别的去吧;事实上,他们也干不了别的事。

然而，罗马的城市人口将不断增长；人们确信人数已达18万。近20年来，涌向罗马的外国阔佬的人数也增加了，因此，有更多的穷人能靠啃掉饭桌上的面包屑活命；但是，另一方面，大部分老住户和贵族的生活比以前更拮据，其中只有两三户每年都大量增加财产，人们看到，其他人向他们陆续地出卖华贵的住宅、花园和产业。同时，其余的人比以前更处于寄人篱下的地位，更加穷困。但是，我们有机会多次观察过这种情况，一旦人们穷极潦倒，就极难阻止人口增长。一般来说，事情正好相反，贫困增加了人口：那些感到前途茫茫、没有预见的人结婚很早，孩子也生养得很多。当罗马人口增长时，人们看到的只是要求工作的人多了，他们找不到工作，他们要求吃饭，于是只好靠个人、教会和国家的施舍过活。

贫困不能摧毁乡村的人口，于是只好驱赶他们，使他们离开乡村。那些从事垦殖的移民被辞退后离开了他们耕种的土地，不得把土地让给牧民，继续待在小城镇里，他们在那里还有座破房子。尽管传统的糊口手段没有了，他们不离开祖先的房屋，那里还可以栖身，如果还有人经常雇用他们，他们自信在那里还可以靠打短工或干零活来维持生活。另一方面，地主们从他们手里取走了他们借以活命的土地后，看到他们在附近待着也不是没有忧虑的。地主们深深地感到，在这些挨饿的、没有职业的人身边，羊群也难以扩大。因此，他们赶快以高价收买那些要出售的茅舍，并将它拆毁。这样一来，很多村庄消失了，它们的旧址成为周围大领地的一部分。其他一些小城市，像内比或西塔·卡斯泰拉纳，吸收了一部分移民，这些地方的人口也像贫困一样增长；因为，这些城市由于受大地主包围，也无法利用它的劳力。

1802 年 9 月 18 日，教皇庇护七世公布的敕书，明确和有力地阐述了罗马地主的行为。教廷本应受到赞扬，而不应该受到责难。庇护七世刚失去了他的管辖区，他感到要在教会附近多定居一些居民。我们这里摘录的绪言，说的就是要召回这些居民。

绪言说："我们由衷地认为，并决心采取如下措施，如果我们不采取补救办法，罗马附近乡村居民减少和离家出走的人还会增加。惨痛的经验证实了这种说法。我们看到，特别是在罗马的坎帕尼亚，大量的田地已成为租属地，也就是说完全成为无人居住的地方，被抛弃而用于自然生长牧草的地方，那里，在不久以前还是人丁兴旺、出产丰富，这是有关的法律明确规定的。在这些领地里，接纳并安顿了一些居民，因为地主很明智地把很大一部分土地给予农民，农民交给地主一部分土地的果实作为报答。但是，对侈奢生活的可悲的追求使地主们抛弃了这个方法。地主们受到城市花天酒地生活的引诱，放弃了他们本应给耕作业的帮助；法律对出售和运输粮食以及强迫的价格政策所加诸的困难，也同样使农业凋零萧条。除此以外，还有其他原因使得地主们抛弃了分地给许多垦殖者这种值得称颂的传统做法；相反，他们把土地集中在一起，并把它租给一个人，因为他们看到只有那些富有的农场主才能够如期付租钱，用这些钱可以舒舒服服地过阔绰和悠闲的生活，可以不管理经营的事业。就像人们所料想的那样，这些农场主只有短期租约，千方百计地设法摆脱征收小额地租和分享小额收获物这类琐杂事务。农场主不想为小农户提供方便和接纳新的小农户，他们喜欢牧业；他们经常虐待在他们土地上劳动的垦殖者；至少，他们不像众所周知的和受到人们尊重的真正的种植业者的做法那

样，在农户们收成不好或生病时不给他们帮助，这就加速了农户的破产。地主肯定了这种做法，因为这种做法节省了开支，原因是劳动力越来越贵了。由于他们远离垦殖者，不雇用他们干任何活计，他们周围的人数也就减少了。但是，地主们减少开支，如果这种做法对他们是有利的，对国家却是致命的，因为它使农业和农业人口丧失了真正的财富和产品。”①

庇护七世的计划是明智的，他所支持的原则也是值得尊重的。他不想招来外地的垦殖者去建立一些新村，叫老百姓到新的企业里去碰运气，而是叫他们利用已有的居民点，在其周围扩大种植小农作物，如在村子周围种植葡萄、橄榄等，并将罗马教区的分成制租地交给那些没有离开城镇的农民，他靠的是榜样的力量。他认为，这些城镇居民会在他们住所距离一英里的地方细心照料农作物。因此，教皇命令建立土地册，登录罗马周围方圆一英里内尚未开垦的土地。根据教皇的设想，如果这块地区土地已经围起来、已经栽种树木或种上庄稼，他希望种植者将它好好清理一下，并把家搬到那里去住；种植者可以从这些新居出发到第二块同样是一英里宽的地方开垦；同时，人们还可以在更远的地方，在那些有干净水源和地势较高的地方建立一些新的农业中心，在这些地方，政府会派去教士和医生，土壤也会改良，天长日久，每个城市周围围起的土地就会汇合起来了。

但是，教皇为实施计划而选择的办法并不是强有力的。在靠

---

① 尼古拉：《庇护七世的自动敕书》，第 2 册，第 163—185 页，约瑟夫·多里亚·庞菲尼主教编，普罗卡梅兰科出版社。

近城市最近的地区,那些被地主荒芜的土地,每吕比奥要征5保尔的附加税;相反,对根据教皇颁布的法令进行耕种的土地减税5保尔。由于得不到什么利益,也不能促使地主和农场主改变体制。他们不顺从教皇的意图,提出免税与其他各种要求。这时,新的革命发生了,罗马国并入罗马帝国,教皇的自动敕书被遗忘了;农村人口继续被从农田赶走,现在竟连一个也不剩了;最后,庇护七世的一切努力都白费气力,其结果只是在罗马人中间产生了一种对慈善措施的强烈的偏见,对一切改良土壤的计划,地主们都抱着一种无可言状的、但是顽固的反对。

对于罗马附近农村所有制历史概况,我们不想过多地谈论其细节,因为我们相信,这种灾祸威胁着我们,这在欧洲是一种普遍倾向,即使在今天实行完全不同的体制的地方,情况似乎也是如此;我们是刚接触到这种情况,而罗马人却经过了整个历程。这种倾向是集中统一的倾向。今天,人类比任何时候都更崇尚武力、权力和秩序;人类相信这些东西是系于统率一切的唯一的和明智的某种意志。为了这样一种荣誉,小国的独立首先被牺牲了;政治实行集权,独立就无法存在;立法实行集权,各省市的法律也就被牺牲了,当实权集中时,所有独立的军队、地方的民兵也就被牺牲了。今天,这种原则也在政治经济学中占统治地位;同样,人们愿意将整个工业屈从于唯一的、明智的、由于巨额资本而变得强大的意志,人们希望所有为这种意志服务的劳动力都由这种意志来驱使,要不然就会众议纷纭。大制造业的建立就是工业的集中,或者说是根据工厂的利益取消一切手工业;商业的集中就是用积累大量资本的办法,使商业更能随意为信贷所支配;商业的集中旨在消灭外省的商人、店铺，商业的集中是通过运输工具、通过运河、蒸汽发动机和铁路来进行的；每种运输工具都能使商业的集中更易达到其目的，这种目的就是使大零售商，即那些拥有亿万资财的零售商和远方的消费者直接发生关系，这样就消灭了中间人。最后，大农场制度在农业上实行集中，从而消灭了一切小农，使小农让位于大农业工程的经理。随着经理的监督权扩大到更广阔的土地上，这种制度就可以支配巨大的资本，同样也可以得到科学技术的帮助；科学依靠自己高超的智慧，使成千上万的劳动力服从于它，对于这些劳动者，人们是不必用自己的理智或良心道德来驾驭的。

但是，人类社会的目的不是为了物的进步而是为了人的进步。集中改进了一切事物，这是千真万确的；然而，它却毁坏了人的一切。在罗马的废墟上，为什么没有想到罗马帝国的集中呢？在灿烂的阳光下，在充满奇迹和灾难性后果的土地上，呈现在人们面前的又是怎样一个国家？在那里，唯一的意志，人类的意志支配了各种劳动力，工业拥有几千人，甚至几百万人。从幼发拉底河到喀里多尼亚，从阿特拉斯山到波罗的海，搜括来的财富为这种意志服务，并支配了大自然；在这种权力的命令下，宏伟的建筑在世界各地竖立起来了。我们赞美创造科利塞或卡拉卡拉温泉的伟大力量；这些规模宏大的遗迹好像向我们证明着人征服大自然的胜利；但是，它更证明了人征服人的胜利，任意修筑这些排场阔气的工程使人类腐化堕落，并使意大利人口减少，此外，它还加速了异族的入侵和罗马社会的毁灭。

所有的中世纪小国都归并成为大王国，毫无疑问，这种现代的集中使人类精神力量在他们的首都大放光彩；但是，它使一些省失去了智慧、力量、伟大的品德和爱国主义。人的本能告知我们牺牲个性是为了抽象的伟大，而这种本能也使我们用爱慕的目光引起对中世纪的回忆，这种回忆一方面是对自由城邦的元老院和爱国主义，另一方面是对贵族们的城堡和他们引以为荣的独立地位。立法的集中使得法典更为一致，可能也更为完善；但是，它使外省的立法失去其特点、民族性，并使过去由议会和州议会为知名人士和有识之士所开辟的职业道路消失殆尽；法国的行政管理在 4 万个市镇的财政管理机构里建立了值得称赞的和一致的类别；但是，它关闭了学校，学校能使人们受到应用社会科学的教育，能使人们习惯于在公共利益方面无所企求。军事的集中使军队之间停止了敌对行动，使指挥员之间不再各行其是，精简了纪律，使整个帝国和民兵只服从唯一的意志，行动像一个人一样；这种军事集中虽然没有削弱法国国民的勇敢，但是，人们再也不能要求民兵有那种炽热的爱国热情了，当城邦属于这些民兵时，在他们的城市周围曾创造了奇迹；城市和乡村工业的集中不要为物而牺牲人，使那些能够受苦的人为空想而作出牺牲。这种集中使实用科学促进了所有的工艺，但是，它也使干这些工艺的大多数人与这种实用科学毫无关系；这种集中积累了资本，但是它减少了富人的人数；它增加了构成财富的产品，并廉价生产产品，但是，它削弱了能够购买产品的人的收入；最后，它也创造了工艺的奇迹，但是，随着奇迹的产生，它也制造了一批无产者和贫困。

确实，不管是在城市还是在农村，工业集中的首要效果，甚至可以说是其目的，在于节省生产费用；工业集中使花费较少而生产更多，能使更多的东西可出售，同时可以少付工资和使那些靠作买卖为生的人少得利润，但是，这种人同时也是为数众多的消费者。工业集中的间接效果是壅塞市场，它壅塞的即使不是那些比别人的加工费用更为低廉的工业市场，至少也是世界的市场。因而，由于集中的结果，资本家首先想节省生产费用，然后是减少过去用于生产劳动的人数，最后是减少过去运送到市场的东西的总量；罗马的贵族和广阔领地的领主的每一块领地都相当于古代罗马强大的共和国，他们都经历过这种进程。首先，他们设法节省耕作的经费，掌握土地产品中的更大的部分，只将其中一小部分留给垦殖者；然后，他慢慢地赶走在他看来是负担的垦殖者；最后，他们经营那种在一定土地面积上总收益最少的放牧业，因为他们发现正是这种经营能给他带来最大的纯收入。我们已经看到，这就是人们在爱尔兰和苏格兰称作阶级的清洗；在那里，人们通过同样的道路，走向同一个目标。在英格兰，人们虽然还没有认识到，但所走的也是这条道路。在其他国家，这种大型耕作也是占优势的，很多地主由于受到这样一个奇妙的社会的刺激，他们也专心致志地领导这种田间劳动；他们又重新搞起农场，引进能节省劳动的、经过改进的犁和其他工具；他们把几处经营单位合在一起以节省多余的开支，用较少的劳动力生产较多的东西；尽管他们对农业精打细算，但算账时却吃惊地发现亏了本；尽管掌握在他们手中的农业很先进，昂贵的劳动力却使他们破产。在法国，这种计算使很多地主把他们的土地一块一块地卖掉，卖给那些政治地位使他们能购买土地的农民。在其他一些国家，贵族很不愿卖掉祖传的产业，他们不相信公债；他们不愿意把财产变成公债；就农民来说，他们也不急于购买土地；于是，大地主们通过大量节省人力劳动、更巧妙地

增加生产和减少消费等办法来重新找到收入；他们走的是罗马贵族走过的道路，接二连三地得到报应，只好离乡出走，他们的前面有一个终点，这个终点就是罗马和罗马乡村。

我们认为，在法国，今天总的倾向是将土地小块出售，小块出租，以便从巨大的危险中拯救社会；但是，人们这么做，与其说是当成一种药方，还不如说是从属于一种灾难，这些争论不休的问题，有时是那些为便于瓜分财产的黑帮集团的投机商人挑起的纠葛；卖掉祖产的人，对于分掉田地也认为是件憾事，在他们看来，这些祖传的田产是国家的光荣。农业公司、研究院只关心大规模种植业的进步，不关心其他类型生产的进步；资本家组织的公司只是为了在殖民地，如在阿尔及尔、好望角、斯旺河建立这种制度。在北欧那些农奴制的国家里，人们不是将农奴联合在一块土地上，而是将他们从土地上解放；在意大利，人们可以看到，地主们的倾向是以大生产代替小生产；在托斯卡纳，希雅那和马雷纳两地的大农场吸引了公众的注意；我们已经看见英格兰农业运动的情况，为什么在租佃制产生后，其他的土地经营制度都消失了，为什么每次重订租契时，农场变得越来越大，因为小农场日益变得难以与大农场竞争。我们深深感到有很多意见和很多新的理论在反对我们；然而，我们一点也不灰心：罗马乡村的情况有助于我们更好地认识我们所陷入的深渊。人们至少认识到大农场制走得太远了；在实行这种制度的地方，政府当局、开明人士、老百姓都认为节省人力劳动产生了可怕的灾难。让我们为罗马乡村想个办法，假如我们能够设法使已经萧条的地方人丁兴旺起来，那我们就会感到，摧毁原来人丁兴旺的地方的人口，是罪恶和危险的行为。

第十一篇　如何召回罗马农村的居民和恢复生产

我们把研究农村居民的命运看成是政治经济学的重要部分，也可能是最重要的部分。确实，在我们看来，在一个有条不紊的社会里，很大程度上，农民是国民中人数最多的部分。我们知道在所有的国家中，甚至在制造业活动和商业活动占优势的社会，农村居民生产的价值总数是最大的。我们还知道，在人类的劳动分工中，没有一种其他的职业能得到如此多的幸福，社会分工中任何其他的部分也不能陷于这样的贫困，甚至连生活也无法维持。对于经济学家来说，无论出于哪种考虑，都应该特别关心农民，直到如今，农民从来也未曾得到这种关切。

我们不是根据抽象的方式，也不是根据财富构成的原则来考虑农民的生活条件的；相反，我们早就设法了解农民在各国的生活条件，以及他们与社会上的其他阶级保持的各种关系；这种研究有很多次使我们感到非常痛苦。我们可以指出，在欧洲一些地方，那里自然条件很优越，土地肥沃，气候温和，然而，那里的人民却忍饥挨饿，为了挣得一点可怜的食品和微薄的工资，干着沉重的劳动；我们也在那里看到其他一些情况，由于贫困，农民的道德品质堕落了，他们习惯于靠施舍过日子而不愿靠挣工资吃饭，他们衣衫褴

褛,百无聊赖。在欧洲以外的那些受欧洲人统治的地方,为了强迫农民劳动,使他们备受鞭打和锁以铁链;他们没有任何报酬,对生活毫无指望,干任何劳动都不是自愿的;最后,我们刚才已经看到,在罗马周围,社会组织的缺点如何战胜了自然的恩施和人类生气蓬勃的力量,整个农民阶级又是怎样被消灭的。但是,就在发生这种惨状的地方,只要上溯到其他时代,就可以找到另外一个社会组织的情景,在这种社会组织中,所有给予人类的职业都可以证明这一点,哪一种行业也没有像农民那样得到上帝的保佑。田间劳动是所有劳动中报酬最丰厚的;这种劳动能使人们丰衣足食,身体健壮,安居乐业和得到殷勤照顾,身心都能得到满足;只要其他人在农民和土地之间不制造矛盾,只要其他人不认为他们能够收获那些不是他们播种的土地,在他们没有劳动或没有出过力气的地方不要求付给报酬或提出过分要求,劳动就能保证社会的幸福。农业所使用的土地是上帝给予人类的一种最大的恩赐,虽然有些人经常滥用这种土地肥力并迫使其他人备受可怖的暴政的煎熬。

痛苦和欢乐使人们感到激动并引起深思;人们不禁扪心自问:要医治现今的疾患和恢复昔日的繁荣到底该怎么办?不暂时取得一切立法权力,不提出改革计划,不进行改革,要做到消除疾患和恢复繁荣是办不到的,人们应想到自己去执行这些计划。然而,我们深深地感到,有的人只提了一些风马牛不相及的意见,却感到自满与骄傲,他们指责国家领导人的行为,并向他们指出他们应该干什么。而一些比我们更能干的人在那种情况下都失败了。如果说他们提供的帮助是很蹩脚的,很容易成为笑柄,那么我们同时还感到这种做法使他们处于不利的地位,使他们失去作为观众和审判员的作用，而使自己成为演员并受到审判。各种改革计划会招致很多责难；谁要是能认清连制订计划者也不知道的当地情况，谁要是能搞清楚连制订计划者也没有预料到的困难，那么，他的胜利也是很容易得到的。有人对我们说，秩序的捍卫者或者宁愿称作当今流弊恶习的卫道者已来到了，这种人由于占有事实和具有实践经验，总能使公众相信，那些在美好的时代以后唉声叹气的人是不了解世界的幻想者。

如果哪个人有卓越的才华，能够真实地描绘安的列斯群岛奴隶制的恐怖，被从家园逐走的苏格兰高地人的绝望情绪、那些没有生活来源的人的贫困、罗马乡村的荒漠和荒芜的田野，那就会给读者很深刻的印象；他会感动人们的心灵，获得他所期望的文学效果；但是，他不会擦去人们的一滴眼泪，丝毫不会影响流弊恶习，危险的体制也不会有任何改变。我们确信，为人类服务的愿望，除去指出现在是怎样以外，还要靠指明应该怎样才得以实现。乐善好施的观点总是受到欢迎的，但是，搞投机倒把的地方是不会产生这样的观点的。人们认为，这种恩赐观点只能采取计划的形式，在指定的地点，由专门指定的人负责，并且在人们能使之精确认识形势的情况下才能实现。我们相信，真正的政治经济学是将规律付诸实现的学问，它不满足于表示绝对的好或绝对的坏，不满足于表示财富或人口进步的系统而抽象的规律，相反，真正的政治经济学要考虑到某种境况下呈现的一切困难，一切现存的利益，一切占支配地位的偏见，然而，真正的政治经济学应该将所有这一切服从基本的主要的社会法则，服从于对人类最大利益的研究。

在上篇论文中，我们设法认识到罗马乡村荒芜景象的现状，并

指出这个人丁兴旺的地方,由于什么原因和通过怎样的变革才使人口完全从这里消失。通过什么特殊的方式,用什么手段才能使罗马乡村恢复生产和增加人口,这是我们着重要谈的问题。然而,我们应该说,不管我们怎样对地方情况十分注意,不管我们怎样精心地指出在我们看来能够作的步骤,对那些肯定不接受这些意见的政府,我们只相信能够为政府本身提供一些考虑的因素;我们同时也相信,要告诉各国的科学家朋友,并请他们上一堂社会科学能采用的实验课,研究既成的事实,并在特定的环境中,在不依靠观察家的情况下,推断出希望得到的结果;最后,我们也看到在地球上其他地方,也不是没感到有重新增加农业人口的必要,而为了这些地区的进步,详细地介绍一个实例比阐述理论更为重要。确实,罗马的乡村并不是荒漠取代古老文明的唯一地区。因为只要被遗弃的土地上无用的繁茂的树木一直蔓延到古老首都的城墙脚下,这就给人们留下深刻的印象,每年总有 2 000 名怀着观察意图的外国游客走过这个地方。但是,拉丁帝国覆灭以后,在皮格利亚平原,在希腊皇帝继续占领的行省里,在长 150 英里、宽 60 英里到 70 英里的地方,它的荒凉景象几乎和罗马乡村相等。希腊和罗马尼亚的大部分,直到君士坦丁堡大门口,还有小亚细亚、叙利亚、非洲省的大部分,以及西班牙和葡萄牙的大半土地都被用做毫无好处的牧场。人们刚开始注意这些地区,因为在这块过去土地如此肥沃的地方,暴政、财产不稳定性、狂热情绪、野蛮行为等都足以说明摧毁人类的原因。然而,就在这些地方旁边,其他地方都保留了过去种植的农作物,而管辖这些地方的政府不是什么好政府,这种政府对财产的保障是靠不住的,是毫无章法的。如果人们仔细瞧一瞧这些国家，比如罗马，人们就会承认普利尼的话是正确的：大庄园毁掉了意大利和行省。

因此，要想些办法，把居民和肥沃的土壤还给土地，把繁荣和希望还给人类，如果能找到这种办法，不仅能使罗马乡村得到好处，也能使其他庄园的那些广阔无边的荒芜的地产受益。人们也能在这些国家中指出一些国家，人们确实不能指望它们的政府能发善心和采取明智的行动；在有些国家里，有人对碰不到居民是很乐意的，因为在那里，人们贫困的程度是降低了，但却备受压迫和煎熬，只得苟且偷生。如果人们想使那些导致主人发财致富的人也富裕起来，坚决地下决心去干，那也是能够做到的；如果人们能够更好地认识应该达到的目的，甚至认识到对过去的财产缺乏合法的保护，这种情况可能会给立法者的工作提供方便。关于罗马乡村情况的问题是我们要处理的带有普遍性的问题；我们在不同地方指出过产生这种问题的原因，它具有有害的影响；我们在那些地方寻找能起反作用的原则，在执行这些原则的地方都能觉察到产生这种问题的原因，而且到处都能得到它带来的好处。

但是，另一方面，我们相信，有效地为同类行善的人应该限制他们的善心；他们不应该抽象地计算在一定的土地上能使多少人幸福地生活，而应该想想世界各地能有多少人幸福地生活；应该想到在罗马的罗马人，在希腊的希腊人，在非洲的非洲人，要想到大自然和上帝安排到大地上的人们，和那些从上帝那里接受传宗接代和改进种族的人，而不是想那些为世界贸易、为权力所激励而引入新的实业和新的组成部分的那些人。社会工艺原则本身还笼罩着阴影，人们能够和愿意干的好事也经常夹杂着不可知的恶念，为

了使人们审慎行事,为了使人们能人道地自愿地承担上帝的职责,承担按照上帝意愿创造一个还不存在的种族的命运:作为社会的成员,我们中间的每一个人都要把一切力量、一切智慧用于改善已经存在的人的生活,人们应该致力于消灭贫困、痛苦、压迫的原因,并使每个人以智慧和个人活动来开辟一条走向幸福的更为方便和平坦的道路。但是,我们永远也不应该为空想而忘记人;我们永远也不能允许作出这样的判断,认为某一种族是无法改进的,也不应该把取消这种人当做进步,并以我们设想的另一种更有活动能力、更聪明和更容易接受教育的人种来代替。

这种行动准则是建立在人道的和对我们自己确实不信任的基础上的:不幸的是,现代殖民地的缔造者已完全失去了这种行动准则。古代人开化了土著,现代人则将土著消灭,并由白人来代替他们。这个问题是很严重的,绝不能隔裂开来看待;既然殖民是把土地失去的和它曾养活过的居民还给土地的最有效的手段之一,在某种程度上,这个问题在研究领土财富时也应该列入。这个问题将在下一篇中研究。这里,我们将用这个规则在小范围内进行研究。那些想把过去的居民还给罗马国的人和打算在西班牙各省重新种植农作物的人,他们并没有把对土著的掠夺作为计算的基础,就像在美洲、澳洲、好望角,以及今天还在阿尔及利亚所做的那样;但是,他们还往这些荒无人烟的国家输送新的人口;此外,他们还承认,不能指望罗马人能承担任何劳动;这个怠惰和堕落的种族是不肯受苦受累的;他们只知道在客厅里当差和在街上闲逛;除了当跟班和行乞以外,他们别无所求;要使罗马的土地重新种植庄稼,第一步就是应该让爱好劳动和懂得农业技术的居民来安家落户。

毫无疑问，我们并不排斥外国输入的习俗所带来的好处。本世纪比起以前任何世纪来，日益增长的商业活动使这种引入更为容易了，我们同意榜样是教育中最有力量的，只有榜样才能对缺乏教养的人起作用，只有用榜样的办法才能引入新的手工操作方法；因为那些只有智慧的人从来不会将新的手工操作方法教给那些只会卖力气的人。我们经常很愉快地看到，那些有用的农业教员、短工、农场雇工、佃农来到落后的地方时，经常带来较先进国家的实践经验。但是，我们认为，也应该看到土著居民的进步和他们的长处。从法律上来说，上帝将他们居住的地方给了他们，而法律只是为了社会的共同利益才保障地主的占有权的，地主们从来也不会用他们的特权反过来反对使他们掌握特权的社会。事实上，我们相信一切人种都是可以改进的，他们都能完成上帝交给他们的任务，如果有的人不能从事文明的职业，那只是教员们的过失，或者是他们搞的社会机构的过错。

在谈到作为这篇文章研究对象的国家时，我们思忖，怎样才能做到使罗马人在罗马国增加人口，用罗马人的资本开发它的乡村。为了达到这个目的，外国的榜样，外国的社会准则对我们都是有用的；但是，我们则认为，如果建立这种大规模的事业所得到的好处，都被投机倒把分子、外国资本家和罗马人以外的种植者所得，这种事业就会是一种灾难和非正义的。

从这种原则出发，人们并不需要找寻一种新的需要遵循的方法；只有一种新的可能使用的方法，即教皇庇护七世采取的方法：应该利用已有的居民中心，围绕每个居民中心展开活动，并以此为中心不断扩展，随着力量的发展，各片相连，直至整片荒漠地带都连成一片。当人们在平静的水中投石，一圈圈的微波从投石点展开，直到扩展到整个水面。

但是，为了实行这个原则，最重要的是认识罗马国现存的活动中心的详情，它们对耕作上提供的资源，过去有过什么作用。我们的观察还难以形成圆满的整体概念，然而我们将它收集起来用做范例，并将它作为今后的行动指南。

我们已经几次用罗马郊区和罗马乡村的称呼来指明以罗马为中心的周围 4 个省里的荒无人烟的土地，它们呈现同样的悲惨景象。然而，我们应该提醒，这种称呼并不是恰当的：罗马乡村这个名字只是指从蒂卜尔左面直到蓬坦沼泽地的平原地区；阿格罗罗马诺这个名字指的是罗马本土，包括从城市四周方圆 10 英里至 20 英里、直到与本国其他城市相邻接的地区，教皇庇护七世的计划就是让每个城市改良自己的土地，让罗马人改良罗马的土地，让韦莱特里、蒂沃利、维特尔博、契维塔韦基亚等地改良属于它们村镇的土地。

罗马本土或阿格罗罗马诺有 111 106 吕比奥土地，其中只有 910 吕比奥的土地种葡萄、橄榄或用于支撑葡萄的苇秆，这些围耕地位于罗马、奥斯蒂亚、阿尔巴诺、根扎诺等城市和城堡周围。其他的都是荒地，由 362 位地主掌管；在这些地主中有 42 位地主占地不到 200 吕比奥，289 位占地 200 到 1 000 吕比奥，其中 31 位占地超过 1 000 吕比奥，农场主、或土地商人的数目比地主数目为少。1803 年编的名单中，登记的地主有 145 名，但是，这里包括很多开发自己部分土地的贵族（如巴尔布利尼、博戈马内、恺撒里尼等亲王），真正农场主数目没有 80 名，今天，人数已更少。[①]

这 910 吕比奥围耕地囊括了罗马郊区仅有的农业人口，它是其他地方能效仿的唯一榜样。在罗马周围的那些城市，即亲王们那些带花园的乡村宅邸，占了大片土地，留下的土地很少能用于耕作。这些城市陆续被博格西亲王、银行家托尔罗尼亚公爵和罗马其他百万富翁所购买，除了向外国人炫耀这些城市的看门人以外，其他人早已不在这里居住；人们只是在园子里种些必要作物以免荆棘丛生；园子由雇来的园丁和短工精心管理，花费多而收益少；由建设亲王宅邸的人引来的耗资巨大的水流，由于不在此地居住的主人漫不经心，已成死水一潭；松树下或广阔的空地上伸展着一片厚厚的青草，上面覆满着露珠，土地没有耕种，在这些著名的城市周围，空气也像乡村的荒地一样有害于健康。

有一小部分土地，有的是在罗马周围的与外界隔绝的围地，有的是在废墟荒地上建起的园子，这些地区是与租佃的或订有长期租约的土地真正有关的；这些土地一般用于从事园艺，作为富裕市场的邻居，这种实业是有利可图的；罗马的水果和蔬菜是丰富的，价格也并不昂贵，菜园子也是很肥沃的，但是，它也不是像精耕细作的地区那样显得井井有条和干净利落。乡村房屋破旧不堪，蔬菜栽培漫不经心，这就给旅行者一种印象：罗马人是怠散的，在农业劳动上是无能的。

例如，如果旅行者停步注目在教皇政府出于施舍而使那些在瓦西诺营劳动的为数众多的工人中的某个人，这种印象还会加深。

① 尼古拉：《论阿格罗罗马诺》第 2 册，第 207、223、231、237 等页。

人们每天可以看见成百上千的人,手拿锄头,推起小车,忙于翻耕。6 岁的儿童在力所不及的负担前不畏缩不前;他们迟钝的举动几乎令人发笑,每一锹只能挖一小块土,挖四五锹就停住了。他们聊天,休息。这就像别人叫他们画一张雇佣劳动者的漫画,让人们都瞧瞧被剥夺了自由或暂时丧失了自由的人是什么样的人,他们活在世上的唯一目的就是逃避受累,他们干的仅仅是为免受惩罚而必须干的工作。确实,这就是雇佣劳动和毫无指望的劳动的恶果,正是这种劳动毁灭了罗马国。负责监督瓦西诺营工人劳动的警察,对工人公开的怠惰熟视无睹,这种情况到处都一样。为土地商人干活的工人则不得不掩饰他们的懒惰,更小心地避开监工的目光,监工和工人一样都是雇来的。于是,罗马乡村用包工来完成主要工程就应运而生;工人们努力干活,但是并不动脑筋干好:为了尽快地干完,干的活没什么价值,因为这对他们是无关紧要的。

瞧一瞧阿格罗罗马诺四周小城种庄稼的围地,它唤起了人们的希望。在那里,人们可以同时看到覆盖在土地上的丰硕果实以及居民所作的勤劳的实业。这里看不到从荒地到最精心的耕作的过渡性土地。通过一望无际的草地、休耕地、森林,人们几乎就能到达那些小城市的大门口,这里天赐沃土,而人们好像从土地里什么也没有得到。突然,一座墙或普通的篱笆出现了,在墙里和篱笆后面,你们可以找到用犁锄耕耘的精工细作的庄稼,果园和菜园子一样受到悉心照料,工艺精细的用苇秆支起的葡萄都通风良好,蔓叶繁茂。橄榄树枝盛叶茂,郁郁葱葱,果实一定会丰收;人们到处可以看到由既是耕种者又是主人的人精心照料的庄稼,人们到处可以觉察出来,他们是多么珍惜每一寸土地,而离此一步之遥的土地却一片荒凉。

我已经 20 年没有到奥斯蒂亚去了，对罗马土地册所标明的葡萄园，我不想多费笔墨。然而，这些葡萄园的情况证明，如果财产所有权的弊病不阻止农业的发展，恶劣的空气也可能阻止它的发展。在整个罗马国里，没有任何地方能比奥斯蒂亚更不卫生的了。即使没有马雷姆吓人的空气的影响，该城周围广阔的盐碱沼泽地也足以污染空气了。

但是，罗马最需要技艺的作物分布在卡沃山和蒙斯阿尔巴诺斯周围丘陵的山坡上。那里，可爱的小城市紧邻着风景秀丽、受到居民精心照料的葡萄园、果园和花园。那里到处有罗马亲王度假用的宽敞的宫室，它们都有华丽的花园，但是，其中有一半已废弃不用了；那里绿树成荫，耗资巨大引来的水流使喷泉流水淙淙，瀑布如注，它部分地掩盖了看守者对别有风味的风景的漫不经心，清风不断地吹拂着花园，夏日，那里经常受热病的侵扰；大部分山群都是贵族或教会的不可分割和不可剥夺的财产；因而，这些山群都荒芜了。虽然这里空气清新和卫生，人们也不能像在平原上那样耕种和经营放牧事业，相反，这些丰沃的坡地只能种葡萄和培植橄榄。因而，罗马的摇篮，过去阿尔巴隆加城的旧址，现在已是茂密的森林，这里道路崎岖，一片泥泞。在古代和中世纪，蒂斯居伦的旧址也是很有名的，现在也是荆棘丛生。在荆棘丛中，人们会找到古代城市和圆形剧场屋柱的碎片；在两个火山口内侧，底部是景色宜人的卡斯特尔甘多尔福和内米湖，有 1/8 的面积已种植葡萄和橄榄，其余地方布满树木、灌木丛和其他野生植物，这就足以证明该地土壤肥沃。

弗拉斯卡蒂的围地散落在广阔的园林中间,布满园子的丘陵底部林深叶茂,这些围地是最精心耕作的土地。马里诺的围地,在群山的一侧,被茂密的森林所包围,森林的那边,农民无法再住上攀登种地,而在平原一侧是牧场,围地面积虽不大,却有规模宏大的实业。卡斯特尔甘多福的居民被教皇的宫室和巴尔佩利尼别墅的园林,或者说是树林所包围,他们只能在湖的一侧从事实业,居民们在分隔湖岸和树林的陡峭山坡旁种植庄稼。可爱的阿尔巴诺城有 6 000 居民,除 200 户以外,这些居民都有小地产,然而,这个城市用于种庄稼的也只是部分山坡,上面挖了出色的渠道,面积刚好是 2 平方英里。住在古代美丽的拉里西亚城的比较贫苦的居民,既不能从在该城拥有多处财产的希吉亲王处得到允许去开发覆盖在山坡上的美丽树林、也几乎不能开垦努米居斯河源头的狭窄山谷的任何土地;因此,他们的生活极为贫困,而且贫困还日益增长。只有在作为产业主的亲王因赌输而被迫雇人砍掉用来装饰风景和受到画家赞赏的古老橡树时,他们才被召去做户外劳动。内米的居民在被他们抛弃的湖的火山口将他们的实业转向种植葡萄和橄榄。根扎诺、拉维尼恩、或西塔-拉维尼亚的居民,从地主处得到更多的慷慨施舍。这些地主是恺撒里尼公爵、希吉亲王、博格西亲王;博格西亲王在这个县据有桑西家族的产业;当美丽和可怜的贝阿特丽克斯的父亲犯了亵圣罪时,该家族受到报复,一家老小都受到酷刑,这块产业给了博格西亲王的祖先。长期以来,这些土地是通过长期契约出让的,它生产的葡萄酒是罗马国质量最好和最有名的。

群山中的这些不毛之地不如平原的土地值钱,为供烧炭使用,土地商人只同意以每吕比奥3埃居的价格订立租约;亲王以长期契约让与小城市居民的租地,价格比较昂贵,每吕比奥为4个半或6埃居,而在根扎诺城附近,年租竟达10埃居,虚有权的价格一般是200埃居。然而,靠近阿尔巴诺城,有些契约是由宗教团体以教会服务作为租金形式的。教皇由于急待用钱,允许在最后两三年将几乎是所有的土地重新购回,而永佃户在极为优惠的条件下又成为产业主。另一些人成为世袭地主的原因并不是由于地产,而是由于对土地进行改良,在土地上投入了资本。在根扎诺,改良每吕比奥土地至少花费600埃居。这个数字比出售土地的金额贵3倍;但是,人们不应该忘记,这笔数字至少比附近那些不毛之地和布满荆棘的土地价格贵4倍。而种作物的地比荒地价格高12倍;比整个价值高12倍的资本,其积累方式,我们将在其他章节进行研究,人们将这些资本用于葡萄园。

在根扎诺,每吕比奥的年耕作费用为100埃居;改良土壤的农户只要有地和劳动力,生活会过得很舒适;确实,1吕比奥几乎相当于7朱热拉,相当于一个罗马家庭的土地分配额;然而,葡萄种植者认为他们的利润是非常有限的,与年成不好时的损失正好相抵消。在这种收益中,对葡萄种植者来说,花费比收益更大。这些葡萄种植者今天都成了城市居民;他们不习惯于田间的艰苦劳动,认为从事这种劳动低人一等。他们手里拿着截枝刀,在葡萄园里干些轻活,他们一般都雇用阿布鲁兹的工人来挖沟,或雇用蒙特卡沃寒冷地区的山民或罗卡迪帕波居民来干这些农活。这些人虽然住在五六英里之外,但是,每天晚上都愿意回家睡觉。因而,这些人只答应在上午干活,由于消耗时间与体力较多,也就使这种协作耗资巨大。

然而，正如在阿格罗罗马诺所看到的，当地主允许开垦荒地时，人们能保证勤劳的农民本身以及他们的后代利用土壤改良的成果，能继承付出血汗的劳动结晶。罗马居民既不缺少体力，也不缺少恒心、工艺和智慧，他们使土地的耕作提高到更高的程度。同样，人们也看到，即使富人也请教穷人，穷人已发现或知道，他们用于垦荒的资金会产生10倍或12倍的价值。这就使人想起亚当·斯密的论点，富人的消费税是没有什么价值的，只有穷人的消费税才能充实财富，因为穷人占大多数。人们还可以推广这种论点：只有穷人才能要求这种富有活力的协作；穷人的储蓄尽管是一个苏一个苏地积累起来的，但只有这种储蓄才能建立民族财富。

在我们谈到那些小城市时，要谈一谈蒂沃利，它位于阿格罗罗马诺的外面，经营体制也有所不同。蒂沃利山并不高，由于阿尼奥的落差不到300英尺的大瀑布，添增了不少迷人的景色，并促使建立了许多工业建筑物；离蒂沃利山脚底不远的地方，岩石嶙峋，无法从事生产；但是，从这个高度到平川地带，在普洛蒂于斯·吕卡努斯墓地，有一片荒原，在15英里到18英里的范围内，在高山坡上长满了橄榄，这是人们在意大利碰到的最优美、最茁壮、最古老的橄榄树。农民们肯定地说，有些树是在耶稣基督时代种的，这种说法是和这种树的缓慢生长相一致的。人们很难测定，到底实行了什么耕种制度，在那遥远的古代能种植这么多的树；然而，大多数树木的种植是由于长期契约制度，这是罗马人当时所熟知的；但是，这些林木已是罗马的玛西尼、托尔罗尼亚、博格西等贵族的产业，他们的财产几乎到处可见，还有一些是富有程度不如他们的地主的财产。有少数土地价格昂贵；人们习惯于用橄榄树的价值来估价这些土地。每棵百年树龄的橄榄树价格为 6 埃居到 20 埃居，在每吕比奥土地上至少有 350 棵树，那 1 吕比奥土地就值 2 000 到3 000埃居，甚至4 000埃居。在群山的延伸部分，在翁布利山区，在维特尔博格路旁的群山上，野生树木郁郁葱葱，这些山坡也适合种橄榄。有些山坡也属于这些地主，这种地不值 50 埃居，有时不值 10 埃居。他们在这些土地上种植橄榄树时，也不必征求任何人的同意；但是，最富有的地主干这项工作也是财力不及；每种一吕比奥的橄榄树，他们得花 1 000 埃居；开始种植的头五年或八年，由于树木无所收益，他们还得继续投资。在一百年前，人们是不能估量到能否有丰富的收益的。能够在土地上花费 10 倍、20 倍于土地价值的钱去改良土地，这是什么样的地主呢？这不是辛勤劳动的穷苦人能办到的事，这样做需要储蓄银行。富人要从劳动的果实中收回利钱也得耐心等待；富人将他们为数不多的储蓄，以劳动的形式用于土地上，而这样干也从来没有使他们破产；几个世纪以后，土地将他预支的钱以成百倍的利润还给他的子孙。像其他现代发明一样，这并不是一种新的善行，但是，对新的灾难也不过是治标办法。在这里，穷人就是地主，至少是地产的合伙者，或者是实业的合伙者，储蓄银行对他们来说只不过是虚假和危险的诱惑，它把穷人应该用于肥田的、使他们更为赢利的行业的一点储蓄转移走了，穷人相应得到的只是靠不住的安全感。但是，自从将穷人从土地上赶走后，无论是大农场或大工场，它们再也得不到穷人的储蓄，我们有必要为它们开辟新的投资场所。

但是，罗马贵族是不种橄榄的，他们等待农民来干这件事，一

旦看见农民安家定居,他们就不愿意看见农民在他们的耕作中占有股额。大贵族感到小地主的妒忌心;他们说,他们要设法扩大财产,并陆续购买了穷人祖传的产业。他们开始借钱给那些拥有自由地或长期租赁契约的农民;在用这个办法获得土地权以后,贵族们就向农民建议,在保留作物的条件下出让财产所有权,因为他们使农民了解,农民将会成为对分制佃户。然而,一旦时机来到,贵族总是将农民辞退。这样一来,所有耕种土地的人都陆续从蒂沃利丘陵给赶走了。在罗马乡村的荒芜景象还没有扩展到的地方,这种制度还占统治地位,比如在美丽的泰尔尼山谷就是如此。贵族老爷们认为对橄榄树不需要付出什么劳动,认为他们可以用欺骗的办法将一半果实让给对分制农民;他们将耕种者辞退,用从安科纳的马尔凯或阿布鲁齐弄来的工人为他们效劳,每两年或三年耕翻一次土地。但是,他们同样也不雇人来收获庄稼,尽管冬日阴雨,也没有人督促,妇女和儿童也要去捡橄榄;如果不是与个人利益攸关,一半的果实将丧失殆尽。因此,罗马贵族将土地重新交给蒂沃利的居民。在10月份,当橄榄开始成熟时,他们来到这里卖出一小块土地。过去,这些土地是由测量员来估产的;如果一切顺利,这块土地估计能够出产30桶油;一个穷人家庭要承担风险和担负劳动任务,他们要交20桶或24桶油。从此,穷人为自己利益辛勤劳动;虽然风霜雨雪,橄榄丢失很少;但是,干这种活计的季节很短,条件也是每年都在变化,因为穷人之间也在竞争,由于收成不好,越是活茬少,他们的劳动就越不值钱。此外,那些收获橄榄的人,他们对干的活计其实毫无兴趣;他们不认真维护庄稼,而是任其糟蹋,树木也不认真照料,工人也挣不了多少钱,蒂沃利的居民也像泰尔尼人一样穷极潦倒。

正是这一经济学原则，或者说这种贪婪性，已经使目前还在实行的对分制契约变质。那些从事零售农作物的农场主想少投资而多得利润，但是他们的贪婪坑害了他们。如果平均分配产品，农场主的那份就更少了，耕种者却失去了独立地位和对土地的眷恋。比如在蒂沃利山山脚，属于布拉希公爵的阿德里亚尼别墅，在4桶油中，地主要拿走3桶，只留1桶给佃户；在2桶葡萄酒中，双方各拿1桶；在3袋玉米、菜豆或其他春播作物中，农户留2袋，只交1袋给地主；最后，在4袋面粉中，农民留3袋。但是，这些原始的契约的改变，其结果是农民不断受到经纪人的监督，不断受到阻挠，农民劳动没有热情，没有长期打算，也不动脑筋。在罗马国，很少有佃户在同一块对分制契约地里待上两年或三年。

根据1769年的人口调查，拉齐奥、萨宾、马里蒂莫、坎帕尼亚等4个在蒂卜尔山的那一边的省份，共有12万人口（除去罗马居民以外），所有定居在城市和卡斯泰利（四面有围墙的市镇）的居民几乎都依赖农业为生。但是，在那些在田野里有一些小产业或者靠农村经济过日子的人旁边，有数不清的人和家庭干不了他们的行业，失去了他们小小的地产，他们受债主的排挤，受地主的驱逐，他们组成了无产者这个人数众多和令人惊恐的阶级，它是现代社会的灾难。有时，无产者试图从事一些城市的行业，如马蹄铁匠、泥瓦匠、木匠、鞋匠、裁缝、小店主等。但是，他们找不到主顾来照顾他们和养活他们；有时，他们求助于地主，有时是干丘陵地上小块土地的最累的活计，有时在平川地上播种和收割庄稼，但是，这种零活在一年之中只能干几个星期：他们在剩下的时间里无所事事,只好靠到农村偷窃农产品过活,或者靠乞讨为生。

当富人打穷人的主意,想通过节省穷人的生活资料图利时,人们用圣经上的话,不知向富人重复过多少遍:他们干着自欺欺人的勾当。罗马贵族脑子里想的是:他们不必过多操心,从土地里稳拿最多的纯收入,他们不考虑这种给他们提供利润的经营方式能否保证穷人的生计。这种计算如今是如此地相同和普遍,以致谁也不怀疑地主有权这样行事。然而,其后果是使整个国家陷于贫困,使社会动荡不定,使民族失去尊严,在恢复种植业中,这是最难以克服的障碍。

不仅在罗马教廷,同时在意大利大部分地方,在那不勒斯王国,很多家庭也处于无法从事劳动的境地,无所事事摧毁道德尊严,也动摇了整个民族的道德尊严;这种无所事事已经完全抹杀了对肮脏、贫困、乞讨的羞辱感。那些没有固定职业的人整天得过且过,徒劳地冀求人们会给他们工作,习惯于把施舍当做正经的收入,把游手好闲当做唯一的福利。在意大利南方,人们从来也不注意那些伸手乞讨的人;人们即使有办法给这种人一些照顾,也得提防这种用来要求施舍的穷酸相。人们经常很难理解,为什么那些穿着褴褛衣衫的人会聚集在一起。在罗马国大部分城市中,1/3的人口好像注定要无所事事:人们几乎数不清冬日的罗马有多少健壮的人躺着晒太阳,而在其他季节或其他地方,乞丐瘦削和苍白的面容或疟疾的寒战就足以使人认识他们所受的痛苦。然而,那些能给人帮助的人已习以为常,心肠也冷酷了。人们深深地感到这点,但是丝毫也不能减轻眼前的贫困,即使他能够做的也不做。在街头巷尾,衣冠楚楚的人总是在耳边听到:我饿了,我饿死了。

虽然说的是另一种语言，但给人以深刻印象，这是粗俗不堪的语言，这些人身上穿的是借来的衣服，还有褴褛的衣衫，其目的是激起公众的怜悯；当一些人并不是真正地受饥饿熬煎，当这个国家的土地是如此浪费而粮价又如此低贱，有些人却因缺吃少穿而濒临绝境。

但是，既然有些人穷极潦倒到这种地步，那么人们要问，为什么每年还需要从阿布鲁齐和马尔凯雇用那么多短工呢？为什么工钱却和粮价更贵的地方一样高呢？为什么那些街头的无业游民不能在收获季节去干些收割捆禾之类的工作呢？要了解老百姓的打算，那就要考虑社会到底干了什么？应该承认我们的各种制度本身给社会带来的缺陷所产生的后果。当老百姓有荣誉感和感到有独立地位，他就能省吃俭用，不会甘心乞讨而能作出巨大的努力；一旦伸手乞讨，他就准备无休止地乞讨；干了这种事，他的社会地位就从此定下了；在几个星期或几个月内，即使他放弃乞求施舍，这种地位也不会改变。然而，罗马一个没有专长、对前途没有指望、只在地里干几天或几个星期农活的人，他很清楚，在年底得重新乞讨。挣到较高的工资，即使这种情况能持续几个月，他还是一身褴褛，蓬头垢面；这就像道德堕落一样，对外表的衣冠不整也习以为常，毫不在意了。人们根本不能攒钱，也不想明天会怎样。剩下的只是感官的感觉可以来作比较，有了工资，他就有吃的、喝的，还有那些乞讨来的东西，但是他仍感到很累，拒绝给人干活和不习惯于干活，因为劳累对他来说是一种痛苦。夏日的劳动增加了染病的机会；当他拒绝为每周挣几个钱而甘冒传染疟疾的危险时，他的盘算无疑是正确的，因为这种病纠缠几年后，将会把他送往坟

墓。

为了提高人民的品德，不能只使他们看到现在，还要使他们看到将来；当人们过一天算一天的时候，他们就会把愿望局限在最粗劣的享受上；当人们使他们能想到将来，感到随着时间的流逝会拥有一笔财产时，人们就会很快地提高他们的品德；因为对他们来说，所有的道德精神都与预见联系在一起，所有的责任感是与将来的一切相联系的。由于制度有缺点，罗马人堕落了，那就更要采取有力的办法来振兴罗马，就愈应该给予罗马人实现希望的力量。并不是穷人的税款对英国的劳工性格产生灾难性的后果，而是穷人的每日工资使穷人的税款成为必需，然而，在穷人的记忆中，在他们的习俗中，还保留着过去独立地位的痕迹，他们喜欢井然有序，整齐清洁、自尊自爱，只要让穷人能隐约地看到正常就业的可能性，精神的动力就会恢复，而尊重、独立、秩序，以及勤俭节约就会指导他的行动。但是，罗马人长期以来就沉湎于腐化堕落之中并难以自拔，只有在他们能掌握财产时才希望有财产，只有当他们能享有福利时才懂得福利；只有当自身的地位完全改变时才怕堕落为乞丐。只有在劳动能得到报酬时，只有在天灾人祸使人们无法从事劳动而沦入乞讨行列时，乞丐的组织才想出这么个好主意：要唤起人们尊重那些不幸的人，使这些人能靠施舍活命；但是，今天通向乞讨的道路既宽广又容易，不必用宗教来装门面，对穷人要增加援助，使他们不必靠乞讨度日。

在罗马国，过去也确实存在过这种支援和这种社会组织，在这种社会组织中，每个公民在众目睽睽下生活，但受到其他人的尊重；尽管这种社会组织已失去影响，但是现在还起作用，这是过去

铭刻在城市居民身上的特点。毫无疑问，由每晚回城里的农户经营的农业，也不是没有弊病的；这种农业降低了农民对土地的爱以及精耕细作的程度；这种农业禁止农民从事浪费较少的一些作物的生产；它使运输肥料几乎成为不可能；在整个罗马国，应该把抛弃这种伟大的肥田手段归罪于这种农业；最后，这种农业使农民和牲口都浪费不少时间，另外，居民聚集在小镇是使人们开化的最有力的手段，这种组织形式教育人们，使人们有共同的兴趣，对别人也承担责任，在遇到天灾和疾病时，这种组织形式能使人们相互帮助；在那些有盗贼的国家，这种组织形式能够保卫他们的生命财产，而他们的政府是无力搭救他们的；这种组织也有能力在医药、宗教、教育等方面进行帮助，分散在田野的居民几乎已经放弃这种帮助，或者他们得花费大量时间与钱财才能得到这些帮助；最后，这种组织形式要使农夫习惯于尊重公众舆论，更多地讲究整洁和体面，因而，这种组织形式使农夫更好地享受生活的乐趣，并且与这种生活更为相称。

就阿格罗罗马诺目前所处的境况来说，也有必要使农民居住在城市中。如果他们的房子分散在田野，他们有可能受到独自来到此地的流浪汉的侵袭，他们有时是作为牧人，有时是要求工作的短工，有时是乞丐，有时是作为强盗出现的。这些小镇大都是在比较繁荣富裕的时期建设起来的；那些今天居住在小镇的人，对他们住宅的卫生不怎么经心，盖起来的房子也不怎么宽敞；由于他们很少请泥瓦匠和木匠来修理房子，村子衰颓破落，显得一片凄凉。室内的陈设肮脏和混乱，和托斯卡纳的习俗迥然不同；然而，人们也碰到过一些生活必需品比较丰富的家庭，如成套的厨房用具，有些是铜制的,有些是普通陶土制的;床铺、桌子、椅子、衣柜等一式齐全,这证明主人还有剩余,也证明除了真正的需要外,还有一些摆设;如果他的妻子是能干的家庭主妇,衣柜里还有她在冬夜亲自纺织和做成的衣服、桌布、床单,而且还在不断增添。

但是,过去那种过舒适生活的人如今已迅速减少,这种生活在小城镇居民的服饰中曾经有过体现。30 年前,当我们第一次来到罗马时,花样翻新的服装是令人着魔的景象之一,这种服装在节日更富有生气:有些人以衣服华丽著称,有些人以奇装异服招摇,各人都以某种方式来炫耀。人们看到 20 个不同民族在首都相叙,每个民族都对过去的纪念物感到骄傲,都希望不与过去的纪念物相混同。艺术家们对具有如此美丽的外表感到惋惜;今天,乞丐的服装似乎已经代替了所有的其他服饰;苍白、瘦削的面孔已经使人难以辨认萨宾人、拉丁人和沃尔斯克人的容貌,饥饿和疾病已经使人变形;罗马街上的人类,无疑是蜕化变质了;这是苦难和游手好闲的必然后果。在拉齐奥和萨宾的小城市中,这些人种已不再显示他们的优点了。面包、羹汤、豆荚、面食已经成为基本的食品,过节时,人们还添加一点肉食,在缺少菜肴时吃点鱼;他们一般喝一点用葡萄渣酿造的葡萄酒,这种酒质地较好,富有营养,留作夏天饮用。短工们待遇很差,他们空着肚子干活到中午,虽然医生们嘱咐不要在天气很坏时空肚子干活;中午,他们吃干面包,在地里拔点野菜就着吃,没有油、醋和盐;晚上回家后,再喝点热汤和葡萄酒,吃点面包;葡萄酒是唯一的佐餐品,喝一点也是愉快的享受。在这些小城市也和在罗马一样,民族服装几乎绝迹,这不仅是追逐时髦的结果,也是受值得惋惜的风尚的影响。在同一个城市的居民中间，这些服饰维持团体精神，相互尊重和对不使本地区居民受到损害的经常的关心，使人们几乎都穿某种形式的制服。如果阿尔巴诺和蒂沃利的居民看见他们的城市的标志被他们的同胞扔在烂泥中，他们的心中会感到不安。如果居民出于怜悯心而不这样做，他们就会伸出援助的手。这些服饰比现在的衣服价格更为昂贵。但是，这并不是穷人利用了人们给他的积累。他们维持生活的费用越少，人们为它付出的劳动也就愈少。富人的筵席愈是使我们痛心，穷人的富裕生活就愈是使我们感到欢欣；因为，这点剩余或者是用来满足某些人的虚荣，或者是用来为大多数人的享受服务的。

我们曾经设法了解那些今天从事他们家乡农业的城市居民的状况，这些居民希望扩大生产，大面积改良土地，也很希望增加生产和增加生活享受。我们到处都见到居民表现了精湛的工艺，他们使土地恢复地力，他们把进步归功于有利于他们的土地分配，这种土地分配在面积上是有限的，在条件上往往是很苛刻的，然而，它使农民具有永久占有财产的感情。直到如今，我们所观察到的分配还是中世纪的成果；那是贵族们想要取得陪臣和士兵以应付战争的需要。自从封建时代的独立性不复存在以后，大地主的军事野心受到了抑制，他们对不再作他们陪臣的资产者只有贪婪和妒忌。从那时起，他们完全反对新的分配，拒绝永远放弃任何一块地产。相反，他们以怀疑的心情拒绝任何可能在他们的荒地上种植庄稼的尝试，他们不断强迫所有还留在那里的佃农放弃土地，为了扩大财产，他们还设法购买小市民准备出售的已耕的围地。

但是，对罗马贵族的这种团体精神，还有一个很值得注意的例外情况,只要有一个贵族回来,我们这个时代就会回到中世纪的政策。在过去埃克人的国家里,在阿尔巴诺山后,在萨宾山脉最后留下的那些防御工事中,有一座萨加罗洛城堡。过去,这里和帕勒斯特里那一样,是科隆那家族的采邑,但是,罗斯皮格利奥西继承了这块采邑。萨格罗洛的环境是卫生的,但是,在它的下面就是荒芜的易染瘟病的平川地带。这个城堡有三四千贫苦居民,给禁锢在一块很狭小的地盘里,那是科隆那的长期契约租田。1800 年前后,罗斯皮格利奥西庄园受到麦子高价的利诱,同意将土地作为长期契约地租给居民,从而使小块土地和荒地都开发为耕地。居民对每吕比奥所产的谷子付 12 埃居,他们相信每吕比奥土地每年能收回同样的数目,至少每年能为他们生产 8 吕比奥土地所产的谷子。他们没有严格计算过他们的劳动值多少钱,因为很少有人要求这种劳动,而对他们来说,这种工作是一种收益,是对生活的切实保障。一般说来,他们按照家庭能干活的健康劳力的数量向亲王的代理人要求若干吕比奥的土地;这种土地荆棘丛生,野草遍地,没有篱笆,没有沟渠,没有树木;根据土地的性质和距离,农民们则答应付 5 埃居至 12 埃居的年租;但是,可惜的是年租是用钱而不是用麦子来规定的,如果麦子降价,那这笔钱就是农民的一笔沉重的负担。此外,这种契约地的租期是永久性的,因为罗马人既不知道托斯卡纳对四种生活状况所实行的限制,也不知道续订租约的地租制。

然而,一旦萨格罗洛的居民以这种名义获得地产,那些在荒年涌入罗马街头乞求施舍、被认为劳动怠情、干活怕苦怕累的人,开始深翻土地,播种耕耘。在几年之内,他们没有别的指望,只盼每年的收成；然而，他们并不局限于耕种，为了未来前途，他们利用一切时间尽一切努力来干现时需要的活计：他们在新的地产四周围上篱墙；他们保证让流水畅通；在麦田中种橄榄树，无花果树，特别是葡萄树。在五六年内，谷物是地里唯一的收获，这是用血汗换来的，他们得省吃俭用，但对前途充满希望。过了五六年后，葡萄树开始进入丰产，从此以后，农民得靠它付地租：其他果木产品也年年增长，尽管它们还没有完全长成。在最初几年，萨格罗洛的所有农夫都回家休息，还住在过去的破房子里；但是，这些房子很快变得整齐清洁。不久以后，大多数农夫在他们获得的地产里用树叶搭成小屋或棚子，以供就餐、天热时休息、暴雨时躲雨。以后，有些草房就变成为房子，农夫来到乡下，那些离家很远的人就不再回到他们的村镇居住了。一旦他们发了财，人口就大量地增加了。农夫的经过改良土壤的地产的卖价比最初基价至少高 2 倍，以至于人们本来认为没有本钱的萨格罗洛穷苦居民也在这块土地上定居了，在 30 年间，让与他们的土地价格高了 2 倍。他们在农业上投入的资金是前几个世纪采邑富有的地主所没有的，也是贵族们今天所筹办不到的。

作为社会试验，通过长期契约制的萨加罗洛种植业获得了圆满的成功。在没有支援、没有外来资本的情况下，靠土地上的居民自己的努力，大面积的荒地物产丰富；不动产的价值增加了 2 倍，人口增加了 1 倍，人民生活富裕，过去短缺的食品增产了，过去人们无所事事，如今人勤马欢；犯罪事例罕见，警察无事可干；随着产品和消费的增加，商业也随着发展，税款收入也就更多了。然而，粮价却比 1800 年降低一半，农民的租金负担大大地增加了。他们很想用麦子来交纳租金。对亲王来说,他是很精确地计算过的,他的收入就更多了。

然而,罗斯皮格利奥西亲王并不满足。他是一个不在萨加罗洛居住的大贵族,不屑亲自料理这些小额收入的金库。他有一个代理人或负责税收的副手,副手也对管理琐事抱怨不止,感到收账时拖欠过多;亲王宣称,他宁肯少收入一点,而要不费劲、不受阻碍、定期地收到地租,就像向那些租他的荒地的富有的土地商人收租时一样。因此,尽管每天都有人想从他那里获得新的长期契约,不管是在丘陵、平川或萨格罗洛城下,他总是制造重重困难。他并没有将这种经营体制用到属于他们的其他采邑。

两种结果都同样值得探讨和研究。通过罗马乡村居民自己拥有的资金,当地居民已恢复种植庄稼,居民也自给自足,农民种地的方式已经找到;这种方式是建立在本地经验基础上的,尽管在当时,人们事先认为这样做可能有困难;这种方式完全符合财富和产品增长的经济目的,符合消除游手好闲、增进幸福和遵从法律的道义目的,符合培养罗马社会成员,而不是召唤外国人来取而代之的社会目的,也符合增加君主的税收、减少其开支的财政目的。但是,这种改善方式妨碍了该省地主的利益,更不合他们的口味和习惯。人们应该由此得出结论,当一个省只有一个地主时,这难道不是国家很大的不幸吗?

在这个世纪,总的来说,人们还保持着对过去住在城堡里行使权力的贵族的仇恨;而回过头来,贵族们对周围的或生活在他的土地上的穷人非常恼怒,因为这些人不像过去陪臣对贵族那样,既不爱他们也不尊敬他们;然而,正是这些人已经砸碎了往日的锁链。

在真正的封建时代，一个科罗纳人生活在萨格罗洛，另一个在帕勒斯特里那，还有一个在蒙特福尔蒂诺，该省的城堡没有一个不住着领主；毫无疑问，这个首领由于山高皇帝远，无所畏惧，经常滥用权力，事实上是拥有绝对权力的。他就像船长一样，为非作歹时谁也管不着。但是，住在城堡里的居民也有经常性的竞争；他有时有赏，有时也有罚；这个首领知道每个居民的名字，他知道谁能干什么，他至少知道谁有什么优点和专长。同时，他的经常出现产生心理作用，并且有助于使居民开化，由于家庭制作的产品都能在领主家里找到市场，各种乡村工业都得到了鼓励；羊圈、堆草场、菜园和果园的产品被送到了他的厨房；村上的工匠被雇来制造，至少被雇来修缮他的房屋，为他制作家具、衣服和武器。他的臣民都对他的收入作出贡献，但是，他也将这些收入用于臣民。他本人的存在以及他家属的存在是财富和生存得以继续的原因，而贵族夫人在给予人们照顾和医药，在给穷人和病人干好事时，又赢得了那些抱怨领主的人的心。

但是，在萨格罗洛居民的心目中，罗斯皮格利西奥亲王是怎样的人物呢？除了成为幸福的障碍外又能是什么呢；他们不认识亲王，谁也没有见过他，他们当中没有一个人在他家干过活，他没有在这些人身上花过任何钱，然而，他却禁止他们耕种他那广阔的土地，或者只是交付苛刻的租金才让种他们的地。然而，这位亲王可能是一个开明、仁慈和宽厚的人，罗马贵族的杰出人士，在萨格罗洛和他之间联系的中断不能归罪于他，这是那种制造大庄园体制和现代社会组织的人，就像罗马帝国末期，将 10 个或 20 个采邑的领主组成公国，把距离有几天之遥的城堡集中在一起，使得城堡主人总是不住那个地方中的一个,或哪儿都不住,因为他已经成为罗马人了。但是,当贵族完全离开农村,当他们抛弃了汲取营养借以开花结果的土地,那么他们本身也就注定要消亡。在友情、习俗、相互帮助方面,城堡贵族有难以比拟的力量;当他们聚集在首府时,他们还能保持政治影响,但是这种影响是靠不住的。当他们到处为家时,当他们在有吃喝玩乐的地方享受和出风头时,他们与取得收入的地方的联系也就中断了。

如果以长期契约形式保持所有制的土地分配使外省地主不高兴,这并不是说这种保证当地繁荣的分配形式不好,而是这些地主需要改造。如果亲王不是很大的领主,他将亲自照料收租,或者至少能够监督他的经纪人的账目;他已与交纳贡金的人谈妥条件,他很少使贡金拖欠。所有这一切导致了集中更多土地,也导致罗马国更贫穷。相反,在立法方面的变更总是逐步导致分配巨额财产,并有助于国家的全面繁荣,甚至有助于维持或增加贵族对穷苦百姓的影响。人们安排的或喜爱的只是那些认识了的东西。贵族在中世纪是很有力量的,分布的也很广;自从大领主不再属于一个国家以后,那些忠实于他们的下级也就不复存在了。

然而,关于在兄弟之间的继承和分配的立法,以及最高当局为了使巨大财产接近普通水平而应该采取的行动,对我们来说,这都不是现在要讨论的题目。我们关心的是穷人,那些农夫、工匠和罗马的穷人,还有那些既当不了农夫也当不了工匠的更不幸的人们。对于这些人来说,萨加罗洛城的范例是很重要的;对于这些人来说,事实已经证明,今天仍然证明,分配土地给农夫是医治现代弊病的药方。这种分配是在拉丁人、萨宾人和罗马人的时代进行的,而且是不必付租金的，它创造了这个国家从来没有达到过的繁荣。这是11世纪和12世纪住在城堡的领主们干的事，而农夫们承担了服役的义务，这种分配重新产生了农业人口和骁勇的人民；1780年，利奥波德大公反对抽食品税，他抽走了托斯卡纳的沼泽地的水流；他使沼泽地住上了身体健壮和生活富裕的居民。土地分配是由罗斯皮格利奥西亲王在1800年进行的，它使萨加罗洛的居民增加了1倍，资金增加3倍；总之，这种分配世代相传，执行起来不会产生纠纷，也不会损害财产权。

大家可能已经注意到，我们没有提出抽象的原则；我们不愿意由此演绎出理论；在本篇和前篇中，我们局限于对事实的研究；在几个世纪的历史进程中，我们已经很好地认清了历史情况，是非曲直也已很清楚。确实，在我们看来，这种研究足以说明问题，而且也已清楚地向我们勾画出我们到底该干什么。我们看不出有任何犹豫不决的理由；只有一个目的，这种目的就是赞同给予罗马国居民以正义，要谨慎小心地按部就班地前进；要讲人道，这样就不会为未来的靠不住的财富而在今天拿移民的健康和幸福去冒险。当教皇庇护七世发表1802年敕令时，他的目的是在每一个城市的居民中找一个活动中心，并把它的活动首先在城郭周围的荒地上进行，然后逐步推广扩大面积，使作物像同心圆那样扩大，直至邻近的城市。

在我们看来，只有一种办法能达到目的，几个世纪以来，这种办法的影响是被承认了的，但从来也没有尝试过，也没有得到圆满的结果：这就是对种地的人，保证给予他血汗的成果以永久的财产权。我们知道，奴隶劳动也像雇佣劳动一样，往往也是得不偿失

的;我们知道,真正的财富、真正的力量以及国家的幸福都系于农村人口;我们知道,对财产的爱,对永久产权的信心,为自己利益劳动所产生的智慧,这就能战胜桀骜不驯的大自然;最后,我们知道,20个世纪中,大庄园已经毁掉了意大利和行省。因此,像古代罗马的行政官员一样,我们要求有个土地法,因为,社会的繁荣只能建立在平均分配土地的基础上;但是,我们并不像罗马行政官员要求那样的繁荣,随着这种繁荣会带来掠夺,反之,我们则认为农业必不可少的基础是财产所有权和它的永久性。我们要求的是既要分配土地,又要尊重已经取得的权利。在罗马国,在我们惋惜这种地产的广度时,我们要求地主保持今天拥有的一切权利,保持这块土地合乎自然规律所生产的果实的全部价值。但是,我们要求社会归还向来也不能让与的权利,也就是生存权利;我们也要求归还从土地得来的产品的权利,这些产品来自耕作和精心管理,而现在的土地占有者却拒绝将产品给予人类。我们同意作为长期地契基础的关于直接地产和有用地产的区分,也不必从其他时代和外国实践中寻找例子,我们已举过萨加罗洛的例子,我们已经说过,罗马郊区的其他部分应该用此地已非常成功的办法,恢复农业,恢复个人所有制,恢复智慧和幸福。

我们不相信,在获得了有用地产的人当中,长期契约佃户在付给地主年租后,生活条件会明显地比拉齐奥的农夫更坏,这些农夫在分掉过去所有权不明确的土地后保持了对财产的全部权利,不必向任何人交纳租金。社会是同意有些人占有对土地的专有权的,这是大自然赐予全体人民的,就像空气、水、火一样,然而,大自然对它应该保护的租让总是有些苛刻条件。拉丁族公民不得不拿起武器，无报酬地为祖国与邻国打仗，而且几乎每年都发生战争。这种义务至少与金钱的租金相等，那些答应使用1吕比奥土地交给领主相当于1吕比奥或半吕比奥土地所产麦子的人，他们得到资金的条件，比起那些拉丁族最初的居民来，条件也并不更为苛刻。

今天的罗马，华丽的宫殿与寺院林立，但是这个城市好像是贫穷市镇的集合体。牲口在街上游荡，牲口棚圈、甚至粪便到处都是，到处都写着垃圾堆的字样，罗马城好像是一座为耕作业效劳的城市。罗马城有四五万人要求工作，但都难以找到；这些人都住在城里，生活当然是很困苦的，然而尚有蔽身之处和容身之地。如果他们有农活可干，生活也可以对付，他们也会很快利用住所来从事农业经营。这四五万居民应该在农村重新定居。不应该将他们逐走，不应该破坏他们的习惯，也不必想到为他们盖房子，只要给他们最大的干活动力和对财产的感情，热爱秩序、勤俭节约、热爱劳动也就接踵而至了。

也不必指望事成一旦。想改变生活习惯、消除成见、破除习俗，这从来都是不明智的，人们对这方面的后果是不认识的。我们已经说过，在阿格罗罗马诺有111 600平方吕比奥，这是就数字本身而言。毫无疑问，我们愿意看到那样的时代，那时每个罗马本地居民都会拥有1吕比奥土地，当然，现在分配给他们土地并不是我们建议人们干的事。当教皇庇护七世测量那些距离最近的围地和耕地1英里之遥的土地时，其面积约4 792吕比奥。现在，我们就从这个地区开始，划出一块新的订长期契约的租地。经验告诉我们，那些住在城里的人，到这种地方种葡萄园、果园和菜园是没有什么困难的。此外,我们还应该将这些土地区分一下。在这些土地中,有 47 吕比奥属于公共财产或属于教廷议会,有 1 860 吕比奥属于宗教组织,还有 2 885 吕比奥属于非宗教组织。我们暂且不谈其余的土地,经验证明,教廷能够绝对支配的只有 1 907 吕比奥土地。最近,教廷允许宗教组织重新赎回 4%原来属于它的永久公债,而教廷是自己付了本金的;教廷对它们的财产是很尊重的,如果政府给它们所有的土地直接领地权,让它们每年都有收益,如果政府加诸于它们的条件仅仅是转让有用领地权,不增加也不削减目前的租金,但是将租金用麦子估量,以便使租金不会受到损害缔约双方的变化的影响,这样,他们对前途就放心了。

在离罗马 1 英里的范围内,教廷议会用长期租约方式出让 1 907吕比奥的土地,每年的租金可能没有超过相当于 1 200 吕比奥土地所产的小麦,或每吕比奥土地收相当于 2/3 吕比奥土地所产的麦子,根据年龄和劳动条件,每人 1 吕比奥土地,这些土地在 500 户或 600 户之间分配。由于这种活动不可能大量地进行,教廷议会可能在要求得到这些好处的人中间进行挑选,它看中的是那些在干农活方面最聪明的、最能干的、勤俭的和最称心如意的人。如果人们想使以后的生产能够兴旺,最根本的问题是使最早的移民获得圆满的成功,他们应该是有道德的和勤劳的,不搞邪门歪道和商业投机活动;因此,他们也不会以任何借口获得比他和他的家庭习惯耕种额更多的土地,毫无疑问,在垦荒期间,他们之间的一些人会招雇工人帮忙,他们会给当地居民付工资,教城市居民学会农活。但是,深耕土地的合作是暂时的。我们应该时刻不要忘记,分配土地的目的是使人们不再游手好闲,就像休耕地那样不再闲置；这是一种号召，号召人们辛勤劳动，勤俭持家，但是只有取消雇佣劳动后，这种办法才有可能得到圆满的成功。

在这类活动中，最基本的一条就是不要草率行事；要让公众舆论懂得这个道理，要让经验补充研究之不足；要以无可争辩的成就使众人信服。四五百家分成制的租田不可能在一年之内部开垦出来；葡萄成长结果也得有五六年的时间才能使农户得到收益。只有经过这个阶段后，人们才能要求世俗的地主将属于他们的、在1英里范围内的2 885吕比奥土地以长期租约方式，以同样的条件出租。

但是，从现在起，应该使地主们懂得，耕作是构成产业的最基本的条件；如果他们不主动实行社会所要求的改良，他们应该确信，会迫使他们用契约制来分配十地；确实，应该像罗马一样，使这种分配土地方法在每个小城市周围立即开始进行，以唤起各地人民的觉醒。在30年前，教皇庇护七世敕令早已提醒地主们，他们的责任是什么。这些地主没有完成社会所赋予真正地主的任何条件，另一方面，他们也没有得到任何享受；他们有一份看管得很好的土地租金；地主自己已将这份租金变成土地的自然产品的价值，以致从它的性质看来只减不增，因而应该免除而不是保持不变；但是，社会只是在鼓励能使土壤肥沃的长期工程时，才同意将土地收回或给予保证。长期以来，社会已经证明，这些工程是全体人民的生活和生存所系，也正是这些人阻止了这些工程。这些人是民族的代表和监护人，他们利用了这些工程将老百姓从家乡逐走。他们的土地最终接受了创造国家繁荣的土壤改良，虽然并非出于他们的本意，如果说这是为了他们的利益，那也是十分荒谬的。对这

些人来说,他们总是满足于长期性,而对订长期契约的移民来说,他们要的是劳动的产品。

在分配了教会的土地以后,位于罗马 1 英里之遥的围墙内的属于老百姓的土地首先分配,但是重新恢复耕作业的工作并不就此止步。在这个圈子以外,在阿格罗罗马诺,不同的宗教组织还有 39 999 吕比奥土地,老百姓也还有 66 314 吕比奥土地;对任何人也不能剥夺他们分配这种土地的权利,也不能损害任何现存的权利,这种分配已陆续地在全省展开。总之,位于蒂卜尔东南的 4 省总面积为 2 844 平方英里或 341 580 吕比奥。在蒂卜尔右方或东南方,庄园面积达 1 037 平方英里或 124 440 吕比奥。在这块广阔的领地中,我们不知道哪一部分是属于教堂的,哪一部分是属于亲王的;但是,我们知道,整个土地是荒芜不毛之地,整块土地也是需要同样的立法;如果人们允许的话,农夫们将使土壤变得肥沃,并过比较富裕的生活;他们的税款填满了教皇的金库,今天,由于要维持荒野中的治安,在相距很远的居民点中修建驿道,搞慈善事业,援助穷人,大家都伸手要钱,但谁都不掏钱,于是财源枯竭了。农夫有各种需求和消费,会促进和繁荣城市工业。在一片荒凉的景象中,教廷国家终于复兴了。

在距离罗马 1 英里的地区内重新安顿居民,毫无疑问,它会使离罗马更远的地方更容易进行有助于增加居民的活动;但是,不能指望这种活动会自动进行;不能指望无产者会自动模仿给他们示范的榜样。毫无疑问,我们是希望做到这一点的,有些人也会照这种办法去做,这样,一些好心的乡村贵族就会留在当地,精耕细作的大耕作业也会留下来;但是,大部分人不会自动去做教会可能做

的事情。他们在那里的利益是可望不可即的，它大大地妨碍了他们的习惯和情趣，以致他们不会珍惜这种利益，当他们愿意这样做时，他们没有足够的钱来完成这个计划。在所有国家中，贵族们的财产是在土地上，而不是流动的资本。在罗马贵族中，确实也能数得出几个资本家，但是，正是他们土地最多；但是，有值100万埃居的土地的人，最多也只有10万现金。然而，开发这些土地要花300万现金；因为我们已经看到，土壤改良，至少要花3倍于土地的价值。因此，当他们占有的地产无限地扩展时，这些地主只愿意与一个土地商人打交道，而不愿与200个、或可能与2 000个佃户打交道。比起精耕细作的耕作业的果实来，他们更喜欢从毫无意义的牧场取得固定不变的纯利润。政府当局对他们强加的条件进行干预也是必要的；但是，这种必要性本身应该鼓励国王慢慢地和有分寸地行动。为了获得大众的利益，这种利益是会损害私人利益的：由于这种利益可能由于环境而被剥夺，而这种环境并不直接依赖于政治经济学，它可能使国王心花怒放。就现状而言，罗马农村显然是弊病百出，财富的任何增长也不能补偿命中注定的得与瘟病作斗争的和享受不到人生乐趣而丧命的居民，应该特别注意农村中定居的速度过于迅速，因为移民的任何失败都会使公众舆论转而反对土壤改良的试验。

离罗马周围1英里的耕作业，通过长期契约，可使农夫们交纳租金后还能过舒适的生活，然而，这种耕作业也指明了应该采取的措施。它教育了农夫本身，就他们的地位来说，还远不是财产，它使他们明白什么是最好的最有利的体制；它教育农夫明白什么生活方式是最能保护身体的；它教育农夫明白什么是市场的需要，什么是他们应该承担的责任,它将给农民以机会来研究由于耕作业变化而导致恶劣环境的原因,以及防止产生这些原因的办法。这种观察的结果很可能在很长时期内将证实我们对称作郊区农业的偏爱;人们将会感到,在罗马农村适合陆续建立土壤改良中心、小村庄或卡斯泰利(小城堡),为了建立这些村庄或城镇,人们可以在环境卫生、水源洁净、交通方便的丘陵地带选择合适的地址。在那里,人们将聚集 100 户左右农户,他们将分享周围的土地,这些土地给予他们任何人的舒适程度也不会比罗马公民更多,每一个健康农民有 7 朱热拉或 1 吕比奥土地。这些农民住在共同的围墙内,自己有本堂神父和医生,他们能比较容易地共同保护村庄,防止掠夺,他们也能维护治安,特别是相互照顾共同住宅的卫生。按照一定规格建立的房子墙靠着墙,可以少建些墙和围墙,比起那些分散在田间的住户来说,可以便利运输。干农活时,大家便于相互帮助;如果一家有难,如果有人生病,那他就不至于在远离居民点的地方衰竭和死亡。

一个好的立法者应该想到老百姓的生活享受,就像是对待生活需要一样。人们不要忘记,心满意足是精神食粮,这就像食品对身体一样。好的立法者还应该想到,比起其他民族,意大利人更强烈地表现出需要集体生活,小镇的社会生活将维持新农民的健康,而在荒野中的人们的孤单和悲哀却使百病丛生,而且还不断加剧种种病患。让我们多为个人利益着想;当小块移民地数目增加,当扩大小规模经营的范围的愿望变得更为全面,当人们愿意种植人工草地时,那就宁可坚持自然牧场了;当富裕的地主来到乡村居住并经营自己的作物时,人们也会看到农民在他们的租让地上盖房子,就像他们在萨加罗洛附近盖房一样。

让我们干吧!……当人们看见整齐的道路展现在面前时,人们总会感到有一种幻觉,人们想象进入幻想的境界。让我们干吧!唉!我们什么也没有干。然而,当我们注视荒凉的景象,人们会松一口气,会想到找到药方的;人们不必到幻想的景象中去找,也不必到还没有感到的理论中去找,它就在我们的眼前,已有的和现在的经验能够给我们保证,缺少的只是实践它的愿望。

第十二篇　论殖民地

在这几篇研究文章中，我们并不打算给广大读者上一堂全面的政治经济学课，只是着重谈几个问题，对这些问题，过去的作家掉以轻心，或者对它给予人类幸福以及生活改善所起的作用不够重视。如果我们撇开其中几个问题，也不必因此大惊小怪，我们感到这些问题无关紧要，没有什么新的话要说；即使我们对其他一些问题只是附带地谈及，而对第三类问题给予特殊的关心，那也不必大惊小怪。从某些方面来讲，每一篇论文可以独立成篇；论文的顺序，从某种意义来讲，也是任意安排的，而这些论文的整体也不会是很有规律的。

然而，在我们整个体系中，有这样一种打算或一种观念，人们可以在这个体系中找到连贯性：我们要把对事物的注意转移到人的身上；我们时刻也不能忘记，人是社会科学研究的目的，而事物应该是那些研究事物的人的目的，事物应该是为人类提供进步和幸福的手段。我们的先驱者，由于受到比较科学的空想的迷惑，曾确信能够将财富作为科学研究的对象，只考虑财富的兴衰，而不考虑对分配这些财富的人产生的效果，特别是道义方面的效果。相反，我们对这种令人失望的玄奥的理论是持反对态度的；我们要避免运用这种玄奥理论的语言，以及它那种往往使人造成谬误的定义；我们应该将目光转向人类社会，尽一切可能注视这种学说造成的痛苦的种种迹象，并追溯到由此而产生的人类社会已感受到的灾难。

人类在地球上生活就得劳动，这是由人类的本性及其所处的地位决定的；我们首先注意到的是农业劳动，这是我们借以活命，借以生存，我们一切享受所系的劳动；因此，我们首先关心的是创造领土财富的农业劳动。在我们看来，经济学的目的并不是教会人们从土地里获取大量的价值，也不是教人们从企业中获得最大的纯利润，而是使人们谨慎小心地领导这项劳动，在分配劳动和分配成果中慈悲为怀，使那些从事分配的人能主持公道，防止压迫。

然后，再来看看繁荣兴旺的社会，我们已经看到种地的庄稼人几乎都无地可种，这是由于富人为了自己的享受而从庄稼人那里夺走了一部分土地，或者是由于那些能够为人们提供有用产品的土地都已经种上了庄稼。当这种时刻到来时，或者人们想象达到这种时刻时，所有人都会注目地球的这个地区，那里，人类的发展将会停顿，其组织机构会停留在野蛮与贫困中，广阔的荒漠将会召唤外国的农民。那时，谁都会提出问题，那些从大自然得到许多生产手段而生活得很舒服自己却不会使用的人，那些占有许多剩余而不珍惜这些物资，这样做是否不合理，那些人是否该把这些生产手段和剩余分给那些需要它的人。

因而，对领土财富发展的研究会导致对殖民地问题的研究；殖民地首先是作为领土财富的经营手段提出来的。确实，人类通过殖民地而分布在世界各地，在需求与人数之间重新建立平衡，人们可以开发被抛弃的土地，将大自然的恩赐归为己有，并使它肥沃起来。

但是，尽管在财富学派的报告中，殖民地被认为是创造或积累财富的手段，这种手段的作用是有限的，因而，作为一些人对另外一些人能起的最重要的作用之一，也是很错误的，这种作用有时能帮助为了人类进步和文明的上帝的观点，相反，有时却在年轻和纯洁的种族中扩散陈旧的社会恶习。无论就其善与恶两方面的影响来说，殖民地在各个时代，在改变地球的面貌中，它的作用是很大的，以致我们不能把这种影响仅仅限制在财富学方面，在这篇文章中，我们也只能考察殖民地过去干了什么，为人类的发展又能作些什么，这样就可以一处一处地加以介绍，并将城市和家庭的良好规则介绍到新的国家。这种介绍应该是介绍文明的进步而不是财富的进步，在各种作用中，各个国家应该以此项作用作为目的。

当我们设法了解有助于推广社会生活的好处的原因时，对古代社会研究所展示的第一位的、也是最重要的原因是殖民地的建立。地中海沿岸国家的殖民化历史也可以称之人类文明的历史。对这个地区的历史细节，我们虽不知其详情，那些历史古迹已足以表明古代文明，使我们能够掌握其全貌。几乎是在有历史记载的初期，这里就有一个强大的民族，即埃及人，他们有巨大的财富，光荣的历史，对他们所记载的光荣事件，我们今天已无法探寻。这个地区的历史还笼罩在迷雾之中，但是，埃及人民的私生活、习俗、艺术、工业、农业等都是我们考察的对象；对那些无法摧毁的古迹上保留的形象，最近都细致地进行了考察。作为大城市和社会的成员的埃及人的日常生活都表现在画面上，栩栩如生地呈现在我们眼前。我们可以毫不含糊地看到，在公元前 2000 年左右，埃及人已有高度文明，在征服自然的技艺方面有很大进步，广大居民生活幸福。

埃及没有与我们同等水平的历史学家，也没有研究人类社会进展的知名哲学家。然而，埃及对邻国的影响已显示了它的作用，因为，在书写历史技巧方面作出了令人赞赏的范例。非常了解如何组织人类社会艺术的埃及人民，他们在对利益、情感和欲望的研究方面卓有成效。正是在最近向我们展示的埃及文明广阔情景的时代，希腊人的历史刚刚开始。希腊人告诉我们，在这个时期，他们还完全处于野蛮时代，他们的进步和发展要归功于埃及人的殖民地。

对于用图像表明的埃及历史，希腊人的认识是很不全面的。在我们所有的图书馆中，雕刻艺术都给复制了，但是直到现在为止，隐藏在神圣的庇护所中，与世俗人士隔离，不为广大人民所知。世俗人士并不想法将他们自己的历史与古埃及的建筑物联系起来，他们只关心自己，而不是底比斯[①]的百门图景，尽管希腊人爱好虚荣，尽管他们也像别的民族那样设法传播荣光的最初的发源地，但是他们知道，在埃及人伊那朱斯王（大约在公元前 18 世纪）时，他们的祖先还没有脱离野蛮状态。希腊人说，皮拉斯基人没有定居点，整个民族既是猎户又是牧民；但是，由于他们的国家被海湾和群山所隔断，他们不能像塞特人、鞑靼人和阿拉伯人那样从事大规模的游牧生活，也没有形成大规模的群居生活，他们不知道任何家畜；马是海里运来的，是海神的礼物；他们也不知道任何庄稼，

① 古埃及城市，人们称它为有 100 座门户的城市。——译者

他们只知道食用大自然提供的橡栗和山毛榉的果实,但是他们不栽种他们食用其果实的树木。众神引进了三种作物,赛丽斯带来了小麦,密纳发带来了橄榄,巴克斯带来了葡萄,在神话的掩盖下,标志着来自外国的进步。[①] 希腊在伊那朱斯王统治时,谁也不认识这三种作物;所有的家庭手工艺也是不为人们所知的,他们穿的只是他们食用野兽的兽皮。

皮拉斯基人的这种社会状态是低于所有那些已经会从事手工艺和农业的亚洲居民和非洲黑人居民的,也低于这两个地区的游牧民族,那些地区由于当地的自然条件,农业无法发展,然而,这些牧民已经相当开化了,皮拉斯基人的社会生活条件也低于美洲的狩猎民族,这些民族至少已知道种玉米和土豆以及织造一些布匹,他们的生活状况只能与大洋洲的野人相比。然而,埃及的殖民者给当地居民带来了高度的文明,它教会他们生活用的所有的手工艺,征服自然的手段。这些殖民者既不驱赶他们也不消灭他们,在新的群体中,殖民者尊重他们,在他们的居住点里,殖民者将他们和移民联合在一起,他们并不把他们变成埃及人,而是希腊人:宗教、语言、风俗、衣着都是希腊的,一切都属于新的祖国,而不是先前的祖国,特别是政治组织也是希腊的。人们只是在那里看到自由的诞生,产生了对祖国的爱;一把火炬燃起了,它将照亮全世界。

在希腊历史上,大约有300年左右,即从伊那朱斯王建立阿戈斯城时起,直至达那乌斯来到此城统治时止,这段历史充满了一半是传统色彩、一半是神话色彩的有关埃及人、腓尼基人领袖人物来

① 赛丽斯、密纳发、巴克斯都是希腊神话中的神。——译者

到的故事，每当他们到来，都建立了新的城邦，并带来新的工艺作为礼物。希腊将那些教给他们农业、采矿、织布、航海、制造钱币、经营商业、演奏音乐的人们的名字传给后代。300 年过去了，但是在这段时期，希腊人比他们的老师埃及人更先进，他们组成了独立的城邦，进行了持续不断的战争，当然，他们并不强盛，也并不富有，他们的社会也并不稳定，但是他们人丁兴旺，各阶级比较接近，相互混杂在一起；总之，他们比较幸福。

当希腊成为单一的民族时，当地人和来自埃及的移民就开始在地中海沿岸传播他们刚接受的文明。在伊奥尼亚人、爱奥尼亚人和多利安人向小亚细亚推进时，另外一些人则在意大利、西西里岛、蓬特厄新沿岸、非洲海岸和普罗旺斯沿海建立新的城邦。这些殖民地对当地人都产生良好的影响，情况与埃及人在希腊时一样。它们到处传播文明，教给人们学习生活的技艺，尊重过去的居民，并与他们团结在一起，亲密无间，由于这种团结，这些殖民地很快超过了宗主国，无论在人口、国力、财富、艺术、甚至在思想的发展方面都是如此。希腊的殖民地特罗亚，尽管它已衰败，但比起与它结盟的城邦还是更为强盛，在与波斯的战争中，希腊人在小亚细亚的殖民地，在艺术和哲学上都是比较丰富多彩和先进的，而在伯罗奔尼撒，尽管它的处境较差，但对这个强大的王朝还能抵挡一阵。意大利的南部取名大希腊，因为在疆域、人数、财富和城邦的国力方面确实胜过古希腊。西西里岛还布满强盛的城邦；锡拉库萨不仅胜过了创建它的科林斯，它的人口也与今天全岛居民相等：人们现已查实有 12 万人。同样，马赛在实力上也超过了创建它的弗凯亚，塞拉岛上的希莱纳地方，希腊最早的移民就是由此出发的。

罗马并不是希腊的殖民地，但是，罗马的文化、法律、语言、宗教都归功于受到希腊移民的教育的意大利人。罗马人也像希腊人所做的那样，并不是仅仅满足于把他们的艺术、语言、宗教和哲学从这个地方搬到另一个地方；在他们的军队所到之处，他们也要实行统治。希腊人在地中海海岸布满了新的和独立自主的人民，罗马人的目的也是实行统一，凡是他们武力所到之处，他们也建立殖民地；但是这些殖民地，虽然也是为数颇多的城邦，只不过是这个伟大人民的驻防营地，而不是在那里形成新的民族的萌芽。然而，这些殖民也是要和当地居民混合，与他们沟通罗马带来的艺术和社会科学方面的进步，向他们传授文化，在整个旧大陆中，罗马的殖民地完成了人类最初的教育。

大家也许会认为，通过欧洲人的殖民地来实行现代世界的文明发展，这种情况与古代的殖民化相比，会因此大大逊色。确实，最近三个世纪以来，欧洲人的殖民地已遍及世界各地。欧洲人征服的地区在疆域上大大超过了他们的国土，他们在那里建立的帝国式共和国的面积也大大超过了旧大陆。然而，人们不必将现代人的殖民地和古代人的殖民地作比较，否则就会产生先入为主的印象，这种印象会告诉我们，古代人的殖民地以其全部青春的活力使人类获得新生，使人类重新得到锻炼，并使人类开始过政治生活；相反，我们的殖民地却是与古老的社会一起产生，和妒忌、不安、贫困以及古老欧洲的弊端一起产生；古代的那些殖民地往往建立在那些文明超过殖民者的地区；而我们现在的殖民地的文明低于他的建造者；现在的殖民地幅员辽阔，还将进一步扩大，但是昔日的道德、爱国主义、气魄已荡然无存了。

再进一步仔细观察，我们还会感到有新的不同。希腊人以及在他们之前的埃及人，他们建立的殖民地是和他们形成一个整体的；而我们是使殖民地成为另一个帝国；过去的殖民者重视移民的利益；而我们注意的是自己祖国的利益。过去的殖民者希望殖民地自给自足，在衣食、防务、内部政府、发展原则等方面都能够自行解决；我们希望殖民地在各种事务中都能独立，殖民地通过商业得以生存，而商业会使宗主国发财致富。殖民地的武装由宗主国负责，并听从它的政府的命令，由它的长官来统治，殖民地的新公民们只能在他们的兄长的国家那里受教育。

对殖民地更深入的研究很快会得出更加令人悲痛的结论。埃及人、腓尼基人、希腊人、甚至是罗马人在建立殖民地时，都给他们建立的殖民地带来好处；而我们只能给我们的殖民地带来灾难。前者通过与当地人的接触，开化了野蛮人；而现代的欧洲人，在他们所到之处，却到处摧毁为他们的习俗所不容的文明；他们将他们称之为野蛮人的民族野蛮化（请允许我们用这个词），并强迫这些人放弃他们自己创造的维持生活的技艺；这样一来，他们自己也野蛮化了；因为，人们在这里看到欧洲人也堕入牧民的习俗，在那里与狩猎民族习俗相混同；在与当地人相处中，他们惯用欺诈手法，滥用武力与残忍手段；他们的农业也接近刀耕火种状况，他们的工具变得更粗糙；他们的知识变得更加粗浅；品德高尚的人更少了，如同道德水准下降情况一样，智力的总水平是下降，而不是提高了。

有人也许会拿美国的成就来反对我们的观点，美国显得很繁荣，现代的制度比起古代的殖民制度也毫无逊色。然而，美国的这

些长处得归功于这个国家的创建人,他们的思想和感情与希腊和罗马人较为接近,而与我们今天的做法迥然不同。新英格兰的旅客,侨居异乡,到处寻找信仰自由,他们打算像希腊人那样,首先建立一个新的祖国;而其他那些被从欧洲赶出来的人,他们唯一的原则是追求利润;他们唯一的理论是扩展商业;因此,他们为眼前利益牺牲将来,从他们坠地出生之时,他们就在殖民地里播下了瓦解的种子。我们将会有机会指出,这种种子在美国是如何生根发芽的。

我们要认清希腊人建立殖民地的原则和我们的原则之间的对立。希腊人到了新的殖民地时,总是希望这块殖民地体现他们的社会典型,即建立城邦;而我们建立的殖民地则是按照我们的类型,即建立帝国。希腊人只是将他们的政治制度集合在一点;而我们则把我们的那一套做法扩散到整个领地。这里,我们并不是在小共和国和我们庞大的君主政体之间,考察两者在对待幸福、道德、智力的进步方面孰为优劣。由于统治整个人类的具体情况有所不同,每个国家与其他国家之间在寻找力量或独立手段时都是与自己的国力成一定比例的,而其他国家,由于不能权衡这种均势,可能试图滥用权力。但是,在民族或社会组织产生时,人们是有自由利用这种经验教训的;我们只是对移民们说,为了他们的需要,为了使那些偶然集合在一起的冒险家间的友谊,他们开始的时候应该是小规模的,在外国人中间应该感到自己是弱小的,因为权力已经使他们变得骄慢与咄咄逼人;他们的地位应迫使他们不要滥用当地土著的善意,他们不应该把土著当成野人,而应该和他们团结协力,他们尤其不应该给土著带来文明,这种文明与消灭土著的战争艺术没什么两样。

在建立殖民地时，埃及人、腓尼基人，后来的希腊人和罗马人，他们首先注意的是选择建立城邦的地点，因为他们要在这些城邦里生活下去，因为他们要通过这些城邦来传播城市生活的艺术，或称文明。城邦的设施应该坚固以便于保卫周围地区，它不必求助于国家的支援就能防止那些想来这里定居的人们的突然袭击。但是，在抵抗敌人时，也应该想到移民们能从他们的领地里，在敲起警钟，吹起军号时很快集合和拿起武器。经济领域的重大改革也应考虑这种情况。首先，领地应该很好地圈定。移民们所得到的领地往往是一片荒地，是通过合法手续与和平方式从土著居民手里获得的，而这种最初的契约，并不像现在的移民那样是用欺骗与暴力来不断地解释、不断地更改条款的。移民们深深地感到，他们不能与城市分离，这是他们唯一的退路；他们没有任何吞并更多土地的企图，而在今天，这种贪婪的欲望使欧洲人跟当地人打仗，在过去是没有发生过这类行动的。

这些弱小和人数不多的移民完全是自己照管自己（因为他们的祖国并没有想到去保卫他们），在城邦狭小的围墙内，他们细心地建造自己的住宅。白天，他们分散到地里劳动，夜晚休息时也没有共同的守卫。在这种情况下，他们的农业具有普罗旺斯和西班牙的特点，人们看不到农庄，田野上也没有分散的农户，所有的农民和牲口都待在小镇里。这种农业体系确实有很多弊病；它加重了农民和牲口的劳动量；它使农民不能研究他们的土地，也不能向它要求丰硕的劳动果实，不能鼓励他们在地里种树以装饰田园，也不能培养他们对土地的感情。但是，这种体制对人的影响比对创造财富的影响更为重要。然而,这种对社会生活和平民生活的感情,在移民中间,维护这种感情比什么都更为重要。农民住在村镇里比分散居住更易受到文明教育。建立殖民地这种事业本身社会使社会联系松弛。那种有独立见解,比较骄傲和不怎么驯服的人,现在正从事这种建立殖民地的冒险计划。尽管有古老的权威和习惯势力,但这些人不能容忍祖国法律的桎梏。在一种完全新的情况下,这些人更不会服从,因为这里既没有服从命令的先例,也没有要去除的旧习。要防止这些人向荒原四处分散,因为,如果他们可能在相当远的范围内在他们的同胞间建立自己的住所,他们只知道任性所为,怨恨不满,狂妄骄傲,贪心不足,而不知道法规。每个家长在家庭里都是一个暴君;他要求妻儿对他言听计从,与平等的社会格格不入;说服对他来说是无效的,对话对他也没有诱惑力和奖赏;除了情欲以外,他不知道别的享受;醉酒代替了其他智力发展。如果偶尔与邻居口角,他会不让证人看见,使调解人没法插手,什么调查都搞不成;他想方设法摆脱他的对手,或者,如果对方手无寸铁,他会挖掉对方眼珠,结果,他也不怕受控告,因为无据可查,假如他得上法庭,法庭对他也无可奈何。尽管他最初还是有教养和人性的,他也很快会遁入森林,当起绿林好汉,这种人在美洲可以见到;人们在过这种孤独、粗野和残暴的生活时,真正的文明,对别人的同情也就全部给毁灭了,但是他还保留那种特点,有了它可以发财,这些特点就是体力、灵巧、事业精神,特别是盘算营利、贪得无厌。

　　但是,在希腊的殖民地,人与人之间以心比心;他们对同乡和伙伴总是乐于相助。他们从来不到外面去冒险,因为他们的远出会引人注目;他们没有任何过分之举,除非是酒醉或发怒,专横霸道是为人所不齿、受到公众的憎恶的;不管是杀了同胞或当地土著,犯了杀人罪都不能逃脱法网。确实,殖民地当局也没有能力到国土外追捕犯人,但是,它确实需要殖民政府来不断保护,政府也知道自己的弱点,知道需要邻国,它认为与土著居民闹纠纷是公然的冒犯行为。如果犯罪者不想回家和逃避他的新的祖国的法庭,那他就得永远地离开,永远的流放在古代人看来是一种极刑。

在现代的殖民地,土地肥沃的辽阔疆土好像已留给最初的占领者,而移民受强大的宗主国的保护,归并了一部分土地,这部分土地与他能从事劳动的体力既不相称,与他能改良土壤的财力、消费果实的需要都不相称。过去的移民只是靠自己双手和他的战友,他不愿占有那些听不到号召保卫他的城邦的战斗号角的土地,殖民当局也根据这个原则划分土地。既然所有的人都住在城镇附近,大家得到的土地差不多也是相等的。田地都很靠近围墙,很像圆圈里的截面;在移民区以外,还有放牧地带,人们可以从那里远远地望见敌人的进袭。这样一来,尽管移民们占有的财富多寡不一,他们的最高利益,即共同的安全促使他们土地的划分是平等的。大家也不要求当家人去购买新的土地;分配来的土地是免费的;至少,分配的土地是和家庭耕种土地的能力、自卫的能力以及消费的需要相称的。因此,移民们从来到这里开始,就不得不在他们的地里引进适合种植的产值最高的庄稼;他们也输入宗主国的最先进的农业科学的成果,也将这种工艺教给当地的土著。而我们却学土著的那一套。我们突然成了掌握大量土地的主人,掌握了生杀予夺之权,或者购买了股东的股份,也就不吝惜大自然的任

何恩赐了。他们剥去树皮,让树木就地腐烂,放火烧荒;他们不施肥料,不改良土壤,不实行轮作制;他们利用土壤的特点,而不管其后果如何;轮番的种植竭尽了地力,很快使最肥沃的土地贫瘠不堪。大西洋沿岸广阔而美丽的土地,沃野千里,曾使欧洲人第一次到达这个地区时惊奇万分,如今,只顾眼前利益的贪婪的种植园主已将它毁掉了。移民们从美洲人那里学了毁林的技艺,但是却一点也不学他们保存林木的技艺。今天,在好望角,在新荷兰①、范迪门②等地,这类错误做法屡见不鲜。在这些新殖民地,人们按400英亩或800英亩的面积来分配土地,人们想用最富有的英国农场主所采用的那种耕作方式来经营幅员辽阔的大农庄,这种耕作方式需要大量投资,而在这里,人们只是投入一些不需要资本的人力,这是耕作农田所必需的,像大西洋边的兄长那样,他们只顾现在,不管将来。同样,在阿尔及尔的殖民化计划中,本来应该考虑到阿拉伯种植者的习惯,他们与欧洲人联结在一起的方式,以使他们有利可图,使当地工业得到改进,而不是使他们惊慌失措,而我们谈的只是大股份公司和大农庄。如果把从非洲征服的土地从当地种植者手中剥夺过来,而交给一些投机商、追求享受的人、毁坏土地的人和什么也不能创造的人,那么情况将比阿拉伯种植者掌握土地时还要落后。

在希腊的殖民地里包括自由人,他们出身于社会的各个阶层。在英雄辈出的时代,他们由国王的儿子领导,后来是由出身名门的

---

① 指现在印度尼西亚的原荷兰属地。——译者

② 范迪门(Van Diemen,1593—1645),荷兰殖民主义者,他发现的地方(即现在澳大利亚的塔斯马尼亚岛)曾以他的名字命名。——译者

公民领导；然而，他们事业的必然后果是在移民中建立平等。那些探险者并不会因此发财，他们也从来没有想到过发财。这并不是说他们没有雄心壮志；他们以在同胞中能坐在议会的第一排、或在战争中能站在前列而感到自豪。他们对以雄辩的口才、谨慎的举止、横溢的才华而成为大人物感到自豪，而不是以当富翁而自夸。他们在新的祖国的土地上，靠双手劳动去生活；他们像别人一样，在殖民地的田地里得到他们的份额；他们不靠奴仆，不靠短工，也不靠奴隶来耕种土地；因为在这个新社会里，周围到处是敌人和爱妒忌的人，他们也绝不允许在社会内部聚集敌人。在古代的小民族里，各个民族是独立的，占有奴隶只是战争时偶然得到的权利，而不是大规模的组织形式；因此，这种奴隶也没有玷污劳动。殖民地的最有身份的公民也不拒绝从事体力劳动；但是，这种劳动不能占去他们的全部时间，因为他们的大部分时间是用来为新的祖国作管理工作、教育工作和负责国防事务的。然而，在农民不付租金，国家没有债务，新的几代农夫不必被先辈作抵押或预先出售劳动成果的国家里，人民生活简朴，不讲究奢侈豪华，农产品远远超过从事劳作的人们的需求。如果说今天的农民是把一半产品交给主人，一半留作自己生活的话，过去的自耕农则把每周或每天的劳动的一半留作自用，而另一半是为公众效劳的。

因此，宗主国的富人在殖民地里也不过富人的生活，而穷人也不穷了；前一部分人和后面那些人都靠双手劳动生活，靠大自然慷慨给予的劳动生活。这两部分人都习惯于从事体力活动，只是在习惯上，有一部分人脑力活动多一些。殖民地政府比过去任何旧的国家具有更多的民主；而且它应该和能够实行民主而不会产生危险。这些小民族里,不同等级的公民,也不像在我们国家或殖民地那样,由于全面的对立而互相争斗;相反,各等级的人都感到有共同的利益,而这种利益是和当地人的利益一致的;在开始阶段,各等级的人与当地人的贸易只是供养殖民地,去赢得友谊,取得信任,在不同等级的人与移民间建立共同的标志,即共同的语言,这是大家的事,也符合大家的迫切利益。同时,每当遇到危险时,当地人会拔刀相助,在突然发生争吵时,由于共同利益,当地人会百倍警惕并保卫他们,如果那些名人或富人子弟,在离开自己祖国时,可能会带着出身门第的骄傲或优越感,如果这种优越感是和文化教养、习惯、处世经验、祖辈传统以及才能等相联系的,由于这对大家都是有用的,所以也被人们承认和珍惜。这种优越感甚至使人们感到欣慰,因为在一个一切都是创新的国家里,在一切都是新生的国家里,对古代的回忆也是很珍贵的。但是,在移民或种植者中,与这种出身名门望族的公民有相同趣味者寥寥无几。这些移民也像出身名门望族的公民一样,高度保持警惕,并以他们的身躯来保卫祖国。居民的圈子越小,他们之间的信任就越亲密,老百姓从那些与他们相处的出身高贵的人那里接受良好的环境教育和共同行动的教育也就更多。今天,我们已习惯于将书本的影响与教育相混同,然而,影响最大的、最有效的教育是人对人的身教。在阿戈拉报上,人们讨论过社会利益问题,各种范例都在某种程度上摆在人们面前,各种性质的问题都在公众面前展开,对人的研究,对人类情欲和兴趣的哲理性研究,都为最穷的人和最富的人所接受。语言的讲究和推敲并没有指出社会地位,因为,大家在研究这个问题时都是直言不讳的。如果说在遥远的年代,一些书本增加了普通教育的基础，它的效果是深得人心的：希罗多德[①]在希腊的议会上宣读过他的历史，今天，我们也曾追求这种民主方法；但是，我们缺少希腊城邦的首要因素，那就是由于经济组织所产生等级平等，在新生的殖民地里，这种平等比任何别的地方更大。

由于公民们的共同的利益，他们互相的亲密相处，相互之间行为的影响，使得古代的殖民地像一所大学校。通过经常的接触，日常的交换思想和看法，一些高级人士的知识带到这里并在这个小国的群众中传播。一个人知道的事情，其他的人也知道，也实践，并把它教给当地老百姓：种麦、种橄榄、金属加工、织布、识字和书写、货币、计算、音乐，这些都陆续地被引进到新的国家，神话和传统习惯都保留了这些痕迹；每件事都归功于一个英雄，一个半虚构的人物，他和他的伙伴都成了各国的教员，因为首领的才能，超人的本事，他的善心，在这个新生的社会里，都在他的伙伴身上得到反映。

人类古代殖民地的文明行为与我们现代殖民地的行为有着天壤之别，实在令人感到痛心。我们的移民从祖国出发，他们组成的社会，并不是被选择用来或组合成一个抱有一人为大家，大家为一人信念的社会。他们没有友谊，也没有信任，相互之间不可能有这些东西。大部分移民都是饱尝人间沧桑，至少也历尽艰辛。他们离开欧洲时已经破产，由于冒失行事，他们负债累累，苦难重重。他们想寻找一个新世界，在那里可以忘记过去，默默无闻地生活。

---

① 希罗多德（Hérodote，约公元前 480 年—公元前 420 年），古希腊历史学家。——译者

他们惴惴不安,不堪回首,他们拒绝旧世界的形式,不满意为他们安排的地位。这些人是贪得无厌的冒险家,他们不想从事工业或农业,而把命运当成冒险的赌博,拿生命和财产去碰运气,因为运气是未知数,对他们来说就显得无垠无际了。这支本来就不值得信任的混杂的队伍,更由于混入旧社会的渣滓而壮大了,而这支队伍却厌弃旧社会,并把旧社会的过错推给新社会。他们的家庭想使这些坏家伙免于法律追究而避开羞辱,他们由于得到优待而到了殖民地;人们派遣到殖民地的驻防部队是**训练有素**的部队,由于这种部队迫害成性,恶行、甚至罪行累累,所以人们从兵士里把他们挑选出来。金融界的雇员、法庭的官员、大法官、甚至总督本身,这些人往往是作为体面的迁居而被派到殖民地来的。他们中间的杰出人物已被宫廷排斥,因为借贷已使他们失去地位,另外一些立法议院的成员也因为害怕反对派而出走。另外一些人是为了避开公众的耳目,公众觉得这伙人面目可憎,另外一些人是为了躲开可能使他们身败名裂的调查;这些人被挑选来到殖民地并不是因为他们最适合于经营殖民地,而是被认为对他们古老的国家来说已是多余的了;总之,我们痛心地列举这些捣乱分子、有污点的人或犯罪分子时,我们还不懂得这么一个阶级,即流放犯,欧洲可以给殖民地送来,而不必残酷地冒犯人类,这些人由于侮辱性的审判而心灰意懒,他们是被人送到新的国家来传播罪行的,有人用刑事犯殖民地这一称呼,这种名字是令人战栗的。

人们不去相互结交为良朋好友,不去避开冲突,而是分成程度虽然不同,却是互相嫌弃的阶级,而一旦到了向他们企业开放的辽阔的土地上时,他们却四处分散,这岂非咄咄怪事?那些在心里还热爱荣誉和有责任感的人深深知道，与那些冒险的伙伴打交道会玷污自己的声誉，会受牵连，而不会教他们任何好事。那些要忘掉过去的人要避开人们的目光；有些人感到那伙人的行为将经不住考验，对他们躲避三舍；人类社会有益的影响对他们都不起作用了，而那些腐蚀人的因素却在起作用，因为移民们并不是决然隔离而单独生活的。那些最富有和最有教养的人在机构内的体力活动中，也不得不与他们的手下的人打交道，他们总会用这伙人的语言，学一些粗话和恶癖。甚至在那些刑事殖民地，产业主们对罪犯们虽然十分厌恶，由于要这伙人干活，也得和他们打交道，根据他们罪恶大小分别对待，给予他们一些信任，对于那些受诱惑而犯了罪的人则几乎把他们当做有教养的人，受腐化堕落的习惯势力的腐蚀作用是难以避免的：毒剂同时散播到恨他们的人和宽恕他们的人身上。人们对周围的罪犯只是厌恶和反感，对他们已失去同情，人们对痛苦已经失去怜悯，对表情已失去信赖，尽管人们对罪恶或罪行已司空见惯，宽大为怀，但也可能感到令人难受的道德传染病。因此，这种只能在大城市的污泥中产生的堕落的人们，已经丧失了一切道德感情，也不能明辨正义和诚实，他们在流放地引入了道德败坏的种子，直到他们寿终正寝时才能停止。我们蛮横地为准备快速发展的企业带来了祸根子，几个世纪也可能无法铲除。我们已经在野生的幼树上嫁接了最毒的幼苗，它将在今后几代人中茁壮成长。

刑事犯殖民地不仅在处女地上移植了文明国家的罪恶和罪行，欧洲殖民地史同样向我们表明，有文化的人滥用了武力的优势和它的影响来剥夺当地老百姓的财产，强迫当地人打仗，腐蚀并消

灭他们。希腊人通过他们在地中海的殖民地,使流浪民族在那里定居,召唤狩猎民族和牧民们从事农业、手工业和商业;希腊人教当地人统治艺术和热爱自由,他们用对希腊的天神、人类大慈大悲的英雄的崇拜,代替那阴森和血腥的偶像崇拜,代替那些教士团体的疑心重重和压迫人的政权;最后,他们开放思想,以致后来使哲学改变和清洗了已经经过改革的宗教。希腊人干了这些好事后,决定增加人口,增加幸福的民众,这是我们能够理解的。大希腊、西西里和小亚细亚有几千个城市,我们的大帝国中任何一个外省城市也难以与之相比。同时,由于希腊的技术,当地土人的人口相当迅速的增长,在那些文明人从来没有到达的地方,文明迅速的扩张。今天,情况恰恰相反,在欧洲人立足的地方,他们到处摧毁早已存在的文化。通过他们的接触,当地社会的上层人士消失了,尔后,所有经过改进的工艺,当地老百姓在欧洲人到达以前从事的农业,当地的道德也都消失了,最后,种族本身也消失了。今天,白种人一和当地土人接触,这个种族用不了几代就消亡了,这已成为自然法则,成为一种必需手段了。

当西班牙人登上新大陆海岸时,那些还处于未开化阶段的民族以及文明已经取得很大进步的民族同样生活在他们中间。这些民族中最进步的民族是它的列斯群岛的居民和墨西哥与秘鲁这两个帝国的居民。这两个帝国的居民表明,居住在整个美洲的红种人可以不要外来援助取得怎样的发展,过去流浪的部族在这里已经长期定居下来。他们在新大陆没有找到很多可供驯养的兽类,因此,他们也不想去过游牧生活,但是,他们在扩展支配植物方面获得了较多的成功;通过农业,他们获得了非常丰富的生活资料;

确实,人数众多的幸福居民精耕细作,而从事工艺的阶级已建立了大城市。在热带,比温带更小的土地,用更少的劳动就足够供给一个人的食物。在海边的灼热土地上,甚至在岛上,占地只有100平方公尺的香蕉种植园,每年能供给4 000磅的食物,而在法国,同样的面积只能提供30磅麦子。提炼木薯粉的木薯种植园要求花费更多的劳动和更多的时间,提供的食物量和营养比香蕉更为丰富。热带作物都是在岛上精心耕作的;这些作物维持当地大量的人口,他们需求量不多,有很多空闲时间能快乐地过日子。墨西哥和秘鲁的人民,特别是在山区的温带和寒带地区的人民,为了征服大自然或者为了维持这两个帝国在宗教上和政治上的奢侈费用,得付出更多的劳动;土豆和玉米是老百姓的基本食品,但是,品种繁多的果品也同样使他们的生活享受丰富多彩,园林工人的船只通过湖泊来到墨西哥市,运来的苹果堆积如山。美洲龙舌兰种植园代替了我们的葡萄园,人们提取龙舌兰汁做酒。宫廷喜欢豪华,宗教讲究排场,巨贾夸耀财富,他们都把工业引向奢侈品的生产。在秘鲁,精心设计和周密施工的灌溉系统使安第斯山和大海之间的广阔地区成为一片沃野,自从西班牙人毁坏了印加人的灌溉渠以后,这块广大地区已被灼热的阳光所毁灭。红种人在墨西哥和秘鲁都为数颇多,他们对过去的功绩和发现记忆犹新,他们发明的象形文字记载过这些功勋。他们同样也发明了采矿技术和金属加工技术,不幸的是,他们以金银作饰物,却引起了最初的西班牙移民的贪婪之心。

我们并不想描绘西班牙人在新大陆所犯暴行的图画;公众舆论已予以痛斥。我们谈一谈如果人们考虑到西班牙人加诸于他们

的折磨和受难者人数，他们干的坏事会超过人类历史上所发生的所有坏事。鞑靼的征服者被胜利冲昏了头脑，下达了可怖的命令，屠杀了某个城市的或某个省份的所有居民，为了纪念他们的胜利，用死者的头颅建起了可憎的金字塔；但是，贪婪的西班牙人的残暴行为所造成的人类生命的损失却更有甚之；这种残暴行为所加诸的折磨更为残忍，时间也更长；这种残暴行为是在不发生挑衅和无声无息的吝啬的盘算中进行的。这些地区的和平居民都被驱使从事矿山劳动；人们拨给的食品不足，却强迫他们从事超过体力的劳动；尽管他们身体衰弱，伤痕累累，疾病缠身，监工的皮鞭却迫使他们不停地干活，用不了多久，就被这种酷刑折磨而死。用不了一代人的时间，安第斯山的红种人就消亡了，人口以惊人的速度减少；然而，只有圣多明各的人口超过 100 万；古巴至少也有此数，其他岛屿的人口也相对减少。在加勒比人中，只有几千倒霉的红种人逃脱厄运；但是，这些人受尽折磨，感到前途茫茫，只好离家出走；他们抛开了农业，放弃了文明，过着野人的生活。墨西哥和秘鲁的居民少受些折磨，但是，也许由于山民体格比较健壮，也许由于他们比较习惯艰苦劳动，也许由于加诸于他们的苦差，即人们称作矿工的开矿工作，当着总督的面，劳动量还比较合理，最后，也许由于还没有时间来完成毁灭工作，在残酷的压迫下，有一部分过去的居民还活了下来，今天，也就是他们使这个地区的居民获得新生。在德伦波尔德[①]先生旅行的时代，他们还没有干苦差，矿山劳动是自

① 德伦波尔德(1769—1858 年)，德国博物学家，曾在美洲和亚洲旅行，著有《宇宙和世界面貌》。——译者

觉自愿的，报酬也很丰厚；同时，他们又努力从事农业劳动。在墨西哥，红种人还有 3 676 000 人，这些人是唯一的种地的人，技艺也很高超，他们还把这种技术带到新的地区。但是，从此以后，红种人就不仅是些庄稼人了，阿斯特克帝国的大人物都消失了，而且，所有的富人、教士、有学问的人、有产者、商人也随之消失了。在他们那里，再也找不到古代红种人的文明了。这些庄稼人都附属于本来不是他们的西班牙和基督教文明了；他们的主意也不准备再用了，任何进步也不可能了，欧洲式的发展无孔不入。在秘鲁，红种人受的苦更多，他们几乎被灭绝了，古代印加文明被消灭殆尽；但是，黑人和混血儿代替了他们并承担了最繁重的劳动。在智利，当地人是以骁勇好战著称而不是以文明闻名的，他们几乎干脆被排斥于欧洲社会之外；西班牙人挑起未开化部族之间的持续不断的战争，酗酒又使他们失去了昔日使之扬名于世的优秀品质。

我们希望，欧洲人和基督教徒在忆及西班牙人在新大陆的行为时，永远不会感到憎恶和愤怒。毫无疑问，他们会头头是道地指责 16 世纪的精神。在这个世纪，天主教徒斐迪南五世[①]、查理五世[②]和菲利浦二世[③]一伙在意大利、法国、德国及荷兰均以残忍出名，如果这种性格在新大陆表现得更为过分，人们也不应该为之吃惊。在新大陆，这些桀骜不驯的武士完全不受公众舆论的约束，同时，对另一个种族的人也毫无友谊可言。但是，不能认为能原谅西

① 斐迪南五世(1452—1516 年)，西班牙国王。——译者

② 查理五世(1500—1558 年)，日耳曼国王，曾统治西班牙。——译者

③ 菲利浦二世(1527—1598 年)，西班牙国王。——译者

班牙人,尤其是因为这种恐怖罪行,我们要谴责现代殖民制度。正是这种制度在外国的土地上培养了一批鲜廉寡耻、行为毫无节制的冒险家;这种制度鼓励贪得无厌的欲望,把强盗行径当做功勋;这种制度把另一个种族称作野蛮人,并任其宰割,任意掠夺,任意蹂躏,在战争中给冒险家武器、装备、兵员,给侵略者一个强大的先进的国家和文明的一切支援,以达到消灭怀恶意的邻国的目的。在继续回顾现代殖民地的时候,我们将会很快地承认,对土人来说,欧洲任何其他国家移民的到来并不比西班牙人到来要少受厄运。此外,西班牙是唯一和土人结成社会联合体的国家,其目的至少是为了占有下层居民。在美洲,他们也是唯一使红种人增加人口的移民;而在别的地方,红种人几乎要灭绝了。

此外,只有在西班牙人的老殖民地,在墨西哥、秘鲁、菲律宾等地,冒险家们贪得无厌的活动已由深居简出的习惯所取代,居民想的是享受生活的乐趣而不仅是迅速发财。只有在那里,通过正当或不正当的手段来积累和挣钱的全面竞争可以说已经停止,至少是缓和了;在那里,被征服的种族可以说已获得平等权利,至少在一些方面是如此,并且还受到保障。在古巴,西班牙移民继续喜欢剥削人,甚于掠夺物品,他们是一些唯利是图、财迷心窍的工场主;他们种植甘蔗,完全按财富学派的真正体系生产食糖,其目的只是增加生产,尽可能压低食糖的价格,这也就是说尽可能节省对生产食糖的工人的维持费用。因此,在所有使用奴隶的国家中,没有一个国家在对待奴隶方面有比哈瓦那更为野蛮的了,在贩卖奴隶方面也没有一个地方比这里更公开和露骨的了。在西班牙人半荒漠的属地中，在新墨西哥，在加利福尼亚，在安第斯山，在巴拉圭和受马拉尼翁河灌溉的国家，那些国家仍然是冒险家的乐园，克里奥尔人[①]按过去的移民精神行事，使国家变得野蛮的行动经常发生，它的残酷程度也是前所未有的。为了他们自身的利益，他们对待邻国人民就像林中的猎物一样，置他们生死于不顾。他们像猎取野猪一样肆无忌惮地猎取印第安野人。他们用捕兽器、张结罗网、猎犬追逐等办法，使印第安野人落入圈套。他们包围村庄，将反抗者全部屠杀，幸存者全部带走当奴隶。由于接二连三的追捕，他们迫使印第安人到处流浪，只好靠猎取野味为生；西班牙人一旦捕获这种印第安人，就强迫他们从事超过体力的重劳动，使得他们很快一命呜呼。确实，除了一些令人发指的猎取野人的猎户以外，还有一伙传教士也跟踪这些印第安野人深入丛林，千方百计使他们皈依基督教，同时过农业生活。对这种高尚的道德、这种大慈大悲、这种自我牺牲的精神，我们只能敬而远之。然而，在这些古老的殖民地中，传道者从来也没有达到乐善好施的效果；这并不是印第安人由于禀性低于佩拉热人，不能接受教育，而是神父们给他们的教育准备不足，与他们天性缺少联系。这些神父的教育不是从物质世界开始，而是讲肉眼所觉察不到的世界；他们并不想使印第安人了解人性和神性的奥秘，而是去忏悔，这对最善于思索的不信宗教的人来说是难以掌握的；而且，神父们强迫他们放弃自己的语言，而用卡斯提亚语和拉丁语向他们讲解那些奥秘的教义，对可怜的印第安人来说，这些只是空洞的说教。由于只要记忆而不要动脑筋，

① 克里奥尔人是指安的列斯群岛上的白种人后裔。——译者

对传教士来说，这些驯服了的印第安人变成了一些听而不闻、知而不晓的大孩子。此外，所有的享乐都成了罪孽，以致他们不知道为什么目的而活着；印第安人失去了生活的动力，欧洲社会在他们心目中的形象是一个剥夺他们积极性和智慧的社会；他们通过欧洲人给他们教育的效果本身，形成了一种成见，欧洲人是反对红种人的，他们不可能取得进步。

此外，这些被驯服的印第安人很难摆脱西班牙人的欺压，他们怀着猜疑的心理，看到的神父只是要他们改变宗教。传教士每推进一步都使一些人或一些家庭避免成为人类的资本，而移民们是把这种资本当做猎获物的；教士们的这种推进使奴隶市场更为贫穷，在移民看来，他们的俘虏死得越快，对维护他们那可以从中渔利的资本就越是重要。总的来说，教士们对这伙好斗的移民保持很大的距离；但是，由于这伙移民得寸进尺，教士们很快也得和这批猎取驯服的印第安人的猎手打交道；提出反对意见，借口是要对印第安人做改宗归依工作。西班牙政府尽管满脑子偏见，对获取殖民地利益也是采取高压手段，至少对猎取野人的活动并无任何同情，但它下达的一般命令还是保障人类和宗教的。在新的共和国中，地方当局当权人物是由选举产生的，他们都是县镇中的既得利益者。总之，地方当局是很不同意传教士的做法的；有时，它强迫传教士和驯服的印第安人迁居；1832 年，当波皮格先生经过上秘鲁时，他已找不到过去的传教中心居舍罗、庞帕亚科、托卡施等地，那里已一片荒凉，今天，人们在英属圭亚那看到很多批传教士。热带的长势迅速的植物也不再能分辨人们刚建的工程的痕迹。共和国派在驱逐了传教士以后，认为应该颂扬他们的自由主义；这些

共和派人士说，他们想遏制教士的可怕的影响，反对宗教的发展；在几千里地以内，很少有人了解自由主义者的真正目的是在新的地区扩大捕猎印第安人。

在美洲的大部分地区消灭了红种人后，白种人取而代之，人口大量繁殖。今天，整个南美洲都向白种人开放，特别是向西班牙人开放。但是，不能相信随着白种人的到来，他们的文明也会在荒漠地带扩大发展，南美洲的大高原到处布满了欧洲带来的牛群和羊群。在新格林纳达、普拉塔河边的共和国、玻利维亚、智利，人们可以碰到很多拥有 15 000 头到 20 000 头牲口的牧场主；但是，那些生活在又重新变野的畜群中的瓦克罗人，以及那些生活在中心地带、生活降低到旧大陆的牧民水平甚至猎户水平的利亚内罗人，他们不像阿拉伯人和鞑靼人那样，既不能制服也不会驯养野兽，他们不能利用家畜反而把它们变成野兽。阿拉伯人精心照顾、精心豢养、爱护动物和研究动物本性，成功地将最凶残和勇猛的野兽驯服了；利亚内罗人把牛、绵羊、山羊、猪等当做会给他们带来狩猎愉快的猎物，对这些动物，他们用难以形容的残忍横加折磨。

我们谈到的西班牙殖民地的有关情况，在很多方面也适用于葡萄牙殖民地。葡萄牙给其殖民地带来的不是文明，只是在那里传播强盗行径和劫掠。在巴西，在那些处于未开化状态的，也就是过游猎生活和刚开始定居种地的红种人的地方，葡萄牙移民迫使他们放弃种地而遁入森林，追捕并消灭他们，或者使他们沦为奴隶。移民们设法以黑人代替红种人，每年输入 10 万黑人，尽管当黑人强大时，他们也会将移民斩尽杀绝。在刚果和莫桑比克这两个王国，在葡萄牙人定居的非洲东海岸和西海岸，欧洲血统的混血的移民已堕落到当地土人的水平,人们已经不能将他们和当地人区分开来。一切文明的踪迹已荡然无存;在现代,在非洲广阔的土地上,葡萄牙的主权只是表现在葡萄牙民族有继续贩卖黑人的要求上,这种要求是为欧洲其他国家所同意的,葡萄牙的外交官说,他们的商人有出售这个地区居民的权利,因为他们是葡萄牙国王的臣民。

葡萄牙人在东印度群岛的远征使人想起西班牙人在墨西哥和秘鲁的远征;在这里,人们可以找到贪婪和骑士勇气的混合物,宗教的狂热搀杂着背信弃义和冷酷无情。但是,葡萄牙人所到地方的民族是比较开化的民族,他们比较富有,特别是在战争艺术方面比西班牙人征服的其他国家更先进,葡萄牙人对待这些民族更需要谨慎;葡萄牙人经常以商人面貌出现而不是以军人面貌出现;此外,他们定居的地方没有矿床,因而他们并不想把被征服的人民送到地球的深处去挖掘金子和银子。然而,只要阅读葡萄牙历史学家的著作,人们就确信,葡萄牙人干了错事,因此,侵略者、无耻之徒、野蛮人等指责也落到他们头上;他们的战争使人类血流成河,这是葡萄牙人所心甘情愿的;葡萄牙人对印第安人的统治,使这个地区陷于混乱状态和受到军事压迫,过去的历届政府几乎使这个地区满目荒凉,如今已被冒险家的统治所取代,幸好处于这种统治下的地方只剩两个大城市了。

东印度群岛的荷兰殖民地是建立在葡萄牙帝国的废墟上的;由于体制变了,葡萄牙人以贪婪和残忍著称的骑士和宗教精神已被唯利是图的精神所取代,但是,人类在这种变化中并没有得到什么。与西班牙人和葡萄牙人相比,荷兰人也并没有带来更多的文明。荷兰人虽然是共和派和新教徒，尽管他们也得到了研究精神的一切好处，以及为所有人的利益而和所有人合作的好处，尽管他们通过各省和各城市的联合而获得独立和自由，每一个省和城市只考虑各自的利益，在征服过程中，荷兰人没有带来任何自由的感情和智力的进步，也没有给当地带来有任何好处的思想。他们与希腊人的行善式的殖民化有很大差距，凡是荷兰人统治所及之地，他们只是尽力掩饰自私自利的投机倒把分子的吝啬和贪婪，他们对一切都是用金钱来计算的，都是给他们自己带来利益的，即使通过结算，他们保护了他们的垄断权，但是它给当地老百姓带来了贫困、悲痛和死亡，他们不必煽动，也不必找什么借口，只是通过武力，就将当地老百姓变成他们的附属品。

长期以来，人们已经指出，世界上存在着唯利是图的卑鄙的贪得无厌的精神，由这种精神所驱使，荷兰人在摩鹿加群岛烧毁了香料树，他们宁可毁掉这些树，也不能让香料在欧洲市场跌价。大家也知道，荷兰人每年要跑到巽他群岛，去拔掉桂皮树根、丁子香花蕾、胡椒树、肉豆蔻树根，这些植物可能是他们无法垄断的。在德高望重的董事斯坦福德·拉弗尔斯先生的一生中，他先在爪哇，后在本科伦接受了荷兰人的产业，他在爪哇做了很多好事，后来怀着悲痛的心情又交还给荷兰人，我们在这里可以看到这个吝啬和缺德的政府，为了使印度的勤劳人民后退到野蛮时代到底干了什么；荷兰人的统治对整个漂亮的巽他群岛来说是什么样的灾难，而那个昏头昏脑、随随便便地在维也纳条约签字的部长有多大的罪孽，他把几百万安居乐业的臣民交给了如此残酷压迫他们的面目可憎的主子！

乍一看来,使印度洋属地沦入野蛮状态的荷兰政府,在好望角的大片殖民地获得了很大的成功。这片殖民地是在 1652 年与一小撮欧洲人一起建立的。英国人在 1795 年占有这片土地并一直保持,今天已扩张成为庞大的帝国。只是在 1672 年,荷兰人从霍屯督族买下了一片土地,并在这里安家落户,建立了好望角区,安顿了一些荷兰农民,即博尔人,在这里种植庄稼,并向航行在欧洲和印度之间的、停泊在好望角的船只供应新鲜食品。不久,这些博尔人,即这些善良和勤劳的荷兰垦殖者,他们本来是一些以慢条斯理、办事井井有条著称的庄稼汉,在一代人的时间里就成为牧民和好斗分子,他们的好斗令人惧怕,比他们的邻居蒙古人和鞑靼人毫不逊色。博尔人居住地方的前面有很多适合于放牧的地带,当地人早就在那里放牧畜群。在博尔人住地的后面有海港,可以为他们的畜产品提供广阔的市场;博尔人和当地人打交道,但对他们毫无同情,只是无情剥削他们,博尔人的火器又保证具有无比的优越性。总之,在发生纠纷时,还可以得到地区政府强有力的帮助,这个地处荒漠的政府,既不能监督博尔人,不能领导他们,也没有审判他们的奢望,但是,这个政府自信必须保卫他们。荷兰血统的博尔人只能得到这样的好处。

荷兰人建立殖民地的地区是霍屯督族居住的地方,这是一个温顺敦厚的种族,分散成若干小部落,无力抵抗外敌,在欧洲,人们只喜欢谈论他们脏不堪言,奇丑无比和他们的宗教迷信;然而,这些人在文明的道路上跨出了第一步和最重要的步伐,他们使其他人更容易迈步:他们在家里饲养了很多家畜,并且耕种土地。他们研究和辨认野兽的特点,在驯化它们并为人类所用方面很有本事,通过对野兽特点的认识，对它们爱护备至并使它们听从人的命令；在森林的植物中，他们能分清哪些是对人类有用的财产，并使之繁殖增长，当埃及人和腓尼基人来到时，佩拉斯吉人还没有达到这种水平，没有这样先进；当希腊人教会其他民族这些技艺时，意大利人和高卢人刚刚迈出了第一步。移民们通过他们的善意和说服，使霍屯督人走上文明的道路。那时，霍屯督人的人数已经很多，他们到今天可能已成为强大的民族；但是，博尔人对他们丧尽天良，他们假借与霍屯督人做买卖而在市场上捉弄他们，他们也通过欺诈挑起对方的仇恨，并用这种仇恨挑起战争。他们成帮结伙，带着80到100个牧羊人，扑向附近的部落，杀死进行自卫的人们，并将其余的人沦为奴隶；他们抢劫逃跑的人作为唯一财产的乳牛，使这些人濒于饿死。欧洲人在最初定居时，有人估计至少有20万人，而今天只不过2万人，其中3/4是欧洲人的后代，那是他们的爸爸让黑人妈妈生下他们的。从1771年起，荷兰人是这个地区（直至雪山）的唯一主人，他们拥有的土地面积达10万平方英里，相当于荷兰联邦省份的10倍；但是，在这块广阔的土地上，人类几乎绝迹了。

在消灭了霍屯督族以后，荷兰移民碰到了更好战、更团结、更可怕的种族，我们把他们称作卡菲尔人，这个字是阿拉伯文，是一些异教徒。博尔人用同样方式攻击卡菲尔人，他们只好聚集更大的武装力量，并求助于国家民兵，人们用别动队的名字来称呼它。《爱丁堡评论》[①]的一位作家写道："在我们看来，博尔人是南部非

① 《爱丁堡评论》，第62册，126期，第457页，"最近的卡菲尔战争。"

洲唯一的征服者。为了抑制博尔人,好望角政府和荷兰政府竭尽全力,通过武力威胁和发布通告,保护当地地主以防止博尔人的侵犯;但是,这一切并没有奏效。博尔人带领他们的畜群前进,畜群不断增多;凡是能找到牧场的地方,他们都夺取,而殖民政府没有别的主意,只好听从他们,宣布它归征服者所有。”

殖民地转入英国统治后,这种体制也没有改变。英国人身不由己,也臣属于荷兰,去进行规模更大的征服,进行更激烈的战争,驱赶和消灭所有的土人。最后一次对卡菲尔人的战争是以残酷的行动著称的,引起了英国政府对士兵的严厉谴责,这次战争是以订立 1835 年 9 月 17 日条约结束的。这次战争将殖民地边界扩大到基河和凯斯卡玛河,至少使殖民地扩大了 20 万平方英里,但是在这个辽阔无边的帝国里,种族属于欧洲人的居民只有 13 万人;过去居住在这里的很多民族已经被摧毁了,最近的条约订立后遗留下来的少数自由黑人又重新和欧洲人搀和在一起,他们很快会在这个地区消亡。

好望角殖民地的历史使我们从荷兰统治转到英国统治,但是,它的历史并没有给我们以机会来庆幸当地土人命运有什么改善。然而,英国人是唯一对移民居住的民族寄于真正同情的,英国人承认这些民族的权利,准备严肃地保护他们,使他们开化,并使他们幸福。这种感情给英国人带来荣誉,人们能够在政府中、在国家的议员身上,在英国作家身上找到这种感情,但是在移民身上却找不到。这些移民是在各行各业的激烈斗争、发财致富的竞争中成长起来的,这些确是英国和本世纪的特点,现在也在殖民地生根发芽了。移民们脑子里想的第一件事就是挣钱,他们把世界和它的居民当做投机倒把的场所和对象。英国人的贪婪不像先前那些操这种生涯的西班牙人和葡萄牙人，他们虽然干的是同一勾当，想的只是积累金子和银子；他们以疯狂的热情寻找金属；他们好像沉醉于占有金银财宝。荷兰人干起来不露声色，他们集高利贷者和商人的特点于一身，他们比较冷静地计算利息、利润、垄断的利益，而别人的破产会给他们带来这些好处。英国人挣钱为的是消费和享受。在他们发财时，从不节制生活享受，他们除了将奢侈和豪华与贪婪结合以外没有别的欲望。任何别的政府也没有付出这样昂贵的代价，英国军官在印度的待遇相当于王公的收入，而且完全用于奢侈的享受而不仅是过舒适的生活。这种豪华使英国人与当地老百姓保持很大的距离，比其他欧洲人更为甚之。这种豪华的生活使英国人少受勾心斗角、仇恨的感情之害，但是，在另一方面，它在同情、友谊，以及与促进比较落后的民族的亲密交往方面却做得很差。英国人，特别是年青人，在与顺从和胆怯的印度斯坦居民打交道时，自信能使澳洲土人、本地人、黑人在服从与惧怕中受他们控制，这些人可能会忘记他们之间有本质的差别。然而，英国人就是这样一种人，他们是印第安人所碰到的最好的主人。在这块广阔的土地上，在他们能直接统治的地方，这个地方就有真正的利益。英国人在这里建立了安定和正义，他们使各族人民感到稳定，对前途抱有希望，正是因为他们是生活在穷乡僻壤，所以他们不愿意一切都受人支配，一切都发生变化，他们愿意重新拣起水平低于他们的印第安文明，听任自然地发展；农业繁荣发达了，土地是精耕细作的，智力得到发展，人口与财富又开始增长；而欧洲人的主张开始自然地并逐渐地渗入古老的思想；最后，被征服的人民开始学会

保护外国人的统治,当地的军队是可怕的,印度的道路对俄国人来说恐怕是办不到的,他们可能在那里支持人民的反英斗争。然而,欧洲人对不顺服的印度施加致命的影响,这种影响加速了道德败坏;传播这种影响的冒险家们动摇了对公众舆论的尊重;所有的封建王公或公司的邻居都进行无耻的抢劫,由于英国人给予他们的启发造成的恐惧以及英国人要求他们送礼品和贡品,他们的臣民生活更为不幸。

在加拿大的属地,英国人接触到的是一些比红种人还落后的种族;这些猎户的群体在英国移民侵入后遁入深山老林,人数不断减少,人们预计在不久的将来,他们将被消灭殆尽。英国人进行殖民统治、今天构成美国的广大地区,以及加拿大,直到大西洋岸边,这些地区过去都被狩猎和好战的部落所占据,这些部落不从事工业,也不种庄稼,不饲养家畜,只要求一块很大的空间以求活命。这个地区的欧洲籍居民在人数上远远超过被消灭的当地土著,但是,这种优势难道就能原谅侵占行为吗?在一些充满臆想的作品中,今天的美国人,经常向我们提供一幅欧洲人来到这个地区以前当地土著的道德水平、幸福的生活、工艺技巧、体力劳动的本事等近乎神奇的图景。对于这些叙述,我们且不必绝对相信,然而应该承认,这些土著在文明方面比今天所处的状况更为先进。古代的技艺已丧失殆尽。他们得从欧洲人那里购买衣服、武器、器皿,这比他们自己制造更为合适;为了提供皮货,他们使劲地猎取兽类,这是他们唯一的商品,这就更进一步增加了贫困;那些留在英国属地的土著向来也不愿意从事农业;而那些被赶到西部的土著被迫过流浪生活,丧失了过去养成的务农的习惯。法国人、英国人和美

国人把他们拖入战争，向他们提供比过去更为致命的杀伤性武器，使他们到处杀戮打仗；欧洲人还用烧酒来毒害所有的半野蛮民族。这种坑害人的饮料会使人变得愚蠢迟钝，这是一种罪恶勾当。红种人因白种人的优越感而感到羞辱，当他们周围的一切发生动乱不安时，当他们对现状感到悲伤，对未来更感到伤心时，他们就会因为不能抵挡寻欢作乐和感官刺激的引诱而陷于麻木不仁；他们为了获得烧酒而不惜倾家荡产，整天醉眼蒙胧，当他们醒过来时，已受到损害，什么活也干不了，只有指日待毙，烧酒使新大陆人口锐减；酒精使最富有的印第安酋长丧命，在侥幸逃生的人的脸上印上了麻木不仁和迟钝的标记，与昔日的武士形成鲜明的对比；可能在 50 年后，烧酒会使土著无一幸免。毫无疑问，酗酒对任何民族都是罪恶和不幸的；但是，当葡萄酒、啤酒、苹果酒、龙舌兰酒是他们唯一的饮料时，它所产生的后果是微不足道的。制造烧酒需要化学知识，是文明的产物；但是，那些已经开化的人民怎么会不知道，不要给那些没有开化的人民带来那些永远摧毁理智和健康的毒约是他们起码的职责呢？用鸦片来迷惑印度和中国，用古柯叶剂来迷惑秘鲁，用烧酒来迷惑这些国家，他们怎么来辩解这些行为呢？凡是生产烧酒的侨民，对定居地区必然带来毁灭性灾难。烧酒迅速毁灭了红种人，美国人就可以省去很多欺诈勾当和残酷行径，而将这个种族逐出国土。用不了几年工夫，他们下的毒药效果就显示出来了。

在澳洲的英国殖民地，移民们与之打交道的是比美洲红种人更落后的种族，居住更为分散，还可以肯定地说，在习俗上更为凶残。然而，人们不必怀疑，特别是在刑事殖民地，总是由白人对土

著、强者对弱者挑起争端,南半球土人将毁灭于旦夕,这是现代殖民体制所产生的另一种罪行。

有些心地善良的人由宗教精神所驱使,通过那些与古代文明有关的殖民地来传播文明;因为,像这些殖民地一样,古代的文明只能在土著的进步中寻找到。这些教士们散布在南海的岛屿里。但是,这些教士操心的可能只是天国,并不怎么适合教导种地的技艺,他们也可能是过于看重宗教的信条而不注意思想的进步;也许他们对改变信仰操之过急,希望群岛的居民都成为卫理公会的信徒。确实,这些传教士的报告是矛盾百出的,然而,有一点似乎是确实无疑的,即在南海群岛引进了税收、警察、制服和火器;而另外一方面,种族如此急剧地减少,这个种族很可能存在不了两代人时间。

法国人也有过殖民地。在所有欧洲人中,对被称作野蛮人的民族,法国人表现出更多的同情,因而,这些人最适合于开化野蛮人。由于海军的劣势,法国人害怕比他们更强大的对手;因此,他们不能以这种军事优势来向邻近的民族炫耀自夸,他们经常以法律、正义和爱护来取而代之;相反,他们向另一种族的主人寻找友谊。他们比其他欧洲人较少持有偏见和成见,也不以自己的国籍而盛气凌人,他们对具有外国风俗习惯的一切都持灵活态度;他们的商业活动和事业心使得他们能全心全意地从事流浪部落的工作,就像从事娱乐活动一样。他们也不像别人那样贪婪;他们追求的是事业上的成就和发奋图强,而不是利润,而当他们对同胞们的社会无能为力时,他们乐于社交寻找与野蛮人的友谊联系。在加拿大,在路易斯安那州,法国人和红种人有密切的联盟关系;在战争中和在狩猎时一样，他们是生死与共的战友。法国人的名字和法国人的思想感情又在最令人害怕的部落里找到了，这些部落骚扰着英属美洲的边疆。法国人也变成半野蛮人了，法国人从美洲人那里学到的东西比教给他们的更多。法国人适应他们的生活习惯，也同意他们的意见；法国人只是交给他们武器和娱乐。枪支和小提琴深入到偏僻的村落。今天，法国人的村庄散落在英国的殖民地中间，它们很远就能被认出，这不是由于阔气豪华或附近农田的良好耕作，而是由于欢乐的歌声和星期天的舞蹈，这时，红种人和白人欢乐地聚集在一起。小提琴也像俄耳甫斯[①]的竖琴一样，将使美洲树林开化，它的作用胜过商业和哲学；小提琴也将教会两个种族的人们互相爱护和联合在一起。

加拿大和路易斯安那州的移民是农民；他们还保持着本民族最可爱和最值得尊重的性格。法属安的列斯、圭亚那、法兰西群岛及波旁群岛的移民来自城市；他们属于比较贪财和精打细算的阶级，沾染有商人的缺点。因为，这些缺点对于那些行为不端的人来说已引起恶果，这些东西都传到殖民地来了。他们在殖民地找到了培养海盗和猎捕野牛的冒险家的基础。这些野蛮的冒险家是法兰西民族的败类，他们在经营安的列斯的海盗窠穴时既残酷又贪婪，他们从这里出发去抢劫西班牙人。他们又重新受到罪行累累的流放犯的征募；因为政府只是把这些盛产糖的岛屿看成是流放犯人的殖民地。然而，法国人并没有参与消灭安的列斯居民，这些居民已经在西班牙人的奴役下死亡殆尽。最初的征服者将这些人

① 俄耳甫斯是希腊神话中弹竖琴的歌手。——译者

运到大陆采矿去了。对非洲人,法国人却没有少干坏事,在东非的岛屿上,他们奴役所有当地土人,然后通过贩卖人口招雇非洲人到他们的工场里去干活,他们将从马达加斯加、莫桑比克海岸抢劫来的倒霉的黑人运来,叫这些人干他们自己不愿干的重活。在安的列斯和圭亚那,这种罪行比比皆是。欧洲人不仅没有通过自己的殖民地使这个地区开化,而且使当地的居民都死绝了,而在两个世纪内,他们的人数却增加了2至3倍。然而,在干这类暴行的欧洲人中,法国人还算是比较最不野蛮的。法国人比起其他种植园主来,不算贪婪,也不很富有,他们生活在黑人中间,而不像别人那样把种植园交给代理人或经纪人,自己却住在大洋彼岸,在那些勤奋的主人中,法国人被认为是不怎么残忍的。

法国人现在只拥有过去殖民地中的一小部分,而法国人的子孙现在已不和当地土著打交道了。但是,对今天来说,阿尔及尔被征服又给法国开辟了新的教化事业。现在,欧洲人应该是清偿债务的时候了,在过去,希腊人也有很多殖民的地中海之滨,他们可以为各个港口和海岸带去自由、正义、农业、哲学和所有保持和平的艺术。现在和法国人接触的阿拉伯人和摩尔人,他们是能够接受高级文明的。今天,在这方面,他们已经迈出最重要和最困难的步伐。他们长期以来备受煎熬和压迫,他们更能体会到安全、公平和仁慈的好处。在正确的政府领导下,很短时间内,他们会使过去引进到格林纳达和瓦伦斯的令人赞叹的农业迅速地传播和发展,这个地区不比西班牙更肥沃,疆域也并不大。在这个地区,腓尼基人、迦太基人、罗马人、阿拉伯人曾三次将文明带给这个人种,每次都有珍贵的果实。在九个世纪以前,今天欧洲人引以为荣的艺术、文学、科学都曾在开罗开花结果，在那个时代，我们的祖先还处在野蛮状态。难道法国人还不如穆罕默德的继承人，不能将秩序、和平、幸福和精神文明还给北非吗？法国人向摩尔人和阿拉伯人挑起战争，迫使他们打仗，还焚烧城市和村庄，在他们入侵时，还将阿尔及尔政府属下的250万居民赶到沙漠里去，在慈爱为怀的政府统治下，这难道是播下伟大民族的文明种子吗？在三个世纪内，在我们所介绍的欧洲人的殖民地干了如此缺德的勾当，那么法兰西民族是选择慈善道路还是选择令人战栗的罪行，而在抗议和揭发掠夺和暴行中，在公众讲坛大声疾呼你们玷污了法兰西民族时，这种行为更使人感到恐惧！而对摩尔人的让步，对摩尔人法律上的承认，订立和平条约，这些本来是可以建立好感的，却被认为是怯懦的行为。啊！那些玷污民族声誉的人也可能就是那些对压迫者的罪行采取宽容的人！那些玷污民族声誉的人也就是那些不怎么注意榜样、说服教育和善行的影响的人，这种影响是征服和暴力的虚假法律。

问题并不是把成千上万的法国移民、成千上万的冒险家运到非洲海岸，也不是在米提贾建立实验农场，或者给投机倒把分子的公司的一些股份增加价值；而是要把250万人，或者说是法国的盟友，即那些充满希望和以他们的民族特点感到骄傲的人，使他们能回来安居乐业和改进生产技术；也就是说要还给阿尔及利亚人那些长期失去的安全保证；使他们也像他们的祖祖辈辈那样向肥沃的土地要求丰富的产品，同时也受法国科学的启发和指引，科学和他们结合后，生产就会搞得更好。法国的任务在于使城市繁荣，过去，这里是伟大的人民的家乡；要使艺术、工业、工场重新活跃起

来,过去,它们曾给欧洲人提供很多商品;要像盟友那样帮助臣服的摩尔人去利用科学的进步以发展工业;法国的任务在于向非洲灌输文明,而不是用铁和火去烧灼他们;要将过去当地习惯所要求的地方权力交还给毛里塔尼亚的城市和乡村,这样可以保证地方政府给予过去居民以恩惠,而对政府和法律学来说,要有行之有效的法律,并且要用被欧洲接受的社会科学来启发地方政权;要恢复过去的研究和阿拉伯灿烂的文学,并将它和法朗克人的思想进步相结合;最后,法国的任务在于在穆斯林中间维护穆罕默德宗教的有益的影响,并将它从渗透有专制和无知的宗教狂热中摆脱出来,使慈爱和基督教哲学相结合,以便用宗教感情将人们联合起来,唤起人们的手足情谊,而不是你争我夺。如果这些就是征服阿尔及尔的成果,人类对法国就可能有永久的义务,而法国得到的收获就不仅是光荣,而且将有最重大的和最持久的物质利益。

后　记

1837 年 5 月 30 日,法国政府通过与阿卜杜拉-卡德尔缔结塔夫那条约,已经庄重地回答了我们已经表示的意愿。它对节制、正义和对外国人的权利的尊重,提供了伟大的范例;在寻找和平方面,法国政府的行为特别值得称颂,因为对立的双方各执己见,法国移民是出于贪婪,而整个国家,可能出于热爱虚假的光荣,干出了完全相反的行为。

反对阿尔及尔摄政府是正确的:因为这是一个不顾各国法律的海盗政府,它以强盗行为来侮辱欧洲,早就不应该让这个政府存在这么长的时间了。但是,阿尔及尔的土耳其民防部队,它虽统治城市，并残暴地压迫城市，但并不是属于摩尔民族的国家。战胜土耳其人以后，法国人并没有在一个由土耳其人抽税的国家建立法律。枷锁被粉碎了，摩尔人重新取得了独立；据说，当夺取了阿尔及尔时，他们欣喜若狂，自信他们的民族获得了再生。这个种族曾在教育和文明上迈出了最初的步伐，并且精益求精，日趋完善，它追随法国，从中得到好处，其中之一就是推翻了令人憎恶的暴政。如果认为夺取首都就等于征服王国，战胜土耳其就是摩尔人的失败，那是很大的错误。事实上，只是在法律上对法国有利。在地图上以阿尔及尔命名的王国也没有被征服，甚至连法国人的足迹也没有到过；摩尔人并没有被征服，他们甚至没有打过仗。但是，当现状值得赞扬时也不必提过去的错误。在法国，摩尔人的感情还没有被认识，也没有被理解；宗教、语言和习俗的不同足以说明不理解的原因，还有一些其他理由也足以说明问题。

然而，当摩尔人表明他们能自己进行统治，当他们宣布独立，并回忆古代的光荣历史时，心地善良的人应该和他们团结在一起，并衷心祝愿抵抗强者篡夺权利的贫穷、弱小和居住分散的民族。战争开始时，景况是很糟糕的，而且很快变得极为残酷；人们已经提出问题，对这个总是反抗、总是试图报复的摩尔人，并不是制服的问题，而是打算消灭他们。在今后的若干年内，阿尔及利亚的战争可能慢慢地消耗法国的军力和财力；但是，这个战争会使广阔的地区民生凋敝，使摩尔民族后退到野蛮状态，在欧洲人和他们之间播下仇恨的种子，这是令人不寒而栗的！

塔夫那条约使摩尔人得以生存；在压迫者垮台以后，这个条约使摩尔人处于友谊与感激的关系中。毫无疑问，不信任、猜疑、甚至怨恨的种子依然留在他们的心坎里；为了得到照顾，还需要技巧和想办法；法国移民对邻居表现出来的大民族骄傲无疑会冒犯别人，对此要提高警惕。但是，如果在最初几年，和平能够维持，睦邻关系能够建立，善于交际的法国人就能很快地真正赢得人心，榜样和教育的影响也能对摩尔人起作用，像古代的殖民地一样，阿尔及尔的殖民地也会开化。它的边疆是被包围的，这是很幸运的事。这些殖民地远远超过法国移民能够居住和种植的能力，这就使法国的移民和非洲的佃户一起种地；在阿尔及尔和奥兰界内，法国从今以后应该把文明的力量不是用在经营贪得无厌的投机分子的公司，或者经营要手腕和搞投机的股份公司，而是去搞农业和商业，在农村增加勤劳的农民，在城市增加廉洁、朴实和有进取心的市民，在这块土地上定居的人民，不是为个人发财，而是为国家增加财富，给当地带来法国的艺术，法国的习俗，使它成为非洲的模范的殖民地，相互学习的学校，科学、习俗和法律将传播到有文化的和希望走向文明道路的邻国。

第二部分

论商业财富及以商业财富为生的人们

第十三篇　论人类社会的经济组织

在上个世纪，人们对任何一门社会科学，也没有像对政治经济学那样感兴趣；就其知识的广度和其崇高的性质来说，任何一门社会科学也没有提出这么多的名词；任何一门社会科学的作家，也没能像政治经济学的作家那样，有如此深刻的思想和哲理。如果说亚当·斯密是我们特别敬重的导师的话，那么，还有一些政治经济学家是我们引以为荣的朋友，他们心灵高尚，我们对他们充满崇敬。我们遵循完全不同于他们的道路，同样又逐步发展了完全背离了他们学说的体系，这样做并非毫无疑惧。工业世界的种种结果，并非是经济学家的创造，他们只限于观察和解释这些结果。我们也不把由这些结果所产生的痛苦归罪于这些经济学家；但是，我们和他们是有区别的，我们看到，人类思想今天遵循的完全是新的方向，积极发展工业似乎成了一切国家的方向，它们急于在工艺方面进行发明创造、改进，并应用在生产上，而这些经济学家对这些措施欢欣鼓舞，竭尽全力帮助其发展，使它们相互竞争以求得更快发展；相反，我们过去就感到这种活动会使社会惊惶不安；现在，我们还要指出其恶果，并宣布将来造成的恶果更为严重。社会的战车正飞驰向前，在我们看来，它正奔向深渊，我们呼吁所有的思想家，所有善良的人都帮助我们刹住社会战车或减缓其速度。

对我们来说，对社会演变如此不同的估计并不是由于学派的派别观念而造成的后果，我们在当初也是采用占统治地位的学派的原则，只是后来慢慢地通过了解事实和观察，才逐一地抛弃了他们的原则。还是在人们庆贺社会神奇的进步时，我们对它的痛苦已深有所感。由于我们比其他经济学家更关心历史，因而更能够进行今昔对比，在目前工艺的奇迹中，在增加人类力量，同时又增加资本、运输工具、全球交通线的令人眩晕的活动中，在使我们生活一日千里的狂热中，在使人们相互排挤的竞争中，我们探讨过到底是谁得到好处？我们也探讨过，在这个世纪，当我们承认物已经取得胜利时，而人却从来没有像现在这样分配不匀。

首先值得我们赞扬的是制造业的进步；由于这种进步，本世纪的工业与过去几个世纪的工业大相径庭；人们由于将科学应用于有用的工艺上，对大自然已有很大的支配权，人们使所有的宇宙本原完成人类的工作；当人用风力、水力、蒸汽来推动机器并显示其灵巧与精确性时，他就可以使工人不必经过学徒阶段，雇用 6 岁以上的孩子，既不要求智慧也不要求精神力量；在大工厂里，过去工业从来也没有过的大量资本集中在一个人手里，并由一个人指挥；在制造业里，成千上万的男子、妇女、儿童为一个主人的利益而聚集在一起，并服从于一个人的意志。

确实，我们已经注意到人类生产效率的巨大发展，我们第一个感觉是惊奇和赞叹；同时，我们也承认工具的改进和它显示出来的敏捷迅速，这对我们的先辈来说，比信以为真的魔法师的戏法还要神奇；但是，我们要问一问，究竟是谁享用这一切；当我们的目光从事物转向人类时，我们倒想看看被工业如此神奇的进步所制造出来的幸运儿，这时我们开始承认这种进步是骗人的把戏。

制造业造成的幸运儿是些什么人？毫无疑问，这个问题应该首先问英国，因为这个国家在从事工业方面的规模大大超过别的国家，它的资本雄厚，它的机器十分先进，它的知识立即用于有用的工艺，英国的成就引起了所有其他国家的妒忌和竞争。在英国，还应该首先问问棉织厂。棉织厂提供了一半出口货物，它的出口额等于羊毛工厂的4倍，布厂的8倍，五金制造业的12倍，棉织厂使用了15万各种年龄的男女工人，它向来被认为是使英国繁荣的坚强支柱。谁是幸运儿呢？啊，当然不是靠棉织厂养活的15万工人。以后，我们会指明工厂体制的一些细节，提出工人悲惨生活的实例，这是议会安排的各种调查中公布的。我们将看到这些不幸的工人生活在华氏80度、或列氏22度以上的高温环境中，浑身沾着棉絮，周围散发油污和恶臭，很少能工作到40岁，到了这个年龄，由于不再适合于这种活计，几乎总是被辞退；由于贫困、肮脏和染疾，大部分工人未老先衰；工厂里的主要劳动是由6岁到13岁的儿童干的，过去是从乞丐收容所买来的，现在是由他们的父母卖出的；我们用卖这个字，因为靠体罚驱使他们劳动，而工资也不是给他们本人的；发展智力和生活乐趣根本谈不上；他们累倒时，只有靠鞭子把他们唤醒；每天，他们得干14小时或更长时间的活；为了保护他们，议会的立法终于将劳动时间减为12小时，但是这种

好心又被机器的快速运转破坏了;因为在织布时,1815 年,童工每天得跟着织布机的运转往返 8 英里,而在 1832 年,那就得往返 20 英里、甚至 25 英里,这种继续不停地奔波,再加上劳动,对人体健康产生恶劣的后果。医生们关于棉织厂的疾病及工人死亡率的报告是令人触目惊心的。棉织厂给它所雇用的英国 15 万工人带来幸福这个问题根本谈不上,人们倒是要问,对一个国家来说,任何金钱的利益能否补偿 15 万人的生命价值,他们的健康被损害了,生命被缩短了一半,教育被取消了,代之以永不休止的劳动,智力也被扼杀了,死亡率上升了,父子之爱也被对钱财的贪得无厌所取代了。①

但是,如果由制造业带来幸福的人们不是工人,那应该是工厂主吧?我们首先注意到这些幸运儿为数不多:在 1835 年,英国和苏格兰共有 2 062 家棉织工场,厂主的数目远没有那么多;大部分工厂主确实拥有几家工场。但是我们不能停留于这种估计;人们估计英国棉花工厂的总资金为 3 400 万英镑:人们设想每个工厂主的工厂平均有 26 000 到 27 000 英镑的投资。为了使具有如此巨大财产的人过舒适生活,国家不必付出巨大牺牲。但是在事实上,以 60 万法郎的小额资本开始经营的人注定要破产:在大工厂里,财富的垄断是不可避免的,发财的道路仅为那些拥有几十万英镑的巨贾敞开着,对其他人则是关闭着的。商业登记簿证实,随着新发明的出现,棉织厂的破产数不断增长,因为每一种新发明都毁

① 人们可以在《季刊杂志》第 114 期,第 396 页“工厂制度”一文中看到有关这些可怖情况的摘要。

掉以前的发明的固定资产的价值。

但是，有人告诉我们说，制造业造成的幸运儿不是生产者，而是消费者。生产者进行劳动，为其他人提供享受；生产者生产的物品越多，物品的价格就更便宜，而这些享受也就更为丰富。这样一来，棉织厂使用的原料增加了 2 000 倍，它也就比 1791 年生产的物品多 2 000 倍，工厂出售的产品的价格也比 1791 年便宜 6、7 倍，随着穷人买得起的衣服的丰富，穷人的健康状况会改善，衣着也更为整洁。这当然很好；但是，如果制造业有这样的好处，一个国家不仅自己应该希望得到这种好处，其他国家也应该有自己的制造业才好。在 1833 年，英国消费自己棉织厂产品的产值为 12 879 693镑，它的输出产值为 18 459 000 镑。为了消费者的莫名其妙的好处，英国牺牲了 15 万公民的智慧、道德、健康、幸福和生命，它自己只保留产品的 2/5，而将其 3/5 给了那些获得产品而在精神上并没有付出任何代价的外国人。

此外，更深入地考察消费者的利益，这种牺牲的重要性就很快杳无踪影了。你们可以到英国穷人的茅舍里，然后到法国、意大利、德国穷人的茅舍里看看，他们的生活习惯并没有因为制造业的产品而有丝毫改变。谁享有更多的衣着呢？的确，英国人缺得更多；一旦英国人和同等生活水平的德国人、法国人、意大利人同样多呢料衣服时，这些国家的人已有几打这种衣服了；当然还有别的衣服。但是，这套行装的价值比它的质量更低。法国家庭妇女纺织的一套麻布衣服相当于英国家庭妇女购买的一套棉布衣服价格的 4 倍或 6 倍；法国家庭妇女的毛料衣服也比英国的棉布衣服要贵得多；如果你出售法国人的家具或衣柜，那比英国人的家具或衣柜要贵10倍或20倍。在这种价格中，谁挣的钱更多呢？当然不是穷人得利：由于公司提高了价格，以至于在昂贵的生活资料以外，英国工人的劳动已不能给他带来什么好处了；英国工人吃不上面包，而代之以土豆；他们不能穿好衣服而只能穿破烂衣衫，他们的工资只够填肚子。在某种情况下，英国工人生活得很好，在另一种条件下，生活就很糟糕。在前一种情况下，他们的产品很值钱，而另一种情况下却一钱不值。在财富积累中，工人得不到好处，有时是雇用他们的富人得好处，经常是对谁也没有什么好处。

因此，当我们最初探讨和研究的是人而不是物时，在这种使人眼花缭乱的繁荣中，这种研究使我们感到这种状况是多么地糟糕。从那时起，我们就竭力唤起人们注意工业主义遵循的错误道路。我们已经指出，机器抢走了工人的饭碗，全面的竞争减少了各种劳动的合法利益，一泻千里的生产不仅没有给穷人带来富足生活，反而扼杀了穷人，从那时起，我们几乎陷于四面楚歌。有人指责我们是文明的敌人和进步的敌人；人们带着嘲讽的口气问我们，穷人急切需求产品，而我们怎么会相信生产过剩；有人以为我们是在讲童话故事，要传讯风力巨人、水力巨人和蒸汽巨人，当他们自荐做人的工作，而我们却听从骗子的话，拒绝他们的帮助，我们的回答不会起什么作用，时间将会作出答复。工业主义迈步向前，生产也继续增长，而生产者的困境也日益加剧。制造业的危机过去是几年一个周期，现在是几个月或几个星期：人们随意打开英国的报纸，就可以找到极端贫困的报道，有时发生在这些厂里，有时发生在那些厂里。商业像一个发高烧的病人，脉搏急剧增快，人们对它感到惊奇和恐惧。[①]

我们已经逐一地观察了本世纪的经济奇迹；凡是物取得进步的地方，人就得受苦；无论吹什么牛皮也解决不了这个简单的问题：这种奇迹使谁获得幸福？多少个奇迹都是归功于银行体系；多少个奇迹不是都等待信贷银行的创造性力量？确实，由于不值钱的破烂的纸币能代替质地良好的贵金属的人类工艺品，还有由于有了规模宏大的国民经济，长距离发行的股票所具有的方便条件，由于开放的资本市场，贷款人到处能找到借债人，不富有的人能得到所需要的钱，这种种现象是值得称赞的。20 年来，我们力图使人们懂得，银行企业对公共财富是有危害的；这种企业什么财富也不能创造，只是借债国民财产，在全国流动的货币，只是一种不怎

① 制造业的这种神奇的作用，究竟付出了什么代价，可能需要举例说明。由于引进了机器，英国的丝厂是获得惊人成就的工厂之一。英国人成功地转卖了一部分利用自己蚕丝的法国和意大利的工厂。但是在这些工厂里，滞销和畅销交替出现的情况比其他工厂更为普遍。在生意兴隆时，雇主跑到农业人口过剩的郡里，譬如说到萨福克郡，把种地的农人生家招雇，离开农业劳动到工厂干活。但是，工厂很快商品壅塞，丝绸降价 20%至 30%；于是磨盘突然停止转动：工人被辞退了，而且由于人数达到 30 万人，他们要回老家；此外，由于原来居住的教区不给救济，也不承认他们，在康格尔顿、斯塔福德郡，人们看到有些人因贫困而丧命（哈尔德，1837 年 3 月 4 日；加利格纳尼，1837 年 3 月 7 日）。在诺丁汉，人们认为袜厂工人和花边工人使城市繁荣发达；但是在今年第一季度，这些工厂几乎都停工了。4 月 26 日，有 2 000 名被辞退的工人来到肉铺和面包铺要求布施（加利格纳尼，1837 年 4 月 29 日，第 6906 期）。在谢菲尔德和伯明翰，五金业遭了殃。在 7 月份，将近 13 000 工人没有活干。人们首先看到他们以四五千人一群在街上游荡；后来，他们认为还是二三十人一群更为合适；这些人挨家挨户敲门；他们把房主人叫出来，一位工人告诉房主人他们没有活干，老婆孩子快饿死了，乞求布施。但是，同时要减轻这么多的灾难痛苦，任何布施不也是无能为力的吗（加利格纳尼，6 月 12 日、16 日、23 日，第 6943、6947、6955 期）？但是，这些工厂加在一起也顶不上棉织厂；因而任何困境也不能与 50 万嗷嗷待哺的棉织工人相提并论。

么可靠的抵押品而已。所有的银行家和那些向他们借钱的人,出于眼前利益和本身利益,他们过去是反对我们的:他们没有听我们的话,他们每天都在创办新的银行,今年情况仍然如此。但是,这种体制制造出来的幸运儿在什么地方呢?当然,滥用以方便的条件得来贷款的商人,他们不是幸运儿,他们超过自己能力兴办企业,最后破了产;幸运儿也不是那些从事资本主义经营的批发商,其中有些人是来破坏这种行业的冒险家,他们用这种合法买卖来取代在赌博中靠碰运气捞钱;幸运儿也不是银行家本身,因为人们还没有能指出任何投机行为已能推翻更大量的过去的财产:由于层出不穷的不谨慎行为,造成今天的危机,这个危机是以美国的银行家和商人的困境开始的,但是它动摇了世界贸易,并且使人们至今还称颂谨慎行事的银行造成全面的倒闭。

本世纪在经济方面的新发明为数颇多,我们也要问问每种新发明:它造成的幸运儿在哪里?但是,我们不想同时提出一大堆意见,我们感到打击各种意见、不同人的利益、不同人的愿望是没有好处的。因此,在寻找科学的基本原则以前,我们想,应该使读者习惯于我们想遵循的步伐。我们特别致力于研究农业,它是人类最古老的、最重要的、甚至可以说是最必要的劳动分工,并通过对农业的研究了解整个社会的经济组织。确实,在所有从事劳动的人中,庄稼人对他们劳动的目的看得最清楚,世界上可以缺了别人,但谁也不能缺了庄稼人。当庄稼人把产品交付给商业时,它的价值超过任何实业;但是农业本身并不需要商业,农业的存在不靠要和人打交道的交换,农业的存在靠的是和土地打交道的交换。因而,农业的存在条件超过社会上其他一切错综复杂的条件,这种条件比较简单，它引起的痛苦或幸福也一目了然。

然而，农业财富也像其他财富一样刺激人们贪婪的欲望；庄稼人的生活状况像其他人一样，也受到压迫。我们就野蛮时期和文明时期看看压迫所造成的后果；然而，我更喜欢研究文明时期，因为它对我们更富有教益。工业主义精神也确实进入到农业里。今天，人们也将农业当做制造业；有一位著名的经济学家用以下的词句为农业下了定义："土地产品制造业的繁荣发展系于以同样费用得到等量产品，或用更少经费得到等量产品。"但是制造业体制的本质是集中，是混淆厂主和社会的利益；厂主或农场主以费用维持工人；厂主或农场主打算首先节约的是他雇用的活的劳动。我们已经在采用这种体制的几个国家里研究过这种体制，并问过因这种体制而使生活得到幸福的人。

今天，社会科学各学科的推动者是英国。英国走在工业主义的前列。英国在农业上也是以最大的热情和挖空心思地运用工业主义的原则和计算办法的，它也是将大农场制度臻于完善的国家。确实，如果只从物的观点来看问题，不能不为之赞叹。没有一个地方的农业不是先进的，没有一样工具不是先进的，建筑物和农场都是很完美的，牲畜品种也是很优良的；地里的产品也是很好的；到处物尽其用，景色宜人。由于英国采用的体制，尽管它使用尽可能少的人力取得辉煌的成就，尽管它的农业人口减少的程度比世界上任何一个国家都要厉害，尽管这个国家是一个出色的制造业很发达的国家，农业的利益仍然占首要地位。农业人口比英国制造业的全部人口还多，英国土地产品的产值也比其他产品还高。我们并不过分地注意统计资料的重要性，只不过借用英国一位经济学家的统计报告:从1755年到1835年,仅大不列颠居民的食品这一项土地产品的年产值就已增加到7.2亿英镑。仅这项增长数字就等于棉织厂总产值的2倍,等于公债利息的3倍多。①

但是,当我们把目光从物转到人时,当我们探求巨大的农业繁荣产生的幸福时,当我们问到这个体制创造的幸运儿在什么地方时,同样的现象又呈现在我们面前。国家的大部分群众的生活状况从农民降到短工;他们失去了一切财产,失去了生活的保障;他们不得不经常求助于穷人救济金借以活命;今天,这种救济只给那些被俘的人、夫妇分居的人和那些坐牢的人,给受各种各样惩罚的人。同时,另外两个分享农业果实的阶级,即农场主和地主,也因为破产而怨声载道,他们大喊大叫,要求制定保护性法律,要求垄断权;他们宣称不能对付外国小麦的竞争;确实,很多农场主破产了,很多地主自动放弃1/3或1/4的地租。最后,与此同时,焚烧庄稼和农舍事件经常发生,农业短工人心骚动,义愤填膺,这是社会不稳定的表现。

对诸如此类的矛盾,现在是找寻其解释、发现工业主义的骗人勾当的时候了,还要指明工业主义是舍本求末,它用财富学派的学说或关于财富的抽象科学,代替真正的政治经济学或关于城市和家庭规律的知识。

这种研究必然会把我们引向最抽象的概念和最有争议的定义上去,会使我们为词义争辩不休,这是我们长期以来就竭力想避免的。但是,我们总得讨论这种学说,以说明它是多么虚假;讨论是

---

① 1836年1月1日,《爱丁堡杂志》,第124期,第321页,第3节。

要讨论的，但是也不能指望能比我们先驱者会把问题搞得更清楚。因此，在指明他们迷途之所在后，我们不去讨论那些抽象的概念，而是要重新用事实来说明问题。

直到现在，我们关心的是土地生产的财富，以及那些分享这些财富的人。这些财富是有用的，对生产它们的人本身也是必需的；因此，确切地来讲，这些财富的价值，对那些共同用这个名称称呼它的人来说都是**固有的**；它是独立于任何交换之外的，是在有商业之前就产生的。现在，我们却认为工业家生产财富是为别人，而不是为生产者自己享用的，只是当这些财富开始交换时才开始对他们有用，因而他们需要商业和买卖艺术。我们用商业财富这个名字理解这种财富，我们也用它来称那些用交换价值进行估量的一切财富。

然而，什么叫价值呢？财富有没有独立于市场变动的价值？生活中最必需的财产，如空气、水、火等，这些东西是否没有价值？这个问题在经济学家的头脑中是笔糊涂账，对他们来说，这是一个无法说清楚的混乱概念。没有一个经济学家曾给价值这个词以新的定义，也没有一个经济学家不是致力于避免其前后不一致，不知道区别对人们有用的和没有用的东西；也没有一个经济学家将生产价格和规定价格，垄断价格和票面价格，以及其他一些只能将概念搞得更混乱的修正意见分析得一清二楚。我们在意大利的一份报纸上看到过 20 几个关于**价格**和**价值**的定义，它们都是从不同的科学巨匠那里借用来的和加以比较的。没有一个定义是相同的，也没有一个定义能把同一种思想解释清楚。我们并不认为能将过去的定义解释得更清楚，也并不想比大师们更为幸运。我们是按照习惯用法解释价值这个词的，也还有一些模棱两可的意义。我们只指出其中一个意义，即词源学的意义，对这个意义是没有疑义的，即交换价值，即用一种东西换另一种东西的平等交换，在这个平等的基础上，商业从事物的交换。

人们赞美商业中的人类博爱精神是正确的，有了这种精神，商业会使人们相互协作，取长补短，宣扬正义和平等；但是，人们没有注意到商业已经剥夺了财富原初的用处，然而，在人们的想象中，人们还是将这种用处赋予财富；而人们只是使财富留下了交换价值。人们切身感到的使用价值和商业使每件事物降低为交换价值的对立，使得价格、价值、财富等字眼不可能获得满意的定义。但是，词义的模棱两可还不仅局限于此。在对使用价值和交换价值的评价上还存在着混乱，这种混乱是由于对财富学派现代体制的深感失望造成的。

当人们为满足自己需求而生产时，他们只交换剩余产品，对他们来说，价值的真正尺度就是效用，有效用的东西的增加就是财富的增加。自食其力的庄稼人会毫不迟疑地说，有 20 袋小麦确实比 10 袋小麦富 1 倍。他将会坚持计算或大略计算今年可能多余的 1 袋或 2 袋麦子，用稍低于去年的价格出售。自己织布的家庭妇女也能计算，卖掉 20 尺布比卖 10 尺布多挣 1 倍，尽管 1 尺或 2 尺布需要以不同的价格脱手。这是家族制社会和原始状态的交换；商业是存在的，但是并没有把全部产品都包括进去；商业只是对每人生产的剩余部分起作用，对构成生活必需部分的产品并不起作用。这种商业使财富还保留着满足人们需求的基本特点，也并不妨碍财富在数量上的增长，而且正好和价值一起增长。

但是这个世纪的情况又是怎样呢，经济发展的特点是商业承担了对每年增长的全部财富的分配，因此完全取消了有用价值，而只是保留了交换价值。随着各种职业和行业都让位于制造业，它的全部产品都交付商业分配；当小农场由大农场代替后，几乎全部农产品都成为商业财富，农场主的消费占的比例很少，而将大量产品出售。此后，农场主也和工厂主一样，使用价值不存在了，完全由交换价值取代。这样一来，农场主就成为牺牲者，哲学家和人民大众的想法也落空了，也一样成为牺牲者；当农场主增加了产量时，他以为增加了产品，实际上，交换价值还是没有变，一点也没有进步。改进了农业的农场主，他不是改变一点，而是整个省，这样今后他的麦子就不是 4∶1，而是 8∶1，他自信可以增加 1 倍收入；但是，这并没有改变状况，因为过去值 8 埃居的麦子现在只值 4 埃居了，这种贬值对他来说似乎是突如其来的；他只是指责气候不好，埋怨外国商业，以及政府缺乏保护；他绝不可能指责商业的本性。这种跌价是由于产品的丰富，在制造业中，这个问题更为敏感。30 年来，今天出售 100 尺布的价钱只值过去 10 尺布的价钱。不要认为这个地方增加了 10 倍国民财富；过去 10 尺布就等于今天 100 尺布。当交换没有增加时，商业靠增加数量是无济于事的。

一旦商业占据了所有人的劳动产品，所有的生产就从属于决定其价值的境况，这就是出售或推销，当产品在生产者或销售商手中时，它还不是确定量，也不是财富的整除量。销售只是对消费这些产品而言，而能够得到这些产品的人，他提供高额补偿，销售到这时才决定价值。我们在前面几篇的论文中已论述过，销售赋予产品以财富性质，这种销售是每年收入与每年产品进行交换才得以持久地实现的；总而言之，这种年收入决定了每年生产的商品的真正价值，如果商品量增加了，应该与之交换的商品的收入并没有增加，那么，商品的价值也并没有增加。

真正的商业机构，应该是以社会产品换取社会收入，或者以人类的产品换取收入。当商业机构坚持这种分配时，它能为建立交换的所有的人服务，也应当得到报酬，也不会得不到商业利润。但是，对商人来说，要有这样远大的目光是不容易的，或者对商业的职能有如此正确的认识也是不容易的。一般来说，商人想的只是用他所掌握的产品获得他所能得到的最多的收入。每个生产者都想方设法转卖同伴的货物，用贱价吸引买主，特别是吸引那些不能出售商品的买主。从此以后，他的买卖就具有赌博性质，而不再是商业性质，他的利润是侥幸得来的，是靠别人的赔本获得的，不再是从利润里获得，或是建立在为所有的人的利益基础上的；某些人转卖的必然的或不可避免的结果是使其他的人壅塞，或者是使市场上大量商品超过需求，使得市场上货物只得靠赔本出售。壅塞是商业的灾难，而在现今的社会情况下，当所有的产品都交付商业时，当其他的价值都让位于交换价值时，壅塞也是人类的一种最大灾难。

我们希望至少能窥见最近加诸于社会的痛苦的原因，随着财富的明显增长而产生真正的贫困和拮据，以及窥见百业繁荣而人类遭到厄运的原因。超过收入的生产具有财富的表象，而收入应与生产进行交换。以转卖为目的商业竞争具有商业活动和商业繁荣的表象，当商人可能是铁了心干这种事时，作为生产者最大的灾难的壅塞，却显示出产品丰富的各种特点。这里，我们并不想窥见这种令人失望的现象的原因，设法预感到贫困和产品丰富同时产生的、在文字上看来似乎是矛盾的现象，这种现象能使人正视现实，头脑清醒，但是，当人们看到结果与当初的概念背道而驰时，总是拒绝注意这种矛盾现象。我们还是谈谈明显的事实，它并不需要多加思索。越是我们感到难以对财富有一个确切的概念，对物的价值和价格难以下定义，我们就越感到以前的定义矛盾百出，并确认这种研究是骗人的玩意儿：财富只是当人们认为与人有关系时才存在，财富是人与物关系的表示；但是，财富被认为是抽象的，与生产者或消费者没有关系的财富是没有意义的空洞的词。

然而，人们通常称作政治经济学的科学，尽管财富学的名字是它真正的名称，它是以抽象地研究财富、财富的性质、财富的发展和毁灭的原因作为目的的。我们保留政治经济学的名字，从物与消费财富的人以及生产财富的人的关系中来研究人类的社会组织；这不仅仅是用词不同，我们并不满足于给政治经济学以更丰富的含意，它本身就包含财富学的意思，我们把财富学看成是追求空中楼阁的学科；我们相信，接二连三的欺骗，财富学把我们引向与其愿望正好相反的目的。

财富学的整个理论系统可以简明地表述如下：要增加财富就得生产得更多，花费得更少。生产的更多，这也就是不考虑区别有用价值和交换价值，这样做经常是增加数量而不是增加财富，在把工业推向继续发展的同时，并会给工业招来最大的灾难，即壅塞。企图用较少的费用进行生产，这是财富学的第二个意见，这样做就更令人失望，因为在追求财富的同时会使人鼠目寸光。为了符合这种原则，社会就愈来愈节省，它用尽可能少的劳动来竭力生产提供给商业的一切产品，因此，它尽可能节省人力，削减各行各业的人力；同时，社会又强迫那些留下来劳动的人付出更多的劳动而少取报酬；社会一心想用最经济的办法养活人类，因此，开始用面包代替肉类，后来又用土豆代替面包；同样，在衣着方面，社会也进行削减，叫男人穿廉价的棉布衣服，尤其是叫妇女穿比先前便宜 10 倍的衣服。它还说服穷人，说嫁妆、讲究的衣着、铜器、值钱的家具、金银饰物会使人倾家荡产，是得不到利润的闲置资金，人们使穷人节省穿着，以致他的家具、衣着、全部家产只值 3 个月工资。时间也像开支一样节约；水陆交通四通八达，过去为一个城市服务的商业，现在能很快地为一个大帝国服务；从此以后，为数一半或 3/4 的旧商业中间人就没有用处了，消费者得以直接和首都的大商人打交道，大商人通过驿车把消费者所需要的一切送来，人们可以取消外省的一切批发商和零售商，以及所有的小商贩；这种经济不仅对人是这样，人们也取消商品仓库和商店的资金，在以前的体制中，这种资金在全国分散；人们打算在运输中达到如此巨大的程度，以致商品正好可能摆脱制造商行业，这是商品交付消费者的行业，因为，由于蒸汽车辆的飞快速度，过去几个星期的路程，如今很快就走完了。贵金属如今是这种经济的争夺目标；财富学派使社会感到用这些价值很大的贵金属制造货币是浪费：埃居被银行纸币所代替，而根据不少理论家的意见，银器应该由镶包金属代替，教堂里的装饰是没有用处的，应该代之以教徒的虔诚。有人告诉我们，国家致富是由于节约，是由于用更少的钱使人付出更多的劳动，因此，所有的房子或者说几乎是所有的房子，都可以是空的，铺子和商店也可以是空的，车夫的车子也可以是空的，居民们也可以

囊空如洗，活计也可以用一半劳动干出来，一半劳动者，一半工匠也可以不活了，而另一半用过去一半的钱来维持生活。那么，为什么那些寻找财富的人不是在形象上也给我们极端贫困的印象呢？

只要人们把注意力集中在人的利益和福利上，用政治经济学就不可能讲得通，相反，那些想把人变成物的人，他们也分不清他们所要引导的社会努力的目的。这种目的，在他们看来首先是具体的物，他们愈是接近这种目的，它愈是显得虚无缥缈，不着边际，最后烟消云散。

我们认为政治经济学，即家庭和城市的规律，基本上应该是政府的科学。毫无疑问，政治经济学思考和研究的对象，应该是最普通的老百姓也是能够接受的，但是，它总是化为对社会权力机构的意见，付诸行动计划或产生对社会最有利的影响的计划。人们可能会说，今天人们向政府提的符合民意的意见，是继续有利于工业的发展的，为此目的，大家集中了所有的研究成果和政治经济学的影响。但是，按照我们的看法，还应该把目光放得更远一点，还应该看到整个民族的幸福，应该看到存在于各种社会地位、各个阶级的比例，各种关系，使得各种人都能相互帮助，相互提供必需品，都能发挥聪明才智、安居乐业。繁荣的迹象可能是骗人的；人口、生产、出口、货币的增长并不能证明国家是幸福的，甚至是富有的；这要看为所有的人获得福利的进步的比例和合理的关系；这就像社会不同职业的比例，它给予社会以活力和健全的机体。

当我们着眼于各种职业的人的关系来看社会时，我们才能寻找为所有人谋幸福的社会组织应该是什么样子的，我们才能承认，

只有当做为社会结构基础的农民人数很多和生活幸福时，社会结构才得以巩固。当然，国家需要庄稼人生产的粮食，但是，它更需要庄稼人本身。任何一个阶级，只要幸福生活得以保证，就会安分守己，因为稳定性和生活条件很好地结合，这种生活必然要求公共秩序能保证他的劳动果实，从最遥远的年代起，情况都是如此。任何一个阶级也不像农民那样对祖国爱得那样深，农民阶级是与祖国相依为命的；在保卫祖国时，任何其他阶级也比不上农民那样重要，因为劳动增强了体魄并使他勇猛威武。因而，问题不在于节省体力来完成他的工作，而在于什么样的生活条件能够使这个阶级人数更多，并使他留在田间劳动，过着丰衣足食的生活。与其他从事体力劳动的阶级相比，现在，社会秩序应该保证农民过幸福生活，对将来感到放心，别的阶级不靠他们的劳动过活。如果只是把农民看成是创造财富的工具，那是很片面的和错误的。相反，让农民过幸福生活就是目的，是社会的最大目的；而合理地分配财富不应该只是保证他们的人数、他们的幸福和使他们热爱祖国的手段。

除庄稼人以外，给国家带来福利的最主要的阶级是地主，在很多国家，人们称作乡村贵族。毫无疑问，这个阶级经常占有国家的全部土地；于是，这个阶级自以为是土地的最高主宰者；它自以为愿意驱逐谁就可以驱逐谁；它也自以为它的利益就是农业的唯一目的，它的纯利润就是国家的利益。它的骄傲与贪婪导致产生这种错误，对国家，甚至对这个阶级来说，这种错误的产生是必然的。地主的社会作用，就是与农民生活在一起，在某种程度上来说，是开化和启发农民。对地主和善良的农民来说，干农活应该使他们体魄健全，勇猛百倍，热爱秩序和祖国。此外，富裕、闲暇和教育使他们得到智慧、知识，懂得人类的尊严和热爱自由。农村贵族和农民维持着友善、睦邻和联盟的关系，农村贵族使农民懂得道德与具有智慧，领导他们为祖国效劳，教给他们农业科学知识，开化他们的生活方式，唤起他们更优美的情趣；农村贵族使所有的农村居民友爱相处，互相信任，情同手足，内部国泰民安，对外能抵御强敌。但是，如果土地贵族为自身利益，为发财致富而和农民发生纠葛，如果它压迫农民，使农民受穷受苦，备受煎熬，如果土地贵族因为提防农民而将他们解除武装，如果因为骄傲而扩大社会距离，如果抛弃土地到城市或首都居住，乡村贵族就无法履行它固有的职责，无论在德育或智育方面，都不能对多数居民发挥有利的影响：它不但不能教育培养农民，而且会使他们堕落；不但不能使国家经受战争考验，而且会由于内部涣散而处于危险境地；不但不会给商业提供消费者，而且会由于乡村贫困化而使城市破产。社会的健康也要求在农村贵族和农民之间保持恰当的比例，他们既要保持彼此的独立性，又要团结一致，乡村贵族要分散到各地，并保持他们富裕的生活，同时也要保持庄稼人的富足生活，这样，所有的人消费的增长会比人口增长得更快！

为了使社会形成有活力和昌盛的整体，社会需要的第三个等级是工匠，他们在城市里从事工业生产：在社会的最初阶段，金属、石头、陶土、木料、羊毛、麻、皮革等加工都是在家庭内部由其主要成员完成的，它们向人们提供住房、家具、衣着、器皿和工具。但是，这些产品是由一些没有制作习惯的人完成的，比今天的产品粗糙和质量低劣，然而，却要付出更多的时间。在建立农业社会以后，在相当长的时间内，家庭妇女还继续织布；过着放牧生活的人过去并不需要房子，当他们变成庄稼人以后，像在美洲新垦荒时那样，就需要邻人互相帮助盖茅舍；但是，金属制作需要更多的体力、熟练技巧和经验；因而，铁匠业似乎走在其他行业的前面；在希腊的奥林匹斯山上有一个铁匠神，以表示这个职业是人类社会的起源，历史消逝在神话中，神话叙述了希腊的伊甸园中的达克堤利或基克洛佩斯的熔铁炉登上了历史舞台。

庄稼人生活富裕后，也就陆续地形成了其他行业，工匠们集中在小城市或村镇中，为换得农产品，就得为庄稼人服务，给他们盖房子，制造家具、工具和缝制衣着。然而，他们只能在领地附近干活，因为他们手艺的成品不可能搬动，他们经常在那些能够到达的地方干活。他们只是在别人有求于他们时才有活干；因此，他们从来也没有营业基金，也不需等待买主的资本，倘若他们没有什么可出售的东西，他们的交换价值就减少或消失了。当时还没有商业，劳动的产品是以用处大小来估价的，或者以他们付出的劳动来计算；商品的壅塞根本是不可能的。而在今天，由于缺少买主，人们也没有见过木匠和瓦匠以贱价出卖他们的成品。但是，人们却看见在这些行业中，劳动力过剩。人们可以看到在某个县里，有很多瓦匠、木匠、工匠无人雇用，或者无人给他们报酬。这并不是被竞争消灭了价值的财富，而是人们自己被消灭了。对这些工匠，社会应该设法安排，使他们到处都能安身，任何地方也不过多。如果在某个县里，它没有这么多它所愿意雇用或付报酬的瓦匠、木匠和铁匠，那就会给人们带来很多不便，需要等待和带来一些苦恼：如果这些人太多事，那他们会很痛苦，造成生活困苦，死亡率很高。人数过多比缺人更可怕；如果社会不对这些人提高警惕，就不能阻止

这些职业中的工人人数盲目剧增。

第四个等级是制造商或制造业主：我们指的是一切加工可运输的商品的人，这些商品随后由商业分配并为人们所需求。这些人并不是根据使用人的要求来安排他们的生产的。但是，他们对能出售的物品有个大概的估计，或者是由商人为他们作这个估计；他们事先制订商品生产计划，并等待买主。通常，最初的制造商是为了满足人类最初的需求，如成衣业。但是，在其他行业里，人们注意到，在工厂生产比定做更为经济，速度也更快；人们看见织布工人总是重复同一个动作，动作敏捷迅速，这是别人无法相比的；织布工人同时改进工具，他不必为等待消费者的命令而浪费时间，他们不停地工作；他们赢得了数量，因此，如果与等待买主订货相比，他们可以把他们事先做好的成品价格定得更便宜。于是，工匠们开始把所有能够运走的产品都安排在工厂里制造，随着运输工具更加迅速和更为经济，制造业总是取代工场；大量的物品不是根据消费者的订货、而是根据对买这些货物的预测来事先加工的。制造商在这种革新中考虑的不是消费者的利益，而是他自己的利益；他打算利用由于使用先进的机械能力和大规模供应所节省的一切，而大规模的监督允许他能做到这点；但是，在另一方面，销售和流通就变得十分必要了；与其说依靠消费者还不如说依靠工匠，而工匠们在等待销售时可以靠节省下来的钱活命；制造商可以靠节省下来的钱加工新的商品；由于经营的需要，他需要招徕消费者，出于这种目的，他舍弃了从制造厂得来的节省下来的钱财。

我们把制造商阶级放在第四位，不仅因为它的产生较前面三个阶级晚，还因为比起以前我们列举的职业来，社会更可以省掉他

们。确实，在社会产生之初，今天由制造商承担的劳动是在家庭内部完成的，当然，这样做不经济，但是人们可以确信产品不会没有用处，不会赔本出售。后来，这种劳动由工匠承担，对生产者来说可以赚很多钱，而对消费者来说价格并不贵。总之，在世界上比较先进的国家里，一国对没有制造商不必感到惋惜，因为其他国家都争先恐后地提供能够在工厂生产的一切产品。在这种情况下，消费者不必从制造厂在工匠身上省下来的钱里捞什么好处，而是节省由他们负担的运输费用。

从整体来看，整个国家都是消费者；但是，仔细一分析，主要的消费者是地主和庄稼人，或者说是两个最早存在的阶级；其他阶级是为这两个阶级服务而产生的；同时，这两个阶级也承担为其他阶级服务的义务。他们最终是用领土财富生产出来的食品偿付制造商的劳动的；食品满足了他们最急迫的需要，生产食品的人比消费者人数多得多。对土地产品的主人来说，他们对所购买的制成品是国产的还是外国制造的，那是无关紧要的；两者价格的差别可能多少会影响享受，但决不会引起苦难。

但是，如果制造商制成的产品无法推销，制造商将要遭难，而且是大遭其难。制造商事先加工的工业产品，是为了招徕顾客的，制造商还需要得到原料供应，还要给顾客相应的搭配；他还需要一些剩余商品，还要不停顿地生产商品，因为失去时间就是失掉收入。他使用他的一切经济能力，一切信贷，想尽一切办法购买他所需要的加工原料；他的商店里的商品不仅是借以活命的报酬，也是积累的财富，定期偿还借来的资本。因此，推销不掉商品，不仅影响他的生活，同时也与信誉攸关。当迫得无计可施时，他得出售，不惜一切代价出售商品，他首先得赔掉他的工资，然后是他的小小的资本，以满足到期的债主。他使劲干，拼命干，这样做不是创造财富，而是浪费财富；因为他所完成的商品还抵不上原料价格和维护费用；因此，全面降低价格等于减少他的财产，同时也是减少国家财产。但是，这种苦难和破产，这种令人失望的事情，对制造商来说不是罕见的偶然事件，而是在它存在的某个时期的等待着的命运，因为这是他努力的结果。确实，技术的每一种进步，科学成就的应用，制造业总是用来代替工匠，然后，先进的制造业代替了粗糙的工匠，这样做的必然后果是向市场投入多余的商品：发明新机器的人，由于他获得的进步，必然要降低价格，把货品卖给过去购买邻厂产品的买主；人们把发明者的产品零售的增加称作繁荣兴旺，而闭眼不看邻厂的破产，以及由此引起的壅塞。但是，这种斗争是靠损害别人获得成功的，而自己也会遭到邻厂的命运，商业的各个部门都会发生壅塞。

制造业占据的地位愈是重要，为制造业准备的消费者与制造商就愈是漠不相关，消费者的需要与爱好是靠推测来估计的；制造商由于与消费者保持一段距离，往往消息不灵通，他们或者是减少必要的供应量，要不就是像提供同类货物的对手那样增加生产手段。制造业愈多，它的市场愈远，壅塞就更难以预料，后果就更为严重。此外，由于制造商的劳动是由最急迫的需要刺激的，壅塞也不能制止这种生产办法；相反，它加倍生产，直至完全破产迫得它洗手不干。当商品能很快卖出去时，制造商收入颇为可观，生活舒适，日子也很好过，他最喜欢的享受是休息。但是，当商品难以出售时，制造商的工资或利润减少了，他又勤奋地工作了。放弃劳动就是放弃吃饭，他愈是难以安排工作，就愈是挨饿。他承认有很多像他那样的劳动力做同样的工作，但是，并不能由此得出结论，一天的部分时间可以闲着，而是要工作，即使是少得报酬的工作，而且要起早贪黑，非常卖力地干活。

与工匠相比，壅塞对制造商更为可怕；它会给制造商招致贫困、苦难和死亡。人们再谨慎小心也不能预防它，因为他是为遥远和陌生的市场工作的，还有一些遥远和陌生的对手，这些对手以新的价格不贵或价值更大的产品突然排挤他原来占有的市场，可是却没法预测。当工匠在某一地方过多时，如劳动和劳力需求不成比例时，这种情况不可能突如其来，工匠的数量不会非常多，一般来说，工匠们总是有法迁移或到需要他们的另一个地方去。至少，由于他们人数不多，慈善机构也可以帮助他们。但是，制造商集中在一个地方，离他们应该服务的对象很远；当他们人数过多时到哪儿去，他们很难知道该到什么地方去。由于这种壅塞经常是到处都出现，任何地方都不需要他们，任何地方都显得很多，以致在他们聚集的地方，慈善机构也无法满足他们的生活需求。因此，他们痛苦万分；他们也会使道德败坏，健康状况恶化，公共秩序受到威胁，人们把这些当做最大的灾难，现在，各国政府都得给他们提供帮助。

但是，如果生产极度过剩的危险对制造商比对工匠更为可怕，生产不够的危险却是可以估量的：所有市场上缺少的东西，可以在工厂生产，也可以从对外贸易中很快得到补充。消费者也几乎难以觉察价格的轻微差别，他们用这种价格从天涯海角买来一切他们所需要的东西。因此，我们谈到制造商和制造业主时，有充分理由重复在谈到工匠时的那些话，社会对他们要提高警惕，社会尤其要注意使他们人数的增长不要超过需要。

我们已经考察了为满足社会的生存和享受所需要的手工劳动各项职业。在这些职业之上，还有另一个阶级的人们，他不用手劳动，而是用智力劳动，他领导、保护、教育其他阶级，并引导他们走向共同目标，他在社会上起的作用，类似军队参谋部的作用。这个阶级分成上百种职业，所有的职业都是高尚的，都被认为是与社会幸福有关的。在这些用智力的工人中，有些人是在政府机关中工作的，他们的职能是领导大家为共同的幸福工作；有些人把在国家的某一个省发展道德和智力进步作为自己职能，并使它日趋完善：为了这个目的，有些人承担教育青年的责任，另一些人担任宗教教育的任务，这是一种对不同年龄的人的教育。这些人中很大一部分献身于保卫社会的利益，或保卫组成社会的个人；他们是各种混乱局面的反对者，他们在各个方面研究或实践战争艺术以确保和平；或者他们作为医生保护人们的健康，或者作为法律界人士来保卫人们的财产。最后，很多人负责领导由其他阶级从事的物质劳动。在这类人中，包括资产者，他为劳动提供必要的资金，制造业的包工头以及他的监工和助手，他们以智慧和警觉来进行领导，批发商将产品从另一个地方运给一个阶级或一个国家；学者发现自然的规律，而工程师和机械师将这些规律应用于人类劳动。

尽管这些人的职业有很多种类，人类的智慧也参差有别，他们具有共同的荣光：他们都得到人类所能得到的最高发展成果；他们使道德和智慧的力量发扬光大，这种有益的影响不仅扩大到从事高尚职业的人们，同时也扩大到以体力劳动为生的人们。确实，这

些从事体力劳动的人受从事智力劳动的人的启发，也受到他们智慧的影响。像其他社会的保障一样，光荣也属于从事智力劳动的人们，而政治经济学应该把他们的生产和改进措施当做他们的特殊目的之一，作为奉行城市和家庭的规律的好政府的最幸福的成果之一。只有使努力和物质保障相结合的办法，像人类这种依附于需求和受需求折磨的弱小生物才能到达智慧的世界。但是，如果智慧的发展是人类社会打算达到的最神圣的目的，那么，当人们把这种发展不当成目的，而是当成一种手段，当人们仅仅是要求那些得到智慧的人去发财时，有智慧的人也会像别的阶级一样，也会受壅塞的威胁。此外，这个阶级也到处都在感到痛苦，这种痛苦来自由于人数太多以致难以完成任务。现在，没有一个国家不抱怨那里没有更多的为青年准备的职业。我们想起，在过去，一个受过教育的人，只要他勤奋和有良好愿望，也不必天资过人，就能在中学里找到职位，走上人生的道路；即使这个青年人准备从事商业或制造业，有这两项品质也就够格了，虽然他智力平庸，受过的教育也只是能读、能写、能记数而已。但是在今天，那些想把孩子送去经营商业的父母，已经感到要使孩子学到很多的知识；他们在受到一个知识渊博的商人所应该受的教育后，还需要有担保和推荐以进入商业公司，那里至少有一笔工资，但很少有晋升的希望。

高等教育并不是给那些生活有很好的保证、在社会上飞黄腾达的人的。每年，神学院、法学院和医学院的大门口总是引来一批青年，他们想方设法不断努力要跻身入门而不得入；有时，才华使他们出人头地，但经常是以失败告终。大学生们也确信只靠才华也无法出人头地。为数更多的人不断地围着政府各部或在权力机关谋一席职位；但是，对那些有能力担任这些职位的人，能占据这些席位的只是半数而已。长期以来，诗人和学者的贫困是众所周知的；由于报馆的雇用，这些第二流文人得到职位，今天，生活可能有所好转；然而，没有被雇用的有才能的人，其人数也远远超过就业人数。那些留心书店业的人也很快发觉写文章的人多而读书的人少；出于虚荣而购买严肃作品的人比出于受教育而购买这类书的人为多，书柜是一种时髦的家具，富人是拿它来装饰房间而不是为了研究学问。书店比其他行业更快地壅塞了，因为书不像其他商品是供消费的，它堆积在购书者手中。

因此，如果社会对靠智力生活的人能注意警惕的话，它也应该像对其他行业一样，要阻止书店增多以免超过需求。脑力劳动的人缺少面包，其痛苦比其他任何阶级更难受。由于受过教育，他们挑剔口味，穿着讲究，也比较敏感，对受苦更为难熬。他们成为精神贵族，而精神贵族有时喜欢贬低别人，抬高自己。他们以受到高等教育而感到骄傲，从而对羞辱、寄人篱下感到很痛苦。他们的肌体使他们不能从脑力劳动再去干体力劳动；所以，他们受穷时比别人更为痛苦。对社会来说，他们受苦时比其他人更为危险。他们能煽动和领导群众，会急于起来攻击使他们无法容身的社会秩序，更有本事来推翻这种秩序。那些在专制政府、那些反对社会进步的政府中掌权的人，他们是觉察到上述问题的，他们对那些文人的候补者是极为妒忌的，但是，人们不能不伤心地注意到，这种对文明的敌视今天已赢得了人心，这些掌权的人把大学生、年轻律师、新闻记者看成是使他们不得安静的敌人。

然而，人类的有识之士也同时高声疾呼，不断要求使人民得到

文化知识和受到教育；他们把建立学校看成是医治人类疾患的最有效的药方，他们认为人民智力的进步会减少人民的欲望，同时也会缓和人民的需求。

为了解释这些相互矛盾的愿望，为了真正从人类文明的进步中得出正确的概念，应该珍视学识，把它当做目的，当做手段。如果人们把它当做目的，人类智力的进步就应该是人类的第一需要；如果把它看做手段，学识就会带来财产，并会使很多人得到财产，而不是相反地使他们走向贫困，使国家发生革命。

造物主是给人类准备了一切进步的；而在这些进步中，最神圣的和最令人向往的是智力的进步，其中包括人的一切非物质的部分。各种教育应针对整个民族，体力劳动阶级也像其他阶级一样被包括在内，各种教育也给所有的阶级以完成其职责的深入的知识；使他们对人与上帝的关系获得更正确的思想，给他们崇高的道德观念，给他们殷切关怀；各种教育要发展人们的想象力，同时也要发展感受性，这种感受性是使人们的享受更高级，情趣更雅致；总之，各种知识应使所有的人更好地认识物质世界，因为所有的人都在这种物质世界里生活，这种学识对人类所有的创造物都是很大的恩惠，也是符合于上帝的计划的利益的。

但是，穷人阶级需要靠劳动来养活自己，对穷人的教育应该是使他们摆脱这种处境；如果教育对他们来说是使之抛弃体力劳动的手段，而通过脑力劳动交上红运，这种教育就会使提供教育的人上当受骗，它带来的痛苦比幸福还多。这种想把体力劳动阶级转变为脑力劳动阶级的慈善心是令人失望的。如果没有体力劳动，社会就不可能存在。如果人们号召许多农民进神学校、法律学校或医学校念书，那就得招其他农民来耕种被抛弃的土地，或者是出走的农民家庭生养很多孩子来代替他们的父母；因为庄稼人不补充，社会就无法生存。如果把上层人士的彩票给一些农民，这也不能使农民获得幸福。对城市或制造业的工匠来说，情况也是如此。教育也可以使某个铁匠或制造工人的儿子在文职中出类拔萃。但是，留下的位子还得由另一个铁匠或制造匠来代替；社会的体力劳动还得干，社会的物质需要也要满足。

在谈到上述问题时，可能有人会反驳我们，说我们好像没有考虑机械的进步和将各种科学的进步应用于各种工艺上。人们也许会对我们说，人类的希望正是在于在科学上找到一种手段使人们免于干笨重力气活，使这些人都去思考或发展脑力。现在，由于一些精巧的发明，人们已能仅用一半或 1/4 的劳力来耕种以前的土地。英国的农业是很发达的，那里 1 平方英里的土地只用 20 个人，而在意大利至少得 200 人。人们总不能由于工艺的进步把这 20 个人也全部裁减掉？在制造业里，科学的能力更具有效率。蒸汽机代替人力，有无比的优越性。由于有蒸汽机的帮助，一个工人或一个孩子能做过去 100 个人也可能完成不了的工作。那么我们为什么不希望仅存的这个工人也休息，用一个孩子就够了，那三四十年以后，就会像棉织业那样，干活的人都会被辞退呢？有朝一日，所有的农活和城市的活计都会由被人类知识制服的巨大和盲目的能量来做。这样一来，我们就得在各地开办许多高等学校，为那些一直受雇从事倒霉的体力劳动的几百万工人准备文职工作。确实，我们可以想一想，我们声称的这种进步已夺走了这几百万人的饭碗；但是，可以设想一下，他们能在文职工作里找到新的岗

位吗？不要忘记社会上各个阶级是互依互存的。如果说干苦力的人给国家提供吃、穿、住，那些动脑筋的人则是照顾、领导、教育、医治干苦力活的人。当人们从现今干苦力活的人中减少1/4或1/5，那么，今天受雇从事文职工作的人其中1/4或1/5也就不需要了。当人们把他们都削减时，人们也就是将人类毁了。一会儿在这个职业，一会儿又在那个职业里削减人员，把这种办法看做进步，这种体制实在令人瞠目结舌！有人为了物的利益使人类无立足之地，有人大谈财富的发展，却挥霍财富，不把财富用在维持国家！

让穷人抛开犁、锤去上学，并宣布这是升官发财的道路，我们认为这是欺骗穷人的，是让穷人过苦日子。毫无疑问，学校的大门不应该向他们关闭：不能剥夺社会中那些低层阶级的优秀的有才能的人出人头地的机会，这些人也将向全体人民传播文明。但是，人们可以信赖有天才的人的天生的力量；这种力量会使这些人成长并克服各种障碍，除非并不需要去找寻这些障碍。此外，人们愈是注意使人们安心本职工作的人民教育，天才就有可能在它的阶层中间涌现。那些令人生畏的应该克服的障碍也没有什么了不起；因为，与其为那些天资平庸的人服务，倒不如使他们打消从事使他们中间的大多数人进退维谷、你争我斗、令人痛苦的职业。挑起那些应该靠体力劳动生活的人改变生活状况的愿望，只会使他们对自己的生活状况不满，然而这种生活状况是应该有的，使这些人焦虑不安既有损于各自的幸福，也不利于社会的安宁。

财富这个词，也像繁荣和享受这两个词一样，如果不和享受它的人相联系的话，本身是没有意义的。我们可以设想，人们可以把金融学看做是使君主发财致富的手段；我们也可以设想这是使自己发财致富的科学，而这种不可名状的科学并不因此没有学生；但是，我们并不知道这种致富的科学，即财富学，这种抽象地看待财富的科学是什么，我们设想的社会财富是社会的所有成员参加分享的劳动产生的物质利益。

在我们看来，人们在人类的组合体中有共同的责任，因为他们在这种组合中有共同的利益。人类在造物主的面前都是自由的、独立的和具有才干的，如果才干不是相等的话，至少本性是一样的。人们同样有生存的愿望，同样渴求幸福，他们相信在家庭的组合体中，也像在城市组合体中一样，这些要求都受到保障。各种组合体通过从属关系才得以维持；但是这种从属关系只有通过它的目的，也就是共同利益才能合法化。这种共同的利益高于个人利益，以致有些人能作出自我牺牲，表现出英雄主义的行为；但是，英雄主义只能由责任感来激发，责任感是有道德和有智慧的人的崇高标志，它自身总是包含有对一种权利的回忆和互惠互利的感情。

只有当人们从内心同意结社时，才能被认为是真正的结社，即使处于最卑微的地位，他们也已承认受结合体的保护。当人们存在互惠的利益时，他们对社会秩序承诺义务：当这种互惠利益不完备时，他们是臣民；当这种关系是平等时，他们是公民；但是，如果不存在互惠关系，如果顺从的人是奴隶，如果总体的利益不包括他们的利益，他们就不承担义务：他们所遭受的暴力将他们置于权利之外，置于法律之外，也使他们免去义务。

这种互惠的利益关系，就像是公共权利和宪法权利的基础一样，也是政治经济学的基础。在一个国家，为了要谨慎地建立政治结构，人们应该研究社会的秩序，社会组织的或人们承认的权力机构应该对共同利益作出贡献，同时也相应地接受那为了维持自身生存的支柱和保证；因此，当人们愿意提供劳动产生的生活资料和享受时，那就应该研究各种生活条件的人，人类社会分工形成的各种职业的人，这些人是社会感到必需有的或者是社会所产生的，他们为其他人的生存和享受作出了贡献，反过来，社会也为他们获得物质资料和享受提供了保证，最后，他们之间的相互帮助产生了幸福，或者说是产生了众人的福利。

全体人民的物质福利，我们以财富的名字来理解的利益，分配给全国各阶级的人，并为他们所利用，这种物质福利和利益，与人口的增长和物质资料增长都有某种程度的关系。马尔萨斯关于人口原则的著作在科学上产生了革命。有些人认为这些建议过于悲观而加以拒绝，最好是加以否认，而不要因此伤心；另外一些人拿出种种理由，批评马尔萨斯某些建议中过于绝对的建议，并指出粮食生产的增长总是比人口增长得快，并认为人口和社会收入的比例决定人民过富裕生活还是一贫如洗。但是有一个重要事实是谁也不能断然否认的，那就是与生活资料相比，人口可能增长得更快，这种不成比例的发展是各国面临的最大灾难。在马尔萨斯的研究和对人口问题的研究著作中，同样还有一个不可否认的事实，那就是人类增长和增殖的如此巨大的趋势，每当创造一个新的职业，人们必将创造一个阶级来准备问津；每当人们提供谋生手段，有人就生出一批来抢饭碗的人。只有谨慎和贫困才阻止当父母的人增加家庭人口，尽管人们看到人口增长很快，如果富人和穷人不采取节制措施以免大量孩子出生，人口将增加得更快。给穷人新

的谋生手段，他们就暂时会忘记节制措施；因此，人口增长就接踵而来。

最近写政治经济学的人，对于这些事实是承认的；但是奇怪的是，一到应用时，他们就很少考虑到这些事实。确实，他们也说过，应该教育穷人实行**道德约束**，使他们节制性欲，推迟结婚，没有丰富的必要的物质条件来养活孩子，就应该不生孩子；他们也宣布，给老百姓以较高级教育，他们就会达到这种满意的目的；而理论家们自己却忙于社会的组织工作，计算生产和消费，他们想的只是增加人与人之间不成比例的收入。他们愿意庄稼人多从地里收些麦子，让制造商使织布机多织些布，但是，这并不是要有更多的工业家，使他们每人有更多的食品和更多的衣服；相反，他们却教人们如何从地里或城里节省劳动力，从那些不得不留下工作的人那里节省吃穿。

我们对政治经济学和立法者的责任有不同的看法：我们曾经找寻过那些互相需要的阶级，对每个阶级来说，什么是已经获得的福利；我们寻思，不是要人们如何去取消某些阶级，也不是减少某一个阶级，而是人们如何维持所有的阶级都能过丰衣足食的生活；我们想到所有的阶级都在冒人丁过多的危险，我们已经要求社会权力机构注意各个阶级各方面情况，不只是阻止他们的人口增长，而是尽可能保障这些阶级，使各个阶级的人口能够按照适当的比例和根据某种规律增长。

我们首先要谈到农民，我们要对他们说，这个职业是这样一种职业，人数、农活和产品的增加对自身危险不大；然而，如果他们给市场带来消费者不需要和不能购买的食品，他们自己也会濒临某种破产。当农场主的企业并不需要从属于商业；当农场主为自己和自己的家庭劳动时，市场的价格对他来说是无关紧要的：如果他只是为附近的城市生产，他也能很容易地知道城里需要什么食物和其他需求；稍微留心一点就不至于有卖不出去的食品；但是，他的市场愈是扩大，麦子贸易愈是增加，他也就无法知道需求量，也就无法知道他所生产的收入该是多少，也不知他的命根子、他的产品价值是多少，这些产品冒商业的风险，一遇壅塞，就得大赔本。因此，国家为了自身的安全，应该注意让大部分供应品到达消费者手中，而不让商业有可乘之机。出于这种目的，我们已经表示这样的愿望，大部分农民应该是业主，他们不应使食品为投机而生产，而应该与自己的需要成比例；只有当他们为自己生产食物时，他们才结婚，为儿子娶媳妇；最后，要使农业和人口逐步地、稳定地增长，甚至要倒退几步，农业和人口总是应该齐头并进，因为这两者不成比例就会引起苦难。

接着，我们要指出，本人并非庄稼人的业主和土地贵族对社会是有用处的，我们要求社会保持适当比例。与其他阶级一样，这个阶级不会有变得太穷或变得太富的危险，不管是土地贵族按照他们遗产而减少时，或者购买他们本来应该在其他农户分配的财产时，情况都是如此。在谈起他们生存的目的时，我们已经指出针对这个阶级的两种危险，社会应该对此加以提防。

我们现在要谈那些工业必须以他们作交换对象的人，因此，他们也靠商业财富生活。首先是那些工匠，更确切地说，他们为市场服务的是他们的工业产品。我们已指出，他们的存在是社会的需要，反之，社会也给予他们公平的报酬。只有当他们不受毁灭性竞争的威胁时，他们才能得到这种报酬。他们的利益和社会的利益都要求他们的人数不超过人们向他们要求的工作量的限度，他们的住处应该靠近那些使用他们劳动成果的人们，使得他们的人数与要求的劳动量的比例能够很容易掌握。

下面谈到的阶级，即制造商和制造业主，他们因商业的存在而产生，也为商业而存在。他们住在离服务对象很远的地方，他们的劳动是为了满足需要，而他们自己是不知道这些需要的尺度的，要使产品恰好达到消费需要，对他们来说是不可能的：他们不得不靠竞争过日子，他们希望自己劳动的产品能胜过对手。当他们的产品能满足现存的需求时，他们创造了财富；相反，当他们生产产品过多，市场壅塞，价格降低时，他们毁灭财富；因为，制造并不是创造，只不过换个存在方式而已；如果在交换中赔了本而不是挣了钱，那么，生产愈多，就愈是摧毁财富。但是，从创造财富过渡到毁灭财富，这种过渡一滑而过，制造者自身是不可能承认的。此外，在对立的工场中，在**转卖**的实践中，在互相排挤过程中，在互相使对方破产过程中，反社会的一些东西，使得引入的这种工业变得异常可怕。然而，我们不说社会不应容忍这种引入：它经常是在人类思想和人支配自然的不可抗拒的进程中造成的后果。但是，我们将告诉政府，对厂主精神的发展要抱怀疑态度，要想一想新工厂的繁荣不管怎样炫人眼目，一寻根问底，这种繁荣总是以贫困和另一种工业的破产作为补偿的：就其特点来讲，这种繁荣是短命的，因为另一种新的工业就会夺走它的市场，就像它夺走以前工业的市场一样；最后，任何贫困也无法与衰败的制造业的贫困相比拟，当灾难降到制造业主头上时，社会应该保护他的孩子，事先应该想到

并作出牺牲。然而,社会应该毫不迟疑地大力帮助制作业主以避免灭顶之灾,虽然,寻根究底,人们可以指责他的原则,即竞争是反社会的,尽管他们本身并没有这种感觉,伦理学家们从来也没有向他们提出过警告,以至于他们的行为也免于被别人指责。

最后一个阶级,如果人们愿意这么说的话,也可称为社会上最高级的阶级,这个阶级是靠脑力劳动生活的,它和商业财富也并不是毫无关系的;因为,对商业财富来说,他的工作也是交换对象,当这些工作确实找到相应交换的机会时,它们才有交换价值。我们相信还应该提醒,如果他们人数的增长过于迅速,如果这种增长与其他阶级需求不成比例,对智力工人来说,也会有危险和苦难。因此,我们要求社会注意,人的智慧应该与人所处的地位相协调;公共教育应该使所有的公民幸福,他们的生活条件应该得到改善并日趋完善:但是,我们也要求,不要鼓励穷人通过脑力劳动改变生活地位,只有当他是出类拔萃,他本身自动上升时,人们才能在脑力劳动者的行列里接受他们,但是,人们不必去找他们,将他们弄到脑力劳动的行列里来,因为竞争是如此激烈,这样做的结果不仅不能使他们幸福,而且可能带来更大的痛苦。

为了达到预期的目的,我们并没有很多实际的办法;但是,为了使这种目的为大家所知晓,我们相信已经做了很多工作。这个目的就是通过有效地使用人类劳动,使人类达到丰衣足食;而壅塞使一部分劳动成为无用,并使社会贫困:这个目的,也就是使社会上处于各种生活地位的人成适当比例,使他们能有效地相互帮助;这个目的,也就是对每个人来说,生产劳动活动与享受要有正确比例;最后,这种目的是使人人生活宽裕,这种宽裕在消费和摧毁,同

时也在创造:因为当我们不知道这种物质财富增长会怎样时,这种社会可能得到的增长是生产得更多而消费得较少,因为当商业财富积累之时,也就产生了壅塞,它将失去价值。

第十四篇　制造业如何为国家作出贡献

人类的劳动，或者说人类劳动的产品可以成为交换对象，在上篇文章中，我们已经设法说清这个问题；大家都不同程度地参与了商业财富的活动，商业财富的价值并不与其付出的劳动，或与其具有的用途相适应，商业财富价值只是解决人们从中得到报酬问题。交换价值，即商业价值，它使人们忘记了所有其他价值。然而，在一个先进的社会里，农产品、手工业产品和智力产品都是用于交换的：这些产品在商业产生以前就存在，在没有商业的情况下也能得到，它们的情况经常是这样；制造业的产品则是为商业生产的，只是为商业准备的。制造业加工了能够运输的产品，确实，我们认为这是它的特点，否则就不能为他人所求，然后，这些产品交给了商业，销售到四面八方，满足人们的需要。因此，我们考虑商业财富时，首先注意的是制造业。

理论家、作家和舆论机构在要求政府保障和鼓励工业时，他们也是用这种方式理解这个问题的；对他们来说，工业基本上就是制造业；我们的时代被称作工业主义时代，因为在这个时代，制造业得到巨大发展。制造业的发展并不是国家繁荣的可靠标志，对于这一点，好像任何人也没有提出疑义；然而，今天社会经受的苦难

本身使我们重新从新的高度提出这个问题。在工业的各个部门中，是什么原因使政府特别看重制造业呢？制造业的进步给消费者带来了什么好处？给生产者带来什么利益？制造业的发展带来了什么危险？

大家已经看到，我们并不赞同对工业主义的普遍热忱。我们对今天被人们认为是人类天才的最完善的发展的制造业、全面文明的代表的商业，作为战胜竞争对手的舶来品，即进口货，对这些东西在构成国家的财富、力量和幸福方面所起的作用，我们的估价是并不高的。然而，我们并不想低估人类为这些成就所付出的努力，特别是在如此严肃、并和人们普遍的幸福相联系的物质中，我们对以各种办法来支持荒谬绝伦的意见，或想以这种新鲜玩意儿来制造骇人听闻的言论，是引以为耻的。

我们承认，在现今的发展中，制造业取得了一系列的胜利，人们以自己的智慧对物质取得了胜利；我们也承认商业在全世界扩大了新的道义影响，它将知识传播到远方，并加强了不同人种的友好联系，但是，对人类能力的发展的盲目称赞，并不能阻止我们正确估计完成这种发展的社会状况，指出各种状况相互间的关系，并使我们重新注意人类结社的伟大目的。确实，这种目的并不是设法探讨人们怎样完成了这些物，而是这些物怎样为人们服务。

我们应该警惕这种对人类的共同安排，而这种安排往往是一种幻想。人类是如此无能和软弱，以至于不能看到这种极不相称的效果，而对它却满腔热忱。一切强大和伟大的东西必然会获得人们的尊敬，即使有时这种伟大是靠损害尊重它的人而产生的。专制暴君至高无上的意志和权力打击着不心甘情愿尊敬他的臣民，对人类来说，仿效这种意志是危险的，使用这种权力是不理智的；但是，尊敬这种意志和权力的人，只是在起指挥作用的人和对千百万人起作用的力量的对比中才受到打击。人们经常听到臣民吹嘘他们的君主是拥有绝对权力的，能够支配他们的生命和财产，他们甚至吹嘘他们的君主并不是被迫地听取谏言，亚洲的暴君的王位可能是靠他们臣民的这种尊敬来巩固的，而对于这种人类意志来说，是任何力量也无法抗拒的。这种意志产生的业绩可能激励更多的尊敬，因为在这里看到的只是他的伟大，而不是创造这些业绩的人们的痛苦。四千年来，埃及的金字塔世世代代地赢得了人们的尊敬，虽然它既不漂亮也没有用处，只是因为它是一个看来好像是永恒的古迹，它是造物中的弱者战胜自然界无穷力量的纪念碑。

既然这种感情教育了人们，它也增加了人们的信心，毫无疑问，它也像人类一切天生的感情一样，也有它的用处：热情或不理智的感情本身也有一些神圣的东西；但是不应该沉醉于这种感情并盲目受它的支配；特别是不应该让有关国家命运的行动听任这种感情支配；人们不应该这样去料想，但是，政治经济学在寻找伟大事物而不是寻找有用事物时，常常会迷失方向。因此，比如说，商业的高尚思想经常愚弄人们的想象力，因为商业遍布天涯海角，帮助遥远的地区并满足那些甚至是最卑贱的人的需求和欲望；商业使人们在严寒酷暑的气候里，在波涛汹涌的海洋里，在没有开化的民族里进行探险旅行，为素不相识的消费者服务。我们不应该不尊重那些具有伟大性质的事物；商业的性质就是如此，商业思想是面向全世界的，它的经营精神就是要冒险；但是，不要因此得出结论，商业伸展得愈远就愈对人们有用，相反，挨家挨户、在城乡之间做买卖对人们更为有利。我们每天都看到，为人们服务的工程规模宏大，一个商人有许多大商店，商店里的财富炫人眼目，令人赞叹，经理为了贯彻他的思想，雇佣几百工人，管理有方；农场的建筑物富丽堂皇，田野一望无边，牛羊成群，这都属于同一种耕作制度。我们并不否认这些漂亮和威严的外表，但是，这是物的漂亮而不是人的漂亮。因而，我们要求经济学家把目光转向人，要求他们估算一下，是一家掌握一个省的所有财富的商店能给人们带来最大的幸福，还是几百家各自独立的小商铺能给人们带来最大的幸福；还要判断一下，所有劳动力都听从一个人的指挥是否能像每个人都动脑筋想办法那样，以同样的程度发展人类的智力；计算一下面积为 1 平方英里的阔气的农场，是否也和准备保卫使他们幸福的法律的 40 家自耕农一样，提供勇敢的士兵？

这种对发展人的力量的赞美，有一部分也是庆贺制造业的进步的。在人类对物获得的胜利中，确实，很少有比在使用工艺学方面获得的胜利更值得人们赞美的了。人类自身感到是弱者，他向自然界要求他应该占有的力量。在瀑布、风力中，他看到有效的能力，开始掌握早已存在的运动，他使这些能力听从人的指挥并为人类工作。但是，人的天才很快发现某种潜在的力量，通过使用物质的规律，人的天才能够随意的创造或停止、几乎无限制地随时随地能够刺激或增加这种潜在的力量。由于重力的作用，这种潜力能作运动；然后，这种潜力占有了蒸汽的力量，人们制服了蒸汽，随意地使用，比使用水力与风力更为得心应手，这个盲目服从的代理人有无穷无尽的能量，从不要求休息，管理它的工程师使它具有智力和技巧。毫无疑问，人们可以理所当然地对征服大自然的威力感到骄傲，对迫使蒸汽完成人类的工作感到骄傲；但是，无论是人类从物体本原取得的力量，无论是人们由于应用了它而取得的熟练技巧，都不过是证明它对社会带来更多的好处。人类变得更强大了，但是人类的力量是为了他的同类还是反对他的同类呢？在一千人中间，他只是打算为一个人的幸福或改善生活，还是像政治经济学所祈求的那样，为所有人的幸福或改善生活呢？

如果这种能力的巨大发展能真正产生社会财产，这种财产是应该与其事业成比例的，它应该是大家所看得见的。相反，人们倒要惊奇地提出疑问，为什么这样巨大的发展并没有更多地改变人类的命运。最近60年来，我们对大自然的征服是我们的祖先所没有想到的；我们使物质服从我们，并使它具有我们所要求的形式，有时，我们一天完成的工作，在过去的文明时代，难以相信能在一年内干完。对物有如此巨大威力的力量，留下的纪念碑为什么这样少呢？如果一千年后，有那么一位哲学评论家来到今天欧洲人居住的地方，他可能会感到吃惊，至于巨大能量作用在物质上而留下的遗迹，希腊人、罗马人、甚至我们不开化的祖先也比我们要多。确实，我们能搬动大锤，能呼风唤雨，能使原始物质听从智力的摆布；然而，在希腊人的雕刻下，石头也具有生命，雕像栩栩如生；先贤祠、科利塞庙、罗马温泉浴池，都是征服自然的成果，罗马人的杰作，高耸入云的庙宇是我们祖先在我们称作野蛮时代修建的。

然而，我们这个时代也建设了巨大的工程；城市的防御工程、公路、运河、铁路，都需要无可计数的劳动力，需要大量的资本，需要高度智慧的设计：但是，这些大工程总是缺乏特色，不能经久耐

用；我们刚才指出的这些工程，可能在一百年后，一个也不会存在了。我们考虑实用价值太多，以致不考虑将它留给子孙后代；我们想的只是自己，几乎不作努力或牺牲来延长它的使用期限，使得在建造这些建筑物的人消失以后犹能存在。我们的祖先却不像我们那样不考虑他们的后代；他们制服大自然的能力是有限的，但是他们给我们留下了硕果：他们开荒肥田，灌渠纵横其间；他们建造宫殿和房舍，他们不像英国那样，订一个一百年的租约，在这以后，就扔之大吉，而是使之延续几个世纪，使人们享受生活的乐趣，这种宽敞的住宅是给那些没有足够钱财盖房的人居住的。

确实，这个世纪的歌功颂德者并不对我们的公共建筑感到骄傲，更不因我们为后代所做的事情而感到骄傲，他们宁愿信奉这样的信条，即每个世纪只应该为自己打算。有人说，我们的胜利是在实用工艺方面；我们的整个社会组织是朝着改善生活方向迈步的。但是，在对人类幸福的估计方面，如果把经济学家除外的话，公众对实用工艺品却并不重视。我们经常听到人们把古代人的文明生活与我们的生活相比；但是没有人认为我们的生活比他们幸福，因为我们穿棉袜子和棉衬衫，虽然我们把织袜机和纺织机作为本世纪工业的两项伟大成就。哲学家们高度估计古代人的艺术在思想方面和想象力方面的效果，古代人的杰作使我们的人格变得崇高；但是实用工艺品的效果几乎等于零，因为我们不假思索地感到，另一个世纪的最漂亮的布匹，无论是在使用或享受等各个方面都可以取代今天用非常精巧的程序生产的最漂亮的布匹。

有人可能会说，实用工艺品并不像艺术品那样发展人们的想象力、敏感性和艺术情趣；实用工艺品也不应该被看成是慈善物

资；它是为我们所用而不是为我们的后代所用；它的优点正如它的名字所指出的那样，是它的实用性，而这种优点是不容否认的。

实用工艺品：这个名词确实使我们想起它是供人们使用的；它应该使人的生活更为舒适，更为方便，应该使各种生活地位的人都得到**好处**。真是这么回事吗？一个国家的富裕生活是和工业一起发展的吗？国家生产的东西越多，穷人的房子就盖得越好吗？衣柜里的衣服就越多吗？家里的食品就更丰富了吗？风力、瀑布、蒸汽在劳动里用的更多，工人的劳动时间就缩短、体力活就不疲劳、干的活就不单调和不恼人、工人休息得就更安静了吗？过去的时代总是躲开我们的审查；但是，我们可以到灵巧度不怎么高的邻人那里看看，或者像人们所说的那样，倒不如我们先进的地方看看：如果在欧洲的一些地方，在最简陋的人家，我们可以发现日用品很丰富，人民安居乐业，确实，这个国家还是被称作工业最发展的国家。丰衣足食、殷勤好客、劳逸结合，这种甜美的生活是旅客在最偏僻的山区小县里遇到的，一接触制造业，这一切立刻化为乌有了。

然而，我们一点也不否认实用工艺这个名词，但是，实用工艺分两个部门：手工业工场和制造业。过去，在手工业工场里，手工业者总是完成消费者要求他作的活计，用的是消费者给予的投资，他们是符合效用的目的的。虽然它并不是很节省。因此，最初的实用工艺，如面包铺，面包师傅的面包是为某个人烤的，这是一种手工业。今天，面包是由面包商加工的，按照自己的计划公开出售面包，他已经是制造商了。实用工艺还像过去的面包铺在普通烤炉烤面包那样经营。农民把皮革送到皮革商那里；家庭主妇将麻线或羊毛送到纺织工那里，一切活计都是为消费者准备的。任何活计决不会冒壅塞的风险，也不必怕跌价，因为人们找不到出售这种物品的地方。我们说过，这种方法不是很经济的；但是，另一方面，这样做不至于把商业利润和侥幸得来的利润相混淆，也不会把制造时真正节约下来的钱与制造商的赔本相混同。

在手工业里，科学的手段，工艺的奇迹也如同在制造业里一样，也会找到它的应用办法。确实，在有些国家里，有些很复杂的机器是为消费者服务的，就像过去公用烤面包炉或有时磨面有时榨油的公用磨坊那样。这两种方法的区别在于人们能够在降低价格方面得到好处。但是，所有的工业品，所有的农产品怎样降价才合适，或者在什么情况下降价对社会有利，什么情况下才是赔本呢？这样提出问题已经是把物放在一边而想到人了；这也就是承认应该从价格与消费者的关系及其与生产者的关系中考虑价格；要正确地估价低价和产品丰富给消费者带来的好处，也要正确地估价这种做法使生产者遭受的苦难。

劳动产品总是为了满足人的需求的；但是，人的需求、社会的需求、市场的需求都是抽象的字眼，会使我们产生幻觉，因为这些字眼把欲望与物相等同，而这些要求的强度和对象都是不同的。同样，实用工艺这个称呼，它一部分是为满足生活所必需的，而另一些却是多余的，这种性质也会使人产生幻觉。

人类社会的第一需要就是要人们参加劳动以满足自己的需要，这些需要是非常迫切的，如果得不到满足，人类就没法生活下去。只要有这种需要，不管劳动是多么艰苦，总比缺少劳动产品强。社会的需要是很迫切的；劳动应该完成这个任务。但是在满足需要后就要求娱乐，要求享受；而享受并不属于同类性质；它的性质是如此地优雅，如此地细致，以致它不仅使那些得到享受的人、而且也使参与享受的人变得高尚；艺术作品给予的享受就是这种情况。这些享受瞬息即逝、微不足道，腐蚀人心，当人们想到为之付出血汗的人们时，不禁感到羞愧。与其说是社会确实需要这些享受，不如说社会可能应该需要那些生活的第一需要；因为不是整个社会，仅仅是社会的某些成员需要享受、娱乐。当然，谁都需要享受和娱乐；而这些享受是生产者的发明，他们在满足生活第一需要之前就有享受和娱乐的要求了。艺术品的奇迹不仅仅是雅典的装饰品，它还使雅典人成为前所未有的最讲究、最漂亮、最文雅的人；这些艺术品是以整个社会为其对象的；然而，社会并没有事先理解此事，也并没有强烈地要求有这些艺术品。装饰富人宅第的奢侈品也不是整个社会所要求的，而是一个人数不多的阶级要求的。时髦的装饰品也不是任何人所要求的；应该说是由于这种东西的存在才产生了对它的兴致爱好。

为了生产养活整个社会的小麦，农夫得起早贪黑地从事累人筋骨的劳动，冒着酷暑严寒，在田野上撒肥播种；日复一日地在露天干活，农夫损害了自己的智力发展；他得部分地放弃完善自己的智力和敏感性的努力。当人的基本生活资料是由稻米而不是由小麦来维持时，在这种环境中，他得牺牲健康，冒生命危险。社会为了换取它的生活资料，付出了高昂的代价；但是，社会为了购买物是不是也付出了昂贵代价？毫无疑问，因为这是生活，是所有人的生活。在这种情况下，社会的要求是紧迫和不可抗拒的命令。

然而，人们在付出这样的代价获得了食品、衣着和住房后，还希望有别的东西；但是，人类并不是用同样强烈的欲望要求它，因为其他东西可以没有，而缺吃少穿会要了他的命，或者剥夺了舒适的生活。人类要求更精致的食品，更漂亮的住房、家具和衣着；人类愈来愈任性，要求愈来愈高，以致人类劳动的一切产物都要求改进，名称也变得荒诞可笑。他能以与喂饱肚子的面包和大米同样的价格去购买这样的东西吗？不，毫无疑问不可能这样，即使是感到有这种愿望的、而且是应该作必要的劳动以满足这种愿望的同一个人也不会这样做；是的，在现今的社会组织中，因为商业和制造业划分出各种生活状况的人，那些干活的人也不得不像生产实用工艺品的人那样紧张地去生产那些无聊的玩意儿，也得像满足必要的要求那样去满足花样繁多的要求；因为人总是要满足第一需要的，也就是说总是要和饥饿作斗争的，人应该满足生活最必需的需要。

在妇女的连衣裙边饰以精致不显眼的花边，在仆人的号衣上加上饰物，或者在家具上雕上不易察觉的边花，不管工人的愿望是多么微不足道，要满足以上要求，对工人来说也是生死攸关的事。工人得满足购买商品的阔太太最无聊的挑三拣四的要求，直到成品呈现在她的面前时，她自己也不知道究竟要什么样子，满足不了这种要求，工人就得饿肚子。吃饭问题也使农夫作出同样的牺牲，农夫得给所有的人提供生活资料。为了吃饭，农夫还得做更多的事。农夫使劲地卖命干活；单调的工作会使他智力迟钝，而报酬却极为微薄；工人生活在有毒的、污染的、令人窒息的环境中，它会损害工人的肺部；工人不得不接连几个小时不能站立、躺下或坐着，这种姿势会造成佝偻病；工人使用的没有理智的力大无比的机器是很容易出危险的，稍一疏忽，就会把人卷入齿轮。所有这些苦难，并不是由工人一个人来承担，而是和妻儿老小一起经受；同时，他还使家属染上更危险的精神上的传染病。在扼杀天生感情的同时，在把最宝贵的人当奴隶出卖，而他自己又是唯一的保护者时，他自己也堕落了。因此，他为购买面包，他将付出劳动，付出健康，付出智慧，付出爱情和付出道德。

对于追求时髦和花样翻新的奢侈品的工人来说，付出这些牺牲是必要的；付出这样的代价才能活下去，这是强制性制度的必然后果，社会用这种制度使体力劳动者满足它的愿望和心血来潮的爱好；但是在这种强制性制度后面，应该考察一下社会的意愿，应该问一问，社会是不是真正愿意强制这样去做；问题在于社会满足其宠儿的无聊的情趣要达到什么程度，社会要求棉纱精细到什么程度，违者要处死；不仅在肉体上处死，在智力和感情上也得处死。问题在于看社会是否对它所要求的劳动付出过多的代价，在于看社会是否经过深思熟虑允许工业的这种改进措施，人们是将这种措施作为努力目标向我们介绍的。

总之，社会对这类事情是什么也不愿做；在全面竞争的基础上，社会在内部建立了强制劳动制度，而全面的竞争刺激工业家去发明创造，推动资产者进行投资，使工人降价出卖劳动力，而学者使一切自然服从于人，他们并不懂得社会要从这些巨大的力量里得到什么，社会强烈地要求、首先要求生活资料的生产，一旦得到了这些资料，它的愿望就改变了；社会关心的不是消费者，而是生产者。社会想或者应该想，工人通过劳动应该得到生活资料，但是，社会一点也没有想到工人生来是为了从事对他们来说没有什

么好处的劳动的;社会应该想到那些为富人生产奢华享受的人也应享受共同福利,但是社会很少关心如何使他们得到这些享受,社会不愿以使生产者受苦的代价,或使社会的任何成员道德堕落的代价使生产者获得这些享受。

确实,当一个国家或某一区域引进新的制造业时。人们应该想到生产者,给那些穷苦的工人、那些从事生产的无生活来源的人以面包和工作,这是大有好处的。制造业的开创者无疑只看到自己的利益,但是他不应该被当做他定居的地方的恩人,尽管他给那些过去什么工资也得不到的人发了工资。在这种所谓的优点和由新制造业认可的目的中存在着一些矛盾;这种目的就是用更少的劳动力做同样多的劳动,但是这种矛盾难以觉察,因为新的工作是人们所冀求的,这些劳动是在过去民生凋敝的地区里付给报酬的,这件事实更引人注目。财产立竿见影地产生了,新的繁荣也出现了,新的人口也定居下来了;制造业使周围地区的农产品有了销路,人人都兴高采烈。

1769 年,阿克赖特[①]改进了纺纱机,水流的功率很快地完成人类劳动中最细致的活计,人们立刻花了大量投资,在德比郡、诺丁汉郡、兰开夏建立了英国称作工厂的大规模制造业。可以这么说,这些地方是英国的瑞士,多山、多水、多荒芜的河谷,那里人数稀少,农业收益甚少,但是瀑布丰富,给机械提供了很巨大动力,它给阿克赖特带来很大利润,在阿克赖特以前,这种水力已经用于工

① 阿克赖特(Arkwright,1732—1792 年),英国机械专家,珍尼纺织机的发明者。——译者

业。工厂从英国各地招来了工人；这些工厂给工人的工资高于其他职业；这些工厂和伦敦以及其他大城市的乞丐收容所谈判，释放慈善机构的所有孩子。这些孩子受雇于厂主，为期7年，根据学徒条例，听从供养他们的厂主的命令来当学徒，这个条例允许师傅体罚，强迫学徒劳动，并不付给工资。于是，残酷的压迫制度开始了，成千上万的工人，特别是那些被人遗弃、生活毫无保障、而不为人注目的孩子们，在贪婪的厂主的命令驱使下，都成为这种制度的牺牲品。1796年英国议会的调查报告终于将这种制度向公众揭开了。然而，建立工厂地区的表面现象却是高度繁荣的。新制造业的老板大发其财；尽管传染病流行，死亡率很高，人口仍然以惊人的速度增长。工人的工资虽然不像刚建厂时那样高，生活仍然很富裕，附近的农业由于工厂提供富有的市场而繁荣起来。①

但是，不要因为发财的生产者的富有而忘记那些破产的生产者的贫困。在建立工厂以前，英国已经有棉织业。阿克赖特和刘易斯·保罗的发明，以及所有那些才能出众的人的发明，他们每天都改进纺织机器，他们各自得到执照，在14年内单独利用自己的发明，并使竞争对手破产，因为新的发明者以比过去厂家更为低廉的价格出售产品，研究棉织业的历史学家指出，这些对手为了抵制落到他们头上的灾难，与发明家打官司；但是，历史学家指责这种官司是旧制造商贪财和妒忌的后果，然而，制造商也是为他们的生存而斗争。此外，这些棉织业制造商只不过是被牺牲的工业中

① 爱德华·贝恩斯：《棉织业史》，第9章，第147页。——季刊杂志，第14期，第399页。

的一小部分人：其他的制造商还没有形成一体；这些人分散在各家各户，他们并没有看出他们有共同的利益。在棉织业获得巨大进步以前，英国也和大陆其他地方一样，每个妇女都在空闲时间纺纱织布；这种情景在英语中还留有痕迹，没有结婚的女子被称为纺织姑娘；所有的内衣、针织品都是家庭工业的产品。毫无疑问，这种工业比今天机器制造的成品要慢得多，因为任何纺纱女和织布姑娘都顶不住先进机器的竞争，因此，家庭工业被消灭了。然而，人们不能说国家从中得到了好处，妇女要找到一种有利可图的工作是不可能的，只好在家里干活。因此，有 100 万妇女过去利用空闲时间纺纱织布，现在，她们的空闲时间完全是浪费了。

从此以后，应该这样来解释英国棉织机器前所未闻的改进以及棉织业巨大的发展：它占领了另一种几乎是普遍开花的工业的位置，使靠棉织业借以致富的许多生产者破产：其原因是这样，因为每一种发明都是节省劳动力，大规模地节省劳动力。我们愿意相信，英国的消费者由于受到廉价的市场的吸引，使用的内衣之多是 60 年来所未有的，尽管与大陆相比是另一回事。但是要知道，1791 年以来，英国人的消费增加了 1 倍，人口也增加了 1 倍，这样，英国人的消费量相当以前的 4 倍，在这个时期，英国从美国进口 189 316 镑的棉花，1834 年，它得到 38 977 907 镑的利润，或者说超过 2 000 倍的利润。3/5 的棉织品都供出口，只有 2/5 的产品留在国内，英国人布匹消费只增加了 4 倍，而棉花却增加到 800 倍，这种情况怎么办呢？仅制造业的棉织品就代替了所有家庭工业的内衣产品，尚未考虑亚麻织品、麻织品、毛织品等英国制造业的其他产品。

因而，制造业确实繁荣昌盛，引人注目，制造业主大发其财，工人也报酬丰厚，有工作干，工人居住的地区也增加财富，但生产者却不见得与制造业一样兴旺发达；节省劳动力的自然和必然的效果是产生没有职业的劳动力；兰开夏的水力剥夺了所有穷苦妇女的饭碗。水流确实节约了劳力，但是所有的穷苦妇女却失去了他们固有的职业。

蒸汽机发明以后，人们到处都可以得到动力，而过去只是在某些山谷得到这种动力，纺织业在英国得到新的发展。新的工厂，比过去规模更大的工厂，在大城市或煤矿附近的城市里建立起来，新的发明，更了不起的发明，节省了更多的人类劳动。对每种发明，发明家有 14 年专利权。这种权利，保证了新的制造商的垄断地位，损害了老制造商的利益。

从此以后，不仅那些住在小茅屋里的生产者遭到厄运，失去了生活来源，那些住在大楼里的制造商也无法抵挡新制造商的竞争。确实，每一种真正的重大发明给予发明者的鼓励，每一种节省劳动力和获得巨额利润的发明①都产生这样的后果，立即建立新的工厂和获得独家利润，这些工厂并不是为了满足新的需要，而是迫使老制造商**廉价出售**。人们应该允许我们用这个词来代表作为英国

① 这些发明以难以想象的速度相继产生。继阿克赖特引进纺织机和抽纱机后，刘易斯·保罗发明了梳毛机，哈格里夫斯引进了珍尼纺纱机，克朗普顿发明了走锭精纺机，卡特赖特发明了动力织机，约翰逊发明了梳棉机，罗伯茨发明了自动走锭精纱机，惠特尼发明了锯齿轧棉机，这些机械可能还没有法文名字，在制造业中发生了革命（请看贝恩斯著：《棉织业史》）。

商业基础的商业活动。需求并没有扩大，买主的人数也没有增长；但是，由于有了新的发明，那些获得垄断权的人能够比前人以更便宜的价格出售商品。为了从他们的发明中尽可能多地获得好处，新工厂应该单独供应市场；毫无疑问，它远远不能达到这个目的，但是，由于工厂有过剩的资本，银行又急忙地用纸币投资，几百万法郎就很快地集中起来对新企业进行投资，几百万奥尼①的棉布很快投入人们并不需要的市场。

国内市场不能有新的增长；棉布已经取代所有一切能取代的其他纺织品；确实，布匹又有了新的用途；布匹用于精装书面，代替了牛皮和羊皮，这又损害了生产牛羊皮的工业；但是，一般说来，多余的产品还可供外国市场需要。当新工厂开始巨大的商业活动时，它力图争取旧工厂主顾，旧工厂则没有停止或放慢自己的商业活动，相反，它竭尽全力恢复它的市场。它要保卫自己的生存，进行生死搏斗。厂主满足于微薄的利益，不惜赔本以维持信用；他放弃了工厂和机器的租金；他雇用那些与其被解雇或失去一切倒不如挣点可怜工资的工人；这些工人白天干完活后，晚上也干活，产品日益超过消费需要。

习惯状态是最可怕的壅塞，这是侵占其他行业的制造业的必需的状态，英国人自吹自擂这个制造业，别的民族则羡慕不已。这不是商业利益，而是民族利益，在某种程度上，这是继续使 15 000 个棉纺工人劳动的生命线。为此目的，英国有时把目光移向能获得廉价棉花的美洲；它有时把注意力移向更廉价生产的制造业，有

① 奥尼(aune)，法国古尺名，1 奥尼合 1.188 米。——译者

时则把注意力转向外国，转向全世界，努力渗入它的布匹：但是，英国的这些尝试都未获成功，都造成了灾难。如果英国能以较低的价格购得棉花，美洲的种植园主就要失去一部分收入，而黑人农夫则更得饿肚子，更得受虐待；如果英国能做到廉价地劳动，资产者就只好少得利息，商人和制造业主就只好少得利润，生活本来就很艰难的工人就更得少拿工资；如果英国向外扩大市场，竭力将它的棉布运到土耳其、波斯和非洲，它将损害少数制造业，特别是那些向它开放的国家的家庭工业；它将迫使这些国家的妇女像英国妇女那样放下纺车。这并不是工业、并不是制造业的发明直接引起了这些灾难，这是作为英国商业特点的两种商业活动，即超额出售和廉价出售造成的，这是英语中特有的两个名词，超额出售就是商业过度发展，生产和进口与消费需求不成比例，也就是市场壅塞；廉价出售就是以比其他生产者的商品更低的价格使自己的商品得以销售和流通，使其他生产者破产，被逐出市场，满足于得更少的利润，甚至赔本出售。

然而，英国的棉织业被认为是处于鼎盛状态；工厂像宫殿一样宏伟，机器完美无缺，难以仿制，其工人比其他任何工业的都多，出口价值每年增加；另一方面，价格下跌，而且不断下跌，下跌得如此厉害，以致人们在计算这么多工业里工人的报酬是如此微薄时，不禁深表怜悯：投资于工业的资本得利甚少；厂主的利润极度减少；旧的机器、甚至整个工厂设备都因被新的发明所取代而失去价值；投入建设的资本化为乌有；最后，工人命运悲惨，一无所有，健康受损，死亡率大增，孩子夭折，对这一切苦难的景象，我们不愿赘述，可借用议会的调查和报告。[①] 我们这里仅仅指出能解释折磨工厂的寒热病，有时生产过度，有时全部停产，两者交替出现。工厂投入巨额资本，而获利极少，工厂主感到如果不根据订货生产，他们将很快破产；但是，另一方面，他们希望和祈求商业活动极度发展，不放过任何订货；有时，他们承担的订货大大超过能力：于是，他们不仅使车间夜以继日地开工，雇用一些新工人；制造业中，有的工厂连续劳动 20 小时，工作时间很长；一些工人起床，另一些工人钻进伙伴还热的被窝里；于是，他们的健康恶化，瘟疫流行，孩子得了佝偻病，一辈子也直不起腰来。但是，这种时期为期不长，订货完成后，一到厂主能雇到新工人，这类工人都被辞退，这些人被劳动吸干了骨髓，注定要无所事事，受穷挨饿。

没有任何例子能比棉织业的例子更令人触目惊心了，用它的赞美者的话来说，这个行业是最强大的、世界上最繁荣的行业了，今天，也是其他国家竭力和英国争夺的行业；但是，它的历史几乎

① 关于制造业工人的可怖命运，可参考下列文章：

1.《关于调整面粉厂童工劳动法案委员会的报告》，1832 年；

2.《工厂特派员的报告》，1833、1834 年；

3.议会委员会关于工厂问题的证词和报告，1832 年；

4.约翰·菲尔德：《工厂制度的危害》；

5.已故 M.T.萨德勒先生书信集：《工厂统计》，1834 年；

6.《制造业人口调查》，1831 年；

7.詹姆斯·菲力浦：《曼彻斯特棉织业工人的物质生活与精神生活条件》，1832 年；

8.皇家医生协会会员、首都皇家儿童医院医生查尔斯·温格：《工厂体制的危害》，伦敦，1836 年，8 开本；

人们可在本书中发现，很多议会报告摘要均提及上述著作，但在大陆难以得到。

9.《来自工厂的声音》，1836 年，8 开本。

这些著作在 1836 年 12 月季刊杂志中有过分析。

就是其他制造业的历史。制造业的建立几乎总是由于应用某种科学方法，这种方法使过去用人力完成的工作，现在则用自然的力量；几乎总是制造业使工业转移；在社会的最初阶段，工业就建立在消费者的家门口。科学的发现使工业远离消费者家门，搬到它能够利用的有自然力量的地方。因此，在制造业建立之初，在人们新建工业的地区，工业似乎是干了好事的，尽管建立工业的目的是想从取消人的劳动中得到好处，在表面上，新建的工业给那些闲置的人以劳动和工资。新的发明，或从外面引进的新发明，这些都给制造业主建立比对手更为廉价的劳动手段；只要这种有利条件存在，制造业主雇用的工人报酬丰厚，工人就丰衣足食。于是，工人成家立业，生儿育女；这么一来，多余的劳动力来到其他的行业，并进入工场；而一些走入生活应该就业的年轻人选择他觉得繁荣的行业。工艺中接二连三地出现发明创造，新发明夺去了先前发明的果实，随着制造业的繁荣时期，紧接而来的是不景气。我们知道，今天绚丽多姿的某种制造业，在 10 年以后或不出 10 年，必然会因竞争而凋零败落；因为，我们愈是向科学迈进，愈是步子迈得快，新的发明就更为迅速产生，甚至来不及承认其存在。由于在工艺中及自然科学中的新发明，由于发现了新的制造工艺，那些今天绚丽多姿的制造业的产品就会被花钱更少的产品所取代，这些产品要求新的机器和新的人手，至少要求受过新的技术培训的人。而那些墨守旧操作工艺的人不甘心牺牲旧机器的价值和旧的熟练技巧。这些人减少了利润和产品；他们降低货品价格，为自己的生存而斗争，但是这样做也救不了命。这种命运周而复始地威胁着制造业：今天建立的制造业也会遭受已存在了若干年的制造业之

命运。在全面竞争的体制下,任何一个制造业主也脱逃不了不可避免的厄运。英国的命运能更好吗?所有的棉织业主的命运能更好吗?除非他们没有来这个世界投胎。对那些竭尽全力创造一个与之竞争的制造业的那些国家来说,去制造一批忍饥挨饿、愚昧无知的人们,这样做不是很不值得吗?而那些穿棉布衣服的人们一辈子生活艰难,特别是每奥尼布还得多花 2 个苏从外国人那里购买棉布,这样做不是很不值得吗?

我们从最重要的两个方面来考察制造业的利弊:即从消费者关系,即作为实用工艺的优点,作为满足市场要求关系方面;或从生产者关系,即厂主和工人享有的富裕生活情况,以及制造业所能保证两者的生活状况的稳定程度方面;但是,在人们的概念中,人们是从另外一种角度来估计制造业的。对那些热切希望进入工业的人们来说,他们并不是为了买点廉价布匹,广大的居民对在他们那里兴办制造业感到高兴;这是普通的具有抽象意义的好处,对每个人来讲,个人的利益似乎都包含在全民族的利益中,而实际上却没有给个人带来什么好处。有人对我们说,这是为了使我们的工业免于乞求于外国人,还有,使我们有更多的东西可供交换,而贸易活动愈迅速,商品生产得愈多,需求就愈能得到满足;最后,贸易差额对我们来说,总是要以钱币来清偿的,而这种贸易差额也因此使我们增加了大量货币。

确实,这些原因也并不是召唤工厂主进行生产的理由:工厂主从事生产完全是为个人利益所驱使或应该是为个人利益所驱使的。他们目的明确,寻找自己的利益。他们完全清楚,得和在他们以前建立的外国企业或本国企业竞争。由于在工艺上使用了科学的新发明，他们得到了大量的利润。当然，工厂主也没有想到后来的发明也会夺去他们的利润；他们通过与工人斗争维持低额工资，通过强制办法从工人身上得到这些利润，把国家的一部分人用来为最无聊的工艺改进而工作，他们为此使的劲与为全体人类生产的生活资料一样。工业工程的承包商也为这个目的奋斗，丝毫也不考虑这样做对整个社会是否合适。然而，有趣的是大部分群众对这些政治经济学问题不感兴趣。在他们所拥有的令人难以理解的体系中，他们可能是陷入了谬误，对人类来说，这还是很值得庆幸的事，这种追求骗人的玩意所造成的苦难并非仅由贪婪而引起。

然而，这种靠扩展制造业所造成的国家繁荣，如果它没有给制造商带来更舒适的生活的话，也不过是过眼烟云。害怕我们的工业成为外国人的贡品，这意味着什么呢？当人们以平等的条款进行交换时，不必付税款；当人们购买必需品时，不管是外国的还是本国的，那是无关紧要的；人们只要求价格公道，质地优良，别无他求。确实，对社会来说，问题是比较复杂的。对国家来说，在其领土上生产的物品，应该找到买主，因为每种国民劳动都应该得到报酬，当每一个人诚心诚意地竭力为公共财产作出贡献时，他应有谋生的手段；但是，这种社会利益应该提醒社会注意，不要作无益和无用的劳动，不要贸然从事一切工业生涯。消费者应该偿还生产商品的一切投资；而且，如果生产者找不到消费者，国家应该帮助他们，因为国家的第一条法律应该是不让一个老百姓饿死。但是，如果买主所需要的物品并不是在本国制造的，这个国家培养工人只有一个好处，即为未来生产：这也是工人本身的好处。

确实，还能找到另一种动机，它的本质是与财富学派的动机完全不同的，即为生活必需品和国防而鼓励工业。国家的存在和安全应该比财富还重要，在战时，为了不让外国人发号施令，人民不惜牺牲；但是，至于对人民可以省掉的产品，对人民来说只是享受的产品，接受它也不会产生依赖或感到羞辱，在国内生产要想到两个条件，将要产生的工业家阶级要有足够维持其幸福和体面的生活的报酬，要和国家应该养活的所有人一样，得到持久的而不是暂时的好处。对新的工业，国家只应这样衡量其利益，国家应经常地保证它号召生存的人们过幸福生活。相反，如果国家只能使他们过贫困生活和仰人鼻息，如果它只能使他们得过且过，不断地感到会不是由于自己的过错而丢掉饭碗，不是自己失检而使他们和家庭成员不能从极度贫困中摆脱出来，那么，最好是由外国人来为他们服务，应该给他们酬劳，叫他们担当一些不幸的角色，这不是纳税，而是给工资。奥弗涅人在巴黎担任清洁城市的最脏的活；能由此得出结论，首都是进贡者吗？几个世纪以来，在瑞士，有一个村庄为所有的县提供刽子手；难道能由此得出结论，对这种了不起的工作，瑞士是这个村庄的进贡者吗？

促进工业、加速各类生产的第二个动机，就是要使交换的东西为数颇多，使贸易活动更迅速；有人对我们说，更多的商品生产出来了，更多的需求得到了满足，人人都可以得到享受。我们认为，相信这种空谈会迷失方向；他们向我们首先表示有了更多的享受，而我们承认的是创造了更多的财富。确实，我们知道，在不同情况下，商品将不成为财富或享受，如商品不符合消费者的需求或胃口，或者是消费者无法购买，或无法支付商品所相当的款项。我们知道，一般来说，商品本身的制造只是因为生产商品的人没有其他办法获得生活必需品，而商品生产本身对社会来说重要性并不大。但是，如果工人为别人的需要而加工生活奢侈品，因而忙个不停，而我们说是为他们自己享受而生产，这岂不是开玩笑，相反，工人生产奢侈品之际，正是他们被剥夺生活享受之时。

广大读者将生产的发展与财富的发展混为一谈，这种种错误来源于现代财富学派的整个体系，这是由于对市场范围概念模糊不清，也是商业的先期交换与消费的最终交换的混乱所造成的。

经济学家用的**市场范围**这个词，指的不仅是生产者想使出口产品出售的空间，也包括，在这个范围内能购买的产品的愿望和能力。如果为了鼓励建立一个新的制造业，工业的倡导人会对科学家说：去找一些机械学的新的应用办法来节省人的劳动；他们对资产者说：搞一些新的投资吧；他们对工业家说：放弃你的旧行业，搞一个我们教你的新行业，我们一起干，叫附近厂家统统破产，使他们的产品一点也卖不出去；他们将倒闭，会饿死，而我们则会大发其财；听到这种建议，谁都会惊得发呆而退缩不前，谁都可能说他们不能置人类的声音于不顾，把自己的生财发家建立在别人毁灭的基础上。但是，工业主义的倡导人只是把他们的注意力集中到抽象的言词上，而对现实却熟视无睹，对别人也视而不见。这些倡导人对他们说：市场范围是无限制的；降低商品价格，你们的商品将会遍及天涯海角；降低商品价格，国内人数众多的下层阶级将会购买你们的商品；降低商品价格，大胆地生产，生产过剩是不可能的，商业活动也不可能过分；英国人称做超额贸易的情况是不可能在现实中存在的，因为财富愈多，老百姓享受和消费就愈多。[①]

苏格兰的一位经济学家喜欢使他的推理具有抽象和严格的形式，他说：交换增加，财富也就增加；因此，甲农场生产 100 袋麦子，乙工场同年生产 100 奥尼呢料；然后，麦子对等地与呢料交换；第二年，甲农场生产 1 000 袋麦子，乙工场生产 1 000 奥尼呢料；那么，为什么不同样地对等交换呢？为什么数目到达 1 万或 10 万时就不交换了呢？根据苏格兰哲学家的习惯计算方法，他在推理中忘记了人，如果他想起的不是一块土地和一个工场，而是两个人，其中一个是农夫，另一个是工匠，他们应该交换自己不用的多余的产品，那他就会看出他讲的话是多么荒唐。这两个人中的一个，在购买了他借以活命的麦子后，就不会饿死，尽管在他邻人的土地上有大量麦子，他也不需要更多的了；另一个在购买了穿着用的衣料后，尽管制造业生产了很多衣料，他已足以御寒，也不需要更多的衣料了。

市场范围总是受两种相互独立的情况限制的，即需求或买主的要求，以及支付的手段。购买了麦子，不至于挨饿，这样还不够，还得有支付麦子的手段；因此，如果收入不增加，消费也不会增加，人口增长是没有用的。另一方面，要购买麦子仅有收入还不行，还得有人吃它。因而，不仅是一定数量的人能够吃掉的麦子的数量是有限制的，这些人能够耗用的制造业产品也是有限的。确实，富人享受的极限只是他们的财富本身；但是，富人消费的制造业产品

① 请听，阿特伍德先生在本届议会(1837 年)上说，他否认超额贸易的可能性，而其他人却不得不承认这种超额贸易的恶果。

数量也很少；制造业的目的是廉价生产，而富人的目的是消费耗资巨大的物品，即他们借以炫耀的物品，当某一种产品，例如花边，已大量地为厂家生产，市民们都能购买时，他们也就不稀罕了；因此他们不要制造商而要艺术家，不要染布商而要刺绣工人和雕塑家。穷人，干活的人是制造业产品的最大消费者：要购买产品就得增加他们的工资，因为工资几乎是干活人的全部收入。因此，低价的劳动力远不像人们所想象的那样，会是工厂繁荣的原因，而是使工厂破产的确定原因，是工厂与广大顾客距离愈来愈远的一个原因。相反，高价劳动力倒是能使短工购买较多的他们能消费的商品，使他们不再过贫穷日子，不再当短工；但是，这种数量也是有限的；当工人人数加倍，如果人们愿意的诺，短工把购买衣着的金额增加到 4 倍，他不可能增加得更多了。

因而，国内市场的极限很快就达到了：制造商很快地生产穷人能够以他的收入来购买的大量商品，穷人习惯使用这些商品；当制造业继续增长，在国内继续销售产品时，很少是因为人民的收入增加或是消费增加，而是他们抛弃了以前用旧了的东西，而用新的来代替；在繁荣的工业旁边，总有一个遭难的工业，这个工业的损失就是另一个工业的利润。当遭难的工业已成为制造业时，人们看到它的衰落，听到受苦的工人的呼喊；但是，如果这种工业是由分散在全国各地的手工工场所组成，或者最好是由各家各户的妇女来从事这种工业，这种现象就不会存在，然而这种困境也还是存在的。

但是，人们会回答我们，国外市场的局限性与我们所熟悉的大陆情况迥然不同；为什么一个国家不用它的贸易手段所能达到的办法来推销它的商品呢？为什么它不能用工艺和科学上的进步，对外国人打一场毁灭外国人市场的战争，去廉价出售他们的制造商，他们的手工业工匠、他们的妇女，强迫外国人关闭工场，强迫他们满足于给予他们的一切？为什么？因为我们对人类社会的义务与对我们同胞的义务是一样的；因为我们不应该对土耳其人和印度人打主意，就像是对英国人和法国人一样，使他们破产，总之，因为不正义的事并非是有利可图的，如果我们把其他民族的工业和手工业搞垮了，我们也在他们国家里把我们的消费者毁掉了。

制造业日益增长的对外销售以另一种形式呈现在我们面前，并被看做是工业主义发展的第三个抽象的好处。人们对我们说，制造业给国家提供了出口贸易，它并不要求商品回流，而要求用硬币付款。在普通老百姓的思想中，硬币和财富已混为一谈，不知道有多少人为日夜祈求的硬币的每年输入而弄得晕头转向。然而，50 年来，这种用贵金属支付使国家致富的计划，或者通过被卓越的经济学家所战斗不息并称作贸易平衡使国家致富的计划，其错误已一目了然。长期以来，人们已经不理那一套了。今天，只有亚当·斯密的关于货币的理论还有人敢讲授，然而，亚当·斯密所反对的关于货币与财富以及货币和资本的混乱概念至今还存在；这种混乱的概念最近在关于银行的争论上又重现，我们不知道如何对它斗争，因为我们不知道如何才能达到目的；它不是一种体系，而是乱七八糟的大杂烩。

在一篇论货币的论文中，我们曾竭力澄清上述思想。这里，我们只限于就对外贸易产生的错觉作一番简短的论述。

商人的目的是出售商品，每当出售商品得利时，商人就发财致富，重商主义和贸易平衡论的创造者由此得出结论，国家的情况也与商人一样，它出售的东西愈多，就愈繁荣发达。但是，尽管全面的竞争和市场的惯常壅塞使出售业务比购买业务更为困难；尽管这种出售业务是最重要的业务，因为它决定以购买开始的交易，并决定是赢利还是赔本，事实上，贸易就是这两种业务活动的结合，买为了卖，然后再重新购买；总之，任何一个商人，买和卖是一样多的，他存多少钱就花多少钱。制造业主并不想积聚货币；他卖是为了购买原料和预付工资；他收入多少就支付多少。对他来说，积聚货币就是中断他的工业或停止生产或使别人停止生产。如果他的收入大于制造业的预付款，他也积累不了构成利润的差额，他花掉差额是为了维持生活和物质享受；当他花掉钱时，钱对他来说没有任何价值；如果他把钱财埋在地下，就如同埋一块石头一样。很久以前，拉封丹①就对我们说过这样的话。如果他只是放慢流通速度，如果他在支付和收入方面，本来可以用更少的钱而他用了很多的钱，他用的多余的钱就失去了利息，如果他把货币长期存在钱柜里，他也就变穷了。国家也是同样，它不应该积聚货币，如果它积聚货币，它不但不会致富，而且会变穷。国家应该把造货币的贵重金属花掉，以便能够更快地更稳妥地进行购销；这种价值是国家为稳定贸易所作的牺牲；但是，这笔费用并不是必需的，对国家来说是损失。一般来说，国家购与售是相等的；对国家来说，销售并不是利润，购与销两种业务作比较后得出赢利或赔本的差额。

① 拉封丹(Jean de La Fontaine，1621—1695 年)，法国著名寓言诗人，他的寓言诗集《寓言》在法国文学中占有重要地位。——译者

但是，反对重商主义的经济学家则提出国家的购买量恰好与销售量相抵消。他们说，任何平衡都不可能长期不用钱币来收入或支付，不管是由国家或某一个人来支付，因为在第一种情况（销售）下，货币降低了价值，在第二种情况（购买）下，货币将消失了：然而，由于国家从来不白送给邻国任何东西，由于用货币支付的差额接着就立即用这笔钱购买一批新的商品，于是他们说，如果人们对进口和出口考虑正常的数字，再加上贩卖私运，价值几乎完全相等。

像这些经济学家一样，我们也认为，如果某个国家得到更多的、本国流动中所不需要的货币，而它也不考虑把它熔化并做成艺术品，而又把它出口，谁都愿意避免不会带来利息的不流动资本带来的损失；相反，如果国家没有日常交易所需要的货币，它就要用它的商品再购买过来，或者用贷款的方法再弄回来；但是，我并不由此推论，国家的购得物与销售物相等同。在经济学家的计算中，他们根本没有考虑到欠别人多少钱，也没有考虑到要借多少钱，他们过多地设法证实他们的说法，而结果却是不能令人相信。确实，各国政府大部分照重商主义的办法行事，就像是任何推理也没有能够动摇这种看法。在很多情况下，如果仔细观察，人们得承认国家进口不能与出口相等，这些官方所证实的情况，比人们所反对的理论更给人以深刻印象。

例如，地主离开了他们的国家，这个国家对地主现在要定居的国家负担了一笔相当于他们收入的债务，定居国既没有收到任何与这笔债务相当的等价物，也没有转移财产与资本，而只是人的转移。这笔债务每年都清偿，不是用货币，而是用出口粮食或商品的

办法，它们向国外出售的东西是不会得到归还的。爱尔兰的土地就是这样向不在爱尔兰的地主交纳租金的；但是，由于这个原因，地主们不在本国生活使他们的国家更贫困了。如果一个政府考虑给外国政府一笔补贴，这两国的金库就得以货币进行交易；一般说来，并不是由一个国家送货币到另一个国家，因为常常在打乱平衡的情况下，双方都有损失，对于放弃自己货币的国家有损失，对于接受超过流通所需货币的国家也有损失。因此，在通常情况下，要付补贴的国家都输送一些商品到国外，它只要求从接受补贴的政府得到一些汇票作为回报；如果与外国签订借贷，付款也以同样方式进行，不是用货币，而是用商品，而这些商品只是得到一些汇票作为回报，当提供的物资很多时，汇票价格就下跌，这就像用汇票购买的商品跌价一样；于是，搞来商品就有利可图，但是，这是靠开汇票的人的损失得来的。战争时期的补贴，和平时期的借款，都引起英国制造业虚假的繁荣，同时提高了工资和商业利润。但是，提供补贴后，国家却为战时出口的商品欠了一笔为数可观的债务，无法偿还。提供借款后，国家手中则只有一些没有希望得到偿还的债权，因为那些得到了出口商品的国家往往拒绝还债。这样，英国商人确实发财了，但是，他们的全部利润是在破坏英国资本的基础上获得的。

今天，美国的商业危机使一个国家借给另一个国家的商业资本明显地具有重要性。不管是美国商人购买了英国人的期货，还是他们利用了那些接受了他们汇票的英国银行家提供的贷款，实际上，大部分美国商业用的是英国资本；每年，美国人给英国输送一些商品，特别是棉花，以支持债务，在还清旧债的同时，又欠下一

笔新的债务;美国商业对英国商业的债务的支付远远不能消失,还在日渐增长,当危机来到时,当商人无法卖出已经购进的大量商品时,当棉花降价时,当生产者不愿出售其产品时,当银行最终拒绝提供信贷时,便到了最终偿还日益增长的商业债务的时刻,然而在不订立新的债务合同,不转账的情况下用货币或用得不到回报的商品还债,是债务人所绝对做不到的。这时,债务人已无法用货币还债,因为银行已停止提供贷款,毫无疑问,如果英国人不再提供资金,债务人无疑也会想办法不用商品还债;在所有解决办法中,英国最终抽回它在美国所投的资本,是最不可能采用的办法。

在这些进出口不相等的原因中,还得加上每年从文明的富有的工业国到比较贫穷和落后的国家里定居的为数众多的侨民。虽然每个侨民离开他的国家的时候都带来了发财致富的新发明,然而,这也是侨民借给这个国家的第一批贷款。他带走了一笔资本,有时甚至是为数颇为可观的资本,他带着陈货次品登陆,这些破烂玩意儿从这个国家到另一个国家是一去不复返的,从而打乱了经济学家自认为非常精确的平衡。

通过列举上述事实,大家可以注意到任何一个出口比进口更多的国家,任何一个送到国外的货物的价值不与得到的货物的价值相等的国家会变得贫穷。这无疑并不是新发现,因为别的理解是很难成立的。但是,这种经常性的结果却使各国政府给予优惠的对外贸易变得难以理解。因为任何输出,不管是一种支出或者是交换,它总是以同等的进口作为补偿的,要不然就会蒙受损失。任何一种其他的设想都不会给进口以优惠的理由。

是不是由此得出结论说,对外贸易就没有用处?当然不;像其他贸易一样，它是建立在假定的平等贸易的基础上的，在这种平等贸易中，双方都享有平等的好处，这也就是各有所求。每个地区，每个区域都有自己的财产，它们都有自己居民消费不了的财富；这种地区重视也希望与其他地区交换物品；交易能满足双方的愿望；这个交易的真正利益所在，就是两国消费者的享受；第二个好处，其重要性稍逊于前者，那就是消费者使商人获得利润以此作为酬劳；但是，比起商人本身的利益来，对外贸易给予消费者的好处较少；建立一些制造业以供对外贸易需要，这是舍本求末、见物不见人、目光短浅的做法。

然而，今天制造业的存在情况是国家的需要与制造业的产量不相称；制造业生产的商品超过居民的消费量；制造业每天廉价提供商品，并因此减少利润和它雇用的工人的工资；制造业依靠新的发明、业务活动和生产资料，以惊人的速度发展，同时，工人的失业与贫困更为严重，这种制造业确实需要对外贸易；它也需要到天涯海角寻找买主，以减轻无时无刻不威胁它存在的壅塞。但是，这种办法对本身是缓解，而对别人却是疾患；它向别的国家卸自己的包袱；国家为了不使自己的制造商饿死，剥夺了别国的类似产品的制造商的生计；这就摧毁了别国的工场工业、手工业和家庭工业。因此，如果普遍的民族感情，比廉价市场的本身利益，比论证和体制的力量更为强烈，那一点也不必大惊小怪，这种感情在充塞制造业产品的国家里觉醒，其目的是拒绝这些产品。当商业是建立在相互需要与互利的基础上，当国家与社会保持自然的比例，商业想到的是基本满足自己的需要，是把外国市场摆在次要的地位，在这种情况下，贸易自由是件好事。但是，国家里的各阶级的巨大差异威胁着其他阶级：对那个无节制增长的阶级来说，竞争以威胁的语调，每天都重复说，这个阶级的人口太多了，它不应该存在了，风力、水力和蒸汽足以代替他们工作了；除非是把这种驱逐的宣判加诸于其他国家的能够取代它的阶级；于是，问题不再是在于廉价的利益，消费者或商人的利润；政治家应该关心另一种情况：应该结束这种引起这么多苦难的社会动荡；政治家应该拯救受他们治理的人民，那些委托他们保护的受苦受难的老百姓。确实，当理论家们庄严地决定，无论何时何地，无限制的贸易自由应当是所有国家的实践内容，而他们对反对派抱有深深的蔑视，他们说，他们也无法了解这些反对他们的人的利益，即那些看到工业为可怕的竞争所逼迫而处于风雨飘摇地位的人的利益，他们警告这些反对他们理论的人；这种利益在抵抗中显然如此顽强，以致所有的政治家都在让步；这些政治家在上台以前，都曾因推动财富学而负盛名；他们从来也没有实行过他们长期以来考虑过的要取消国与国之间的贸易障碍。

人们不能不惊奇地注意到，一旦利益参入后，推断屈服了，并与欲望相适应，为自己所用的理论又如何地与为别人所用的理论大相径庭。模糊的贸易自由原则，关于取消一切障碍的原则，现在，英国的经济学家大力鼓吹这个原则，特别是《英国观察家》季刊才气横溢的编辑们更是使劲鼓吹。他们设法唤起英国人对土耳其人的同情心。土耳其人非常聪明，一切都是从英国购买的；他们激发对俄国人的憎恨，因为他们禁止和英国进行贸易。但是，如果说购买那些比我们质量更好的外国生产的东西是很明智的话，那还不如我们自己来生产这些东西，英国人吹嘘得天花乱坠的扩张性生产的好处就在这里，使英国人能够在自己的市场上以低价挤走所有外国人的工业活动的好处也在这里。放弃自己的制造业而依靠外国的制造业，或者相反，每天都建立一些新的制造业来制造所有外国产品，这两种体制是否同时都有好处呢？

我们要问读者，是否还记得我们分析中谈的各种原因，这些原因能给制造业产生迷惑人的生产活动，归根结底，它也是靠制造业似乎是很发达的国家本身作出牺牲来完成的。毫无疑问，听说当我们谈到制造业的困境时，谈到工人无止无休的劳动时，谈到工人不得不领取可怜的食品时，以及谈到突然失去工作、饥馑及造成大量死亡的疾病时，我们的目光只是注意危机时期和天灾；但是，如果回顾在过去半年或一年的时间里，我们也许会看到，制造业对所有的工人是慷慨大方的，至少是丰衣足食，人人都有工作的。我们可能有充分理由来回答，在过去的 30 年中，这种繁荣是骗人的。首先，通过海关的结算，人们证实棉花的进口和棉布的出口逐年都在增加，所有制造业都不停地增加生产；但是，这种生产活动并不是制造业所需要的，制造业需要的是利润；而同一份海关结算宣布，价格每年都下跌，干的都是亏本买卖。因而，除非有数字表明相反的情况，我们得出了这样的结论：尽管制造业生产发展，这种发展并不会使国家致富；低价销售减少了厂主的流动资本和固定资产，而对劳动者来说，工资收入减少了。在最近 30 年中，如果人们将工业高度繁荣的时期与政治事件相比较，就会发现英国人经常用自己的资本来购买自己的商品，并将它们送给外国，一旦这种特殊需求停止，工业活动也就放慢。1815 年以前，是英国政府购买各种商品，用来向奥地利、普鲁士和俄国提供补贴，以便对法国

进行战争；1815 年以后，则是英国资本家购买商品，法国、荷兰、奥地利、那不勒斯、希腊等国的借款，西班牙、葡萄牙、美洲各国政府的借款都是用它们偿清的。英国资本家还把墨西哥和秘鲁的所有矿山企业作为资金。这样，英国银行家把这种充斥美洲的**超商业**资金变成英国商品。毫无疑问，在不同时期，从英国人方面来说，他们并不想把他们的商品送给外国人；从回报的观点来看，他们也没有干任何别的事情，如果人们将那些不谨慎的慷慨施舍年代从这个时期去掉，其他的岁月也是屈指可数的，在那些慷慨施舍的年代，英国的制造业是繁荣发达的。

就结果而言，我们并不说制造业总是一种病患，尽管它的飞速发展是一种危险。如果制造业产生了贫困的人民，一种对前途感到茫茫，对生存感到不安，对现状感到不满的人民，如果它产生一些无产者，那么，人们称作繁荣的东西对民族来说反而是一种灾难。在建立这种制造业以前，在产生为它劳动的阶级以前，总的来说，国家是富裕的，对它的命运是满意的，对既定社会秩序是放心的。确实，国家的人口并不多，劳动的总收益也并不多，但是，这个产品中每人得到的份额，每个人消费的份额是比较多的，在人口和财富的比例方面，其结果是有较多的物质享受；当人们只享有微薄工资，而且别无所有时，这些人对国家来说就不是带来力量、幸福和稳定的因素。

第十五篇　论过去对实用工艺的保护及今天能给予的保护

在上篇中，我们竭力设法使人了解，现代国家在追求工业主义的同时，它所从事的工作是多么危险；我们已经考察了国家通过全面竞争所冀求的目的；我们也看到了国家竭力生产得更多而根本不考虑消费者的需要；国家竭力为产品节省人力劳动而不考虑被解雇工人的就业问题；国与国之间相互低价出售产品，而不考虑减少利润和工资会引起人们的苦难，我们认为这种目的本身是对人类有害的。从有制造业的各省的报纸和通讯中，不断透露老百姓节衣缩食，遭受新的苦难，许多人的收入和生活资料得不到保证。21 年稳定与和平的生活，各国政府克勤克俭，人们的注意力都集中在政府事务、工艺进步和政治经济学的研究上。总之，这 21 年，乍一看来是欧洲罕有的繁荣时期，实际上只不过是使穷人的生活状况不断恶化，使制造业和商业濒临危机，同时还搅乱了本世纪高枕无忧的幸福人民的平安生活。我们的推理有力地、现实地说明问题，我们知道，那些长期以来拒绝我们的警告、却对普遍的贫困感到不安的人开始思考，承认在社会秩序中无疑有错误的东西，尽管他们并不承认我们原则中有真实的东西。

我们对应该体会到的困难并不感到大惊小怪;有些概念,乍一看来似乎合情合理,并且是由很有才能的人编造的,是以最华而不实的体系的形式出现的。我们应该与这些概念斗争。我们应该向人类思想中的惰性作斗争,它也许是宣传我们学说时碰到的最大障碍。人类的思想由于得到科学上的最新成就的启示,拒绝回到科学的最初的原则,也拒绝动摇这些原则奠立的公理,即某种程度上又回到学院派的原理上了。我们应该向工业巨头的利益和自尊心作斗争,他们看到自己的大企业兴旺发达了,自己发财致富了,习惯于以好公民受到赞扬。我们还应该和一切人的反感情绪作斗争,这种人只是将目光注视痛苦和令人沮丧的情景,他们的情绪会消磨我们的意志,因为我们不愿意让读者看见使我们感到痛苦的工人和他们的孩子的令人心肝俱裂的厄运。由于有这么多的困难,我们在舆论方面做的工作进展不大;如果日益严重和令人惊慌的事件还不能使公众对人们已作定论的问题作新的研究,那我们等于什么进展都没有得到。

然而,我们感到最恼火的是有人反对传播我们确信的政治经济学的真正原则,这就不可能为如此巨大的疾患提供有效的药方,一旦人们相信受苦受难是命中注定的,也就只好听天由命了。确实,我们对这种致命的疾患,只能提供一些极不相称的治标办法。我们从来也没有讲过要禁止发明和禁用机器;在我们怀着痛苦的心情看到别人想方设法拒绝人的劳动时,我们也没有援用过给工业制造障碍的法律;我们经常只是局限于建议不要这么干,不要将已经非常迅速的运动推动或推进得这么快;当我们引用立法时,我们所要求的立法活动是如此缓慢,以致这种立法也不能使那些想使社会病患立即减轻症状的人感到满意。

然而，我们有必要提醒读者，今天社会所面临的痛苦完全是新的类型；它是年50来工艺新发展的结果；在这个阶段前25年，这种进步经常是对生产有利的，只是在后来的20年到25年，才开始有壅塞和不协调现象。这种苦难在英国、瑞士和比利时等制造业高度发展的国家已表现出来，它远比在法国产生得早。法国由于被战争搞得精疲力竭，工业要满足国家需要还得作很大努力。其他地区还远没有感到壅塞，这种壅塞是虚假的富足，它使生产者备受煎熬，陷于贫困境地。俄国和波兰的政府迫不及待地以坚忍不拔的意志发展制造业；用不了多久时间，制造业就获得了不可思议的进步，谁也没有预见到这种骗人的繁荣是绝对贫困的先驱。然而，今天一切工业都为世界贸易而生产；有些国家通过最严厉的禁令，拒绝引进外国商品，却打算向外国供应商品，自己也不要这些国家的任何商品。这些拒绝外国商品的国家把目光盯在世界市场上，而世界市场必然是有限的，因为它没有东西出口。如果这种世界贸易导致生产的更多，消费得更少，那么，其结果必然会导致商品壅塞。

现行制度以及它造成的新的病患愈多，人们就更得从过去积累的智慧中取得帮助。任何一门科学也没有比政治经济学更需要经验指导；任何一门科学，其理论也没有像这门科学那样有那么多的谬误，因为别的科学并不像政治经济学那样困难，需要掌握表面上互不相关、却相互起作用的情况，需要掌握人们竭力制造的难以预测的影响。毫无疑问，在今日欧洲大部分土地上，工人蒙受巨大苦难，他们都是从事实用工艺生产的；但是，在欧洲其他地方并没有类似情况，这些地方的工业确实在逐步发展；除了中国和印度，欧洲以外的国家也没有类似情况；在这两个国家，我们的体制在我们大陆传播前就已经在那里滥用了，我们同时也使这两个国家感到了毫无节制的生产活动的影响。总之，欧洲以外的国家并没有苦难，相反，当工人们根据自己的规章为城市生产物品时，对工人有很多幸福的保障，我们完全估计到这种旧秩序的好处，可是我们可能过早地将它废除了。

在法国大革命前，那些从事实用工艺的人，那些靠城市工业生活的人是分散在一些手工业组合里的，每个组合都享有某种政治权力；社会允许从事同类工业的人结社并规定一些章程，为的是对付国家的其他成员，在手工业组合内部互相保护以防止内部竞争；现在，同行业的人们之间的联系已经割断了；他们已成为对手或天然的仇敌。他们过去的组织使互相之间以兄弟相待；这种组织使他们共同作出努力以对付消费者，或者，如果人们愿意这样说的话，也可以说是对付社会里其他人的。整个手工业组合的成员都致力于限制从事实用工艺的人数，排斥想进入这个城市行业的乡下人，限制竞争，防止商品壅塞，在手工业主之间平分利润，使某一个人不能靠损害别人而发财致富；总之，在给予工业家保障的同时，只要他们行为端正，在他们一旦进入该行业后，就能慢慢地站住脚跟，不必害怕在老年时倾家荡产，将他年轻时积累的财富付之一炬。

在手工业行会时代，人们只有经过长时间和耗资颇多的学徒时期才能从事某种职业，而且只有在童年时期才能当学徒。这种学徒制度能限制那些在时间或金钱方面首先能作出牺牲的人的竞

争，能够有效阻止那些想抛弃田间劳动到城市工作的农民。同时，这种学徒制度也能减少城市本身为工业职业准备的人数；它不会使手工业者成为像今天制造业工人那样，使该行业成为给社会带来危害的导火线，例如因此鼓励多生孩子，以便在6岁或8岁时就雇用他们，这样做的结果是既损害孩子们的健康，也妨碍他们的智力发展，同时还抢走了他们父母的饭碗。

当手工业还没有兴旺发达，在当地还没有站住脚跟时，工场主不愿雇用学徒，这种做法对冒失的竞争、制造不为人们需要的产品也是行之有效的障碍。在订立经常是为期几年的合同后，学徒来到师傅家里。如果说，学徒有时得忍受粗暴的对待，有时他也领受到这个人数不多的家庭的温暖和师徒平等的手足之情；在罗马时代初期，奴隶制本身也是能为人们所容忍的，奴隶也与作为耕作者的主人一起用餐。相反，在大庄园时期，奴隶就不是与主人命运息息相关的人，也不是宾客，而是一件物品。他也像现在的工人那样，家财万贯的主人认不清他们的面孔，也不管他们的死活。过去，家里只有一个学徒，当他被介绍到家里学徒时，干活适度，有休息时间和休息日，总有受教育的时间。

学徒时期结束后，年轻的工匠就以帮工身份与师傅一起干活；他开始靠劳动养活自己，但是还不能自立：行业条例规定一个师傅不能靠损害同行来归并别人的财产，赚来的利润最多只允许他雇一个或两个帮工。人们将有利条件、贷款给予技术高超的人，但是这是由于熟练技术，而不是靠高于别人的资本，一个技能熟练的师傅会超过别人；然而，谁都能找到工作，谁都能活下去，商品不会打折扣出售，壅塞也不会消灭塞满商店的商品

的价值或社会财富的价值。在帮工时期，工人从这个城市游历到那个城市，思想也就形成了；他习惯于过独立生活，他知道了人口和活计要求的比例，他发现那里能保证充足的工作，在那里干活能得到好处。

只有在手工业行会同意后，才能建立师徒关系和获得师傅的头衔。于是，当了师傅的工人摆脱了雇佣劳动，干出了漂亮的杰作，至少在他的生活中，这是一次为自己谋生的活计。于是，他用积累的一笔很小的资本来购买工具，装配工场，安置家庭并养儿育女，因为他的生活向来是有保障的，是安居乐业的。过去，当他想娶妻时，很有可能娶不着，因为他没有任何东西给这个女子。但是，一旦进入了这个行业，他就成为独立和幸福的人，虽然跨入它的门槛是很难的；每当他接近美满的生活状况一步，向来只有罪恶才能毁掉他；疾病不会破坏他的美满生活，因为他的帮工和学徒会替他工作。他的妻子负责料理家务，清扫庭院，教育孩子。

毫无疑问，人们可能要问，这种实用工艺，是否也像我们今天在科学进步中所做的那样，给工人带来了利益；人们也许要问，消费者是否侍候周到，生活是否富裕，能否也像今天一样，买到便宜货，哪怕是从遥远的地方得到价廉物美的物品。但是，如果他们行会的章程是以发展手工业者性格的独立性，提高他们的智慧、道德，创造幸福为目的，那么，他们一定会获得成功。工人是一级一级往上提升的，由于在游历中受到熏陶，在为他的杰作劳动时，对他的工艺感到很大的骄傲，他只是在有条件时才审慎地结婚，从此以后，他就感到作为家长和师傅的新的尊严，他是比制造商有更高的素质的人。①

大制造业主只是以他的金钱，精心经营事业为工艺服务，他是比以前亲自劳动的师傅更了不起的人物，愈是这样，工人就比以前的帮工、甚至比以前在手工业作坊劳动的学徒在知识、教育、道德、独立性方面更为低下。大制造业主在城市工业中的地位与农村中的大地主相同。他们也像地主一样，为了积聚财产，要消灭一二百个独立经营的小产业主。他们像大地主一样，同心协力，将为他们干活的人降到奴隶地位；他们像大地主一样，利用手中的大型生产手段，利用科学，以及利用更完备的劳动分工来节省时间，以及进行劳动监督措施，他们使工艺获得进步，但使人类倒退；总之，他们也像大地主一样，当雇工们在受苦，自己觉察到这种反应时，本身也被他们当做发财致富的错误体制毁掉了。人们不知道将会多么吃惊地发现，社会组织毁坏了小本经营者，如同在农业上所表现的那样，手工业也将完蛋，有的人穷极潦倒，另一些人发财致富；这种体制使一些人拥有无限权力，另一些人处于极端依赖地位。这种

① 在奥地利帝国，疑虑重重的政府在修改行会师傅组织的章程以后，总是支持这种组织的。确实，在中世纪时，政府将属于手工业组合的权力归为己有。但是，它的意图是使所有从事实用工艺的人生活富足，它也获得了成功。人们在一份英国杂志(1837 年 1 月，第 36 期《外国季刊杂志》)上找到了对这个帝国的收入及政府政策的极好的描述。作者用财富学派的原则，对师傅组织给予商业和工业制造的障碍表示惋惜。他说："这些障碍空前地阻止了国民财富的发展；此外，它为革命、甚至为改革制造不可克服的障碍，因为这种惹是生非的精神只是表现在城市里，在奥地利，城市对不改变现有地位的愿望是非常有利的"。作者说："大量的城市居民被认为是急于保卫那种保障商业垄断的体制的(第 294 页)。"作者认为，这种制度毁掉了工业并毁掉靠工业养活的那些人的舒适生活；由于师傅组织，城市居民似乎享有很多的物质福利，以至于不希望发生革命，甚至不希望采用任何改进措施。

体制甚至反对平等观念，这种观念在本世纪占统治地位，并受到热烈欢迎。当人们发现，掌握实用工艺的贵族和自称自由派的人们结成联盟反对自然特性，工业主义和平等的拥护者会在同样的旗帜下会合，那就更使人吃惊了。

根据上述情况，实用工艺品与其让制作业来生产，倒不如由手工业行会来生产；消费者支配他所需要的劳动，在他的指挥下进行生产，劳动完成后立即付款。今天，木匠、铜匠、瓦匠、鞋匠、裁缝等行业，一般也还是先订购后干活。然而，中世纪时也存在可称作制造业的行业。如毛织业，在一段时期，在佛兰德、伦巴第和托斯卡纳等地分布颇广，带来很多财富；丝织业在上述地区一直保留到现在。毫无疑问，研究毛织业在其昌盛时期的历史是饶有趣味和颇受教益的；任何制造业都没有留下具有光荣历史意义的纪念碑，任何制造业也没有使人丁兴旺，生活富足。佛罗伦萨的大教堂是中世纪最值得称赞的教堂，是时代的作品，而羊毛业的商事裁判官在工艺上起的作用比在政治上起的作用更少一些。但是，我们并不相信能够收集足够的资料，以便认识劳动产生的财富在参加劳动的人们中间能够平等地分配，认识到工人为免受厂主损害应受到保护，认识到要限制厂主之间的竞争，认识到在一个国家里，由于存在复杂的组织，在某种程度上形成团体的行会组织的成员互相帮助，人的自由权利得到保障，工业发展并没有减缓速度。在托斯卡纳，丝织业如今还保留着，它差不多在古代社会时就已存在，研究这种工艺比较容易，并且从这种工艺中看到，当时的制造业是完全为商业准备的，也不像今天那样受大资本家的侵袭，否则，这个行业所养活的人的命运也将会受到投机倒把者的摆布。

在8世纪或9世纪，蚕被带到西西里的莫雷，两三个世纪以后，被引进到托斯卡纳，当时，这个地区的共和国已经巩固了自由贸易，并开始扩展它们的商业。桑树在土壤肥沃的农村大量栽培，每年的6月末，收获的蚕茧还并不丰富，它都被送到工业部门。在以后两个月里，在栽种桑树的小城市里，锅炉开始动工生产以抽蚕丝；接着，蚕丝被比较粗糙的机器来纺线和捻线；然后，蚕丝交给了制造商，并用它织成绸缎；最后，佛罗伦萨和卢卡的绸缎商人收集了这些绸缎。商人们自己去或派他们的伙计去里昂、香槟的特鲁瓦和西欧的所有市场，绸缎尽管价格昂贵异常，都能在那里找到消费者。

很多事情应该与这个富有的制造业的起源分开研究：蚕丝带给国家的利益，参加此项生产的人的生活条件，用于使这种制造业繁荣的资本的性质，它的流通及流通缓慢的原因，最后，制造业使用的货币数量。

我们要设法了解，制造业有时得到的是不义之财，有时是商业利润，也就是说有的制造业主将邻厂的物资占为己有，有时是利用投机活动的偶然性发财致富，只是在偶然时候社会公共基金才真正得到增长。产品的性质并不足以区分这两种追求财富的方式。如果人们用这种特性来判断产品，那么，人们将得出结论，认为丝织业不创造真正的财富，因为它所生产的财富没有什么用处。丝绸所代替的呢子正好可以起同样作用；绸缎只是迎合某些富人的虚荣心，过去，富人们是以已有的产品来满足其虚荣心的。但是，丝织业产生以后，向富人推销这种产品的人增多了。在西欧盛行封建制度时，每个村庄都有城堡，每个城堡都有一个小宫廷；每个贵族为了增加卫士，向更多的农民分配土地，因而贵族的地租也增加了。钱财早就掌握在消费者手中，贵族要的是奢侈品；因此，尽管制造丝织品比今天花费更为浩大；尽管人们在养蚕、缫丝、纺丝、织绸、染色等技巧方面并不熟练，但是，丝织业繁荣起来了，也就是说各种劳动都得到充分的报酬；从事丝织业得到的报酬至少和别的职业同等，而且经常是比其他职业更多。丝绸价格确实与金子相当。今天，大贵族用绸缎布置他的房间，而在当时，只是在盛会时，披上一件绸缎外衣或系一根绸带就已经是很阔气的了；所有希望得到尊敬和崇拜的人也为贵族的豪华所打动，就像人们为今天的贵族的豪华所打动一样。对贵族来说，他照样享受，照样挥霍钱财。

在 13 世纪或 14 世纪，丝织业给托斯卡纳人带来了利益；但是，重要的是要解决另一个问题：谁是那些利用丝绸的人？回答也像提问本身一样令人满意。所有的人都是使用的人。茧子的价格是很高的，因此桑叶也成为农民最赚钱的农产品。为了这种有利可图的经营，农民才养蚕。在两个月内，农户都忙于养蚕：男子、妇女、孩子都减少睡眠和休息时间，专心致志地养蚕；但是，每个家庭都知道，在某种程度，由于这种业余的产品，他们的生活就更舒适了，何况每个家庭只是多干点活计而已。每个小镇都有两三个技术熟练的承包商，一旦茧子送到市场，他们在买了一些茧子后，就在锅炉上抽丝，这种劳动要干两个月；有时，承包商从山上招来妇女协助干活，因为这个时候地里的活计不忙。他们平分的利润使他们的家庭整年都过舒服日子，帮助山民在农闲季节也不会缺衣少穿。纺织工人购买了蚕丝。当时，人们还没有发明精巧漂亮的拈丝机，这种机器只是在最近50年才制造的：这些丝是在纺纱杆或纺车上纺成的；这种活计需要干很长时间，是由城里妇女在空闲时间里完成的；然而，这种活计报酬丰厚，每个姑娘都可以在家里干这种活；在挣钱艰难时，这是很好的谋生手段，那时，勤劳的女人不会像今天那样，找不到任何能够不抛开家务以及和家庭联系的以简朴方式从事的劳作。制造商最后购买纺过的丝；按他的要求将丝染色，他和他的帮工在纺织机上织成绸；然后把绸子卖给商人，并获得利润；商人将绸子和千百家制造商的产品集中在一起。在商人的手中，绸子是一种重要的投机商品；他不怎么情愿将他财产的很大一部分交给其他人：他经常是亲自到西方国家的主要集市上零售。因此，富人的奢侈享受使蚕丝获得了大量利润，并使那些获得比一般工资高一些的工人、养蚕的农民、锅炉上抽丝的山民、各家各户的纺丝女，以及印染工和纺织工享受舒适的生活。同时，制造业提供比商业利润率更高的利润，对锅炉商，织绸商和其他商人都有利。这种靠商业养活的、过着舒适生活的、具有独立地位的公民，其人数已经很可观了。

为了更好地理解制造业对促进各国全面繁荣的作用，不仅要与今天的现状作比较，而且要关心人们竭力想把制造业变成什么样子；现在，托斯卡纳制造业正处于过渡阶段。

养蚕业通常是由农民经营的。然而，有人竭力设法剥夺农民的这种生计。过去，农业社会中农民的养蚕室没有通风设备，室内没有恒温，农民也不像专业工人那样细心地照料蚕。因此，那些富有的、聪明的和舍得花钱的市民，在群众的暴风雨似的掌声中建起了蚕室，我们认为，他们的这种热情会给他们的国家造成损失。在这些布置妥善、通风良好、宽敞的房子里，几百万条蚕儿由领工资的工人喂养。这里照顾细心，喂养得当，温度适宜，蚕沙更换及时，蚕在这里比在农民的蚕室里舒服；这里蚕得病较少，同样的桑叶能生产更多的茧子。此外，领日工资的工人对劳动的成果兴趣很淡薄：他们只满足于不挨骂、不熬夜、不受累就行，谈不上忠心耿耿。他们靠劳动过日子，其生活不比农民幸福，因为他们的心不在这里，对生活不抱什么希望；因此，付出的代价比得到的报酬为多，因为工人的一切时间都是以市场价格来计算的。

但是，蚕室的立竿见影的效果会导致市场的投机倒把，换句话说，就是靠碰运气，市场壅塞趋势日增。毫无疑问，农民无法知道商业世界的需求范围，或其他国家蚕丝生产者的竞争；他们是根据某种陈规旧例以防止剧烈的打击。他们在祖辈种过桑树的地方栽种桑树，只是在开垦新的荒地时，才增加桑树的数目，而收益也按比例增加，住房的面积也根据他们饲养蚕数量的多少来调节；每间屋子的养蚕数量几乎是相等的。蚕室则不同，它使生产飞速发展；农民并没有抛弃过去的行业，而制造业的老板们在旧的工业之外增加了很多新工业。在所有的平原上，人们同时种植了大量的桑树。公众舆论都赞成这项生财之道；工厂在取得大量利润的同时，可以增加生产，但是，蚕茧的价格因受到舆论影响所引起的波动，比需求所引起的波动还要快；今年比去年的价格要低 50%。[①] 在

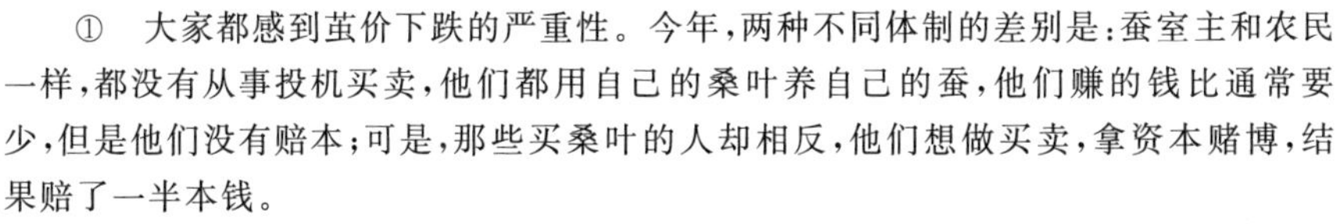

① 大家都感到茧价下跌的严重性。今年，两种不同体制的差别是：蚕室主和农民一样，都没有从事投机买卖，他们都用自己的桑叶养自己的蚕，他们赚的钱比通常要少，但是他们没有赔本；可是，那些买桑叶的人却相反，他们想做买卖，拿资本赌博，结果赔了一半本钱。

这种买卖中，有的发了大财，有的赔了老本，区别十分明显。但是，这种财产来去匆匆，只是从这个人的钱包转到另一个人的钱包，对国家没有一点好处。然而，蚕室的老板难以支付他们所雇工人的微薄工资。如果相信公众舆论的话，蚕室的老板在坑害自认是对手的农民后，他们自己也难以收回投资费用。

蚕丝工业的劳动至今还由三种独立的工业分担，缫丝工人、纺丝工人和织绸工人；但是，人们作了很大努力要把他们联结在一个工业里，这种联合不可能离得很远。缫丝工人在托斯卡纳的小城市里为数颇多。在煮茧子、抽丝的锅炉里，由茧抽出丝来，就像蚕吐丝一样。这种锅炉设施耗费不大，但散发出很多臭味，可能很不卫生。缫丝者只需很少的固定资本，有限的流动资本用来购买茧子，支付山里招来的缫丝女工的工资，她们要连续干两个月。缫丝女工的工资是很微薄的，从锅炉缫丝所得的利润也确实是微不足道的。生丝由拈丝厂主买走；这些厂主有很漂亮、很大的厂房，它要求大量的固定资本。他们的机器很精巧，但是价钱很贵：每天他们都改进机器，采取这种措施的厂主对旧企业是置人于死地的竞争对手。拈丝厂的数目必须限制；这种工厂都有很多女工，有一部分在厂内干活，为数更多的女工把活计带回家里去干，特别是绕丝的工作；她们的工资至今还是很高的。纺丝厂主的利润是很可观的；但是，我们也看见他们接二连三地破产。现在，人们在托斯卡纳引进了水力带动的新的拈丝机，过去，这种绕丝工作是妇女在家里干的，现在，大部分女工都给辞退了。最后，丝织工人都集中在佛罗伦萨，其中有些工人发了财，今天，他们的财产都已卷人在美洲进行的贸易投机。同时，一位在欧洲赫赫有名的，家财万贯的俄

国人，打算在佛罗伦萨附近，他父亲宅邸的宫殿式建筑物里，建立那类已经存在的耗资巨大的丝织厂。缫丝工、纺丝工、抽丝工、织绸工都集中在一起；所有这些工种都在一个建筑物内，什么活计都不必拿到外面去干；蒸汽代替水力推动机器转动。所有的劳动都是付工资的，工人都由雇来的监工领导，赚钱或赔本今后都是由他一个人承担，因为人们认为没有人能够和他竞争：现有的工场都得关门、解体或转向别的工业。今天，这个工厂规模宏大的计划使人赞叹不已。可以肯定地说，由于它的资本雄厚、机器精良、费用开支少，它生产的绸子比伦巴第、皮埃蒙德和里昂的绸子质量要好，价格更便宜。只要这个工厂的生产能力存在，它将是托斯卡纳丝织业唯一的或者说几乎是唯一的代表，而且也是唯一能得到该行业利润的人。但是，如果它破产了，或者由于赔本而洗手不干，放弃他的企业，那他招集来的工人就被撵走了，被剥夺了唯一的生活来源。

因此，托斯卡纳的丝织业，与刚引人时相比，规模大得多了；产品可能增加 40 倍，产值只增加 4 倍，而它所维持的工人只增加 1 倍。这些发展的不相称情况是由它的特点产生的必然后果；人们使各种工序更省钱并降低了价格，人们只是在利用水力干活时、而不是用人力时才能降低价格；绸子质地柔软、花样翻新，但不很结实，也不耐用，总的说来，不怎么实用。在当地，绸子的消费还是比较广的，因此代替了呢子和麻布；但却很难说生活享受有什么提高；这种好处，如果说有的话，也主要是由外国人获得了，因为极大部分产品都出口了。至于对生产者来说，丝绸业的利润全由一个阶级独吞了，其人数与过去相仿佛，而这个阶级限制生产者的普通劳动工资;那些享受独立地位、不必听命于某个厂主的工头,其数目已大大减少了。所有工人的命运也已变得更糟糕了,人们已经隐约地看见他们的行业将寿终正寝。

我们将利用上述事实,从另一种关系来看待丝织业,即从它投入的资本和它的本质来考察。在制造业发展初期,人们并没有注意它的资本。农夫、抽丝工、纺丝工,织绸工,他们的投资只占很少一部分,以致他们自己也不知道占有多少资本。农夫用自己的劳动在桑叶上投资以喂养蚕;为了安置蚕,农民有时得买框架,费用只花几个苏,他在饭食上省一点,根本算不了什么。他经常不必花钱,他不从自己腰包里掏钱。然而,他的劳动,他的生活资料,他喂养蚕的桑叶,这些都需要花钱。当蚕室老板要自己花钱经营他的事业时,他对花费是算得很清楚的。买桑叶的花费、付给工人的工资,占蚕茧收入的2/3,有时占4/5。

因此,首先投入制造业的流动资本不是钱,而是时间和体力,它甚至是无法估计的;今天,它花费的也不是钱,尽管人们是以钱数计算的,而是时间和体力,这种东西是计算清楚的。蚕室主人在建造蚕室时,并不是用钱来计算的,因为他没有足够的现金,而是用一些非物质的资本,不管是别人付款使他获得债权,或者相反借别人款子使别人获得债权。这种资本向来只以埃居的形式在他手中停留几天,经常是待几个小时。至于他的流动资本,如果他要把账目算清的活,他得把茧子卖掉,算清自己采摘的桑叶、蚕室应该付的租金、佣人与工人的食品价格以及他们的工资。只有工资付的是埃居,而且经常是前一天晚上收到的。然而,这些投资的总数都是以埃居计算的,并且通过出卖茧子来补偿这笔款子,利润也是以埃居计算的:而他经常也是第二天一早就将埃居脱手。

缫纱厂主也是用埃居开始他的生产活动的,他花一小部分钱来建造锅炉,用另一部分钱来购买茧子、燃料和付工人的工资。然而,这并不是他全部的资本;在投资中还得算上自己的劳动,他的监督工作:这些工作集合起来的代价通过出售蚕丝得到偿还。但缫丝工作只要两个月;如果从8月底出售蚕丝直到次年7月初购买茧子,他让埃居闲置着,那就要大赔其本。不管是他借来买锅炉的钱,或者是借出的钱,比如说,用信贷方式出售蚕丝,他的资本,在这10个月里,都是非物质性的,只是以债权方式存在着的。相反,在两个月内,他的资本迅速地、陆续地以钱、茧子、燃料、工人的食品、熟丝,最后重新以钱的形式出现,埃居在流通,但是在缫丝者手里很快就转手了。

纺织工人用埃居从缫丝工人手里买来了蚕丝,而织绸工人买来了纺过的蚕丝,批发商购买丝绸,零售商从批发商买来绸子并卖给消费者,总而言之,零售商得偿还一切投资、工资、利润,这些埃居是不久以前作为劳动工资、工业利润、不动产的收入等所得。在制造的不同阶段流通的资本,其数目很大,我们对它的活动应有个概念,我们相信应该利用这种资本,并把注意力集中在货币所起的作用上,注意财富变化的性质,人们经常将这种性质与所谓流动资本混为一谈。我们已经承认,资本是一种非物质量,是人们想象所估计的价值,随着生产的发展,它以各种新的形式在商品中出现;在另一篇里,我们将作分析,并将指明其后果;但是,我们现在只是利用在我们脑子里记忆犹新的丝织业各部门之间的相互关系,指明流动资本的不同形式确实是靠钱来进行活动,但是埃居只是构成其中很小的一部分。

在丝织业初期，每种活计是由比较粗糙的工具、单独地完成的，它适合一个人的体力，每个工人事先以货币筹措资金，但是，这个阶段时间很短，为的是使一年内能重复地干这种活计。因此，纺丝工是一磅一磅、一盎司一盎司地购买蚕丝的，纺完丝后，又立即将它卖给织绸工人，而且往往是在购买丝的同一个周末。他可能从来也只有一个埃居，而这个埃居使他能陆续地在一年之内买 50 埃居的生丝，而这一年他能卖 100 埃居的纺过的丝。织绸工也是这样干的，他的资金也不多；他购买为织一块绸子所必要的蚕丝，然后在开始织第二块绸子前把它卖掉。商人需要一笔资本，由于这个原因需要数量较大的资本，因为他的商店充满着向市场推销的产品。但是，尽管每一块绸子都是用钱购买的，但是，他钱柜里的钱远没有他商店里的商品所值得那么多，因为他卖一点买一点，不是同时得到全部绸子的，他决不让钱在保险柜里睡大觉。

现在我们回到本篇的主要研究对象。用什么办法能使从事实用工艺的人获得幸福？如果有人这样回答：给他们更多的流动资本和更多的货币。我们建议不要匆忙地作出结论，我们已经给财富的两种变化的本质下了定义。如果有人建议回到过去的手工业和行业组织，我们认为，在这种组织中，手工业工人过去是享受宽裕和安定的生活的，也享有今天制造商所没有的对工人的尊重，我们将向人们回答，再也不会重新捡起它已经摒弃的障碍；手工业组合的特权已经在胜利的欢呼声中被废除了，好像这是穷人对富人取得的胜利。确实，当这些特权是为保护穷人而建立时，它对穷人是有利的。然而，穷人自己向来也不同意倒退的运动，他们可能是对的；习惯成自然，习俗也随之变化，新的兴趣发展起来以后，受到巨大痛苦威胁的人不得不立即封锁今天还是自由的就业的门户。

自从制造商痛苦的呼唤开始以后，人们也懂得了制造业里令人赞叹的发展并不是进步，因此建议在工人中间重新分配制造业的利润，我们热情欢迎一切重新将无产者与财产结合起来的方法，以及将他们从机械的代理人地位上升到具有思想和意志的人。但是，我们承认，我们对这种方法不抱任何信心，它绝不会消除那些极为严重的祸患，眼下这些祸患是工业、商品壅塞，以及为生产更多更便宜的产品而展开的各种竞争造成的严重灾难。使商业和制造业面临巨大和可怕的赌博，今天，它经常使商人破产，并带走了能从企业得到分红的工人的可怜积蓄。还有一个重要理由，我们信不过那些掌权人物。我们认为，比起那些由个人利益驱使而经营的企业来，商业行会经营的企业毛病多得多；经理们掉以轻心，大手大脚，贪污浪费，徇私舞弊，并害怕身败名裂，与私人财产对比，公共财产管理中的弊病尤为突出。我们还认为，在股东大会中，人们漫不经心，任性所为，如果它从属于评议会，而不是由某个商人来经营的话，这种商业企业经常会受到市价波动的影响，以致很快破产。

现在，对于如此严重的、而且对我们来说将来更为可怕的病患有什么医治的办法呢？我们已经说过，我们只有一些治标的办法：首先，最重要的是澄清舆论；第二是不鼓励新的发明，第三是在工业企业中排除巨额资本。我们认为没有别的可行办法，如果用这几种办法经心地进行管理的话，总不会不奏效的。

人类的本性中有一种强大的习惯势力，或者说有一种惰性，它往往是社会安全的保证。这种惰性长期以来排斥商业的冒险、制造业的冒险以及其他种种冒险；每种冒险都根据该行业的习惯做法，对该行业进行改进，逐步扩大，但是都不是试图在工业中进行革命。半个世纪以来，各国政府认为，最重要的事情莫过于鼓励工艺、商业和制造业的发展；它们喋喋不休地对其臣民说，求助于外国是可耻的，它们竭力发展出口贸易，用生产得更多、消费得更少的办法，用出口得更多、什么也不进口的办法来保持国家的繁荣。他们并不满足于给各种发明以奖励，进口促进劳动的手段；他们在各国设置了促进工业的温室，强制发展条件并不成熟的工业；他们的关税制度，商业条件，大部分外交关系，都致力于同一目的。今天，臣民们的苦难本应使他们对此冷静思考，但是他们依然故我。无论是想使埃及开化的帕夏，还是想使欧洲变得野蛮的沙皇，也都以同样方式干了起来：每年，通过权力机构的直接行动，他们增加了制造业的数目，同时，英国、法国、德国、比利时、意大利、瑞士，这些国家拼命生产，使它们的产品能销往国外。毫无疑问，商业上的贪得无厌与欧洲今天已感受到的危机并不是毫无关系的；但是，如果这些国家不一意孤行，这种危机可以消除；至少，使我们感到窒息的壅塞不致长期存在。

如果人们一旦承认，消费只能和收入同时增长，而且事实也充分证明了这一点；那么，一切想把对手搞垮，把新制造业的繁荣建立在旧制造业的破产基础上的做法是同样不对的和不道德的，不管是毁坏本国的或外国的对手都是如此；日久天长，这种缺德的行为必然会受到惩罚，它引起壅塞的增多，物价、工资和利润降低，人人都会穷极潦倒；只有当节省的劳动能和以前一样找到用武之地，那时它才会增加国家的利润。最后，如果人们承认政治经济学和政府行动的目的是为了人类的幸福，是为了所有人的幸福，而不是为了物的积累，人们自以为为了推动工业主义的政府的行动也将会停止；于是，所有的科学研究院，工业和农业社会对那些最会搅乱生产和消费之间的必要的平衡的人、对那些使人类劳动成为无用的人，使只有靠劳动才能活命的工人成为多余的人，社会不给他们优惠；总之，那些高贵的公民、那些爱国者也不再会相信抛弃道德发展和精神享受，而去创造那种数量增长而交换价值却是下降的所谓的财富，不再相信这种做法是为祖国效劳。

为了治疗社会弊端，我们相信真理和理智的力量；然而，我们并不是孤立地援引这种事实。人们已经注意到，制造业今天所经受的激烈的冲击，起因于接二连三的科学发明，以及将它大规模地应用于工艺以图赢利。有用的发明接连产生，今天，它所引起的冲击对消费本身也发生影响：人们不满足现有的东西，而是等待新玩意儿；谁也不愿意得到最新发明所生产的东西，因为消费者并不怀疑，在两年前，或者可能在10个月前，已经有新发明取代它，这种新发明可能会更舒适、更省钱。在日常生活的安排中，每个买主都可以感到这种变化；但是，当人们把注意力移到卖主时，对人们称作公共财富的东西会不禁感到心惊肉跳，不仅是由于新发明减少了一半劳动因此使已生产的商品的价值降低一半，同时，工人的经验，学徒时学来的手艺也付之东流；一切固定资本，费用日益浩大的机器也成为无用之物；土地基金本身也成为牺牲品。由于动摇了奴隶制，我们现在才能享受到甜菜糖；但是，我们暂且撇开这种殖民地不需要的罪恶的和可耻的经营手段，而来衡量一下这种发

明给过去的工业所造成的破产。欧洲糖在毁灭安的列斯群岛的作物的同时，毁坏了糖业磨坊、炼糖厂和形形色色的糖厂，这些工厂在安的列斯用甘蔗汁制糖，而所有的资本也都投入到这种工厂里去了；欧洲糖业毁坏了种植园的土地价值，使从事种植业的人无事可干，使从事运输这种商品的运输业停止活动。不久以后，谁知道有一种并不使人吃惊的新发明会教我们在各种气候条件下、在一年四季里不用葡萄汁来制酒？这种发明是不是会使所有的葡萄酒商破产？谁知道蒸汽机牵引的运输工具的发明会是什么结果，对农业的效果是否会取消大部分牲口？谁能衡量人类社会其他革新、发明的后果，它们是不是会在某种程度上使所有人都同时从事这种工作。

因而，我们并不是想阻止和限制忙于主宰大自然的人类的天才，但是我们认为，用报酬刺激来使人们得到好处，这种时刻已经过去。我们瞧过发明专利证，发明的垄断权，这是给予错误的科学方向以危险的鼓励。学者们探索大自然的秘密，并不是为了挣钱，也不是靠损害那些勤劳的人们使他们破产而去挣钱。让学者进行他们的研究吧，让他们从哲学中获得荣光吧，但是任何贪婪也不能使他们改变原来的方向，任何垄断也不能保证使他们能将科学成果用于工艺，我们认为这种办法是不可取的，如果，这种办法缓慢地达到，并且不产生冲击，但是，如果像人们现在对它的做法，工业的每个部门都会受到影响，而且可能动摇社会秩序本身。

总之，工业界产生的伟大革命，靠损害老企业而建立的新企业，使得老企业的生产者无事可干的大量商品的突如其来的生产，具有神奇力量的、将成千上万工人从工场赶走的机器的制造业，最后是侥幸获利的思想，一切商业部门的原料投机，寻找新的市场，过分刺激商业的狂热的冒险思想等，这些都是英国人称作超额贸易的产物；所有这些突如其来的事故都来源于集中在一个企业的大量的资本。美洲危机所带来的破产使我们了解到，英国人所致力的正是100万或者是150万英镑的企业。毫无疑问，拥有三四千万法郎这样的大量资本，人们就可以在大部分市场上赢得很大的势力，可以随意毁掉一切更小的企业。小企业从属于大企业是政治上的不幸，也是经济上的不幸。百万英镑在商业上所造成的厄运不比当年罗马大庄园制在农业上造成厄运更少。这两种行业都一样，通过千百家仅有小额财产的厂家的牺牲，大贵族可以积聚一大笔财产。这两种行业也一样，大部分过小康生活的人的毁灭并不能保证富有的商人或富有的地主的繁荣；漫不经心，挥霍浪费，是具有无限权力者的固有恶习，这些早就抵消了垄断带来的一切好处，比起那些资本微薄的商人来，那些类似克罗伊斯[①]的巨富的破产也并不更为罕见。

我们相信，为使大量资本家脱离某种只会给自己和他人带来混乱的行业，国家可以做很多事情。我们认为，君主们与其授予万贯家财的商人和制造业主以爵位和头衔，倒不如授予绶带使他们离开这种行业。我们认为，君王们与其允许给予有巨额财富的商人在海关和财政机构方面以税收的优惠，倒不如公正地使代表一千家商人的百万英镑资本，比独家具有百万英镑资本者少交些税

---

① 克罗伊斯(Crésus)，公元前560年—公元前546年吕底亚王国国王，以拥有巨额财富著称。——译者

款。总之,我们认为,遗产继承法和子女平分财产法能解决这种财产的可怕的积累,立法者对这种目的不应该看不到。

但是,大商业企业或工业企业并不总是用一个人的财产建立的。在我们这个世纪,安排外国资本的范围已经到达很远的地方;正像人们所说的那样,这种流通财产的本事是一种新发明,而且是使现代财富学派感到庆幸的。如果公众舆论一旦承认这种资本冒险的危险性,如果公众舆论对这种资本投机正像对大地主的土地垄断一样提高警惕并加以怀疑,那就会对联合结社所产生的资产者的虚假的行为加以限制;因为这些资产者是立法的产物,是由立法所支配的。因为,联合公司的保证金和特性,股份有限公司的条件,银行的建立,以及银行给予的应用大资本的方便条件,这些问题也是经济学家应该从立法的关系中加以考虑的,这也就像国家领导人的大目标是积累资本一样,并使得作为资本的追求目的的商业冒险变得更为自由。我们认为,立法者的指导思想应该是在社会里防止和摧毁会使人侥幸得利的条款,应该用损害大企业的办法来增加小企业,使家长式的经济超过商业社会的投机买卖。

今天,我们不再继续谈论如何应用这些原则;人们觉得这些原则已把我们带到完全新的题材上去,带到读者没有思想准备的讨论上去。我们只是要使人们看到,在我们看来,从事实用工艺的人所遭受的苦难并不是没有药方可治,而我们建议的药方并不是违法的,也不是革命的,更不是幻想的,或者是要求一种新的社会组织。我们只是想让读者知道这种思想,即对科学发展来说,什么是最重要的,这就是彻底认识真理,永远也不要害怕面对赤裸裸的现实,即使这种现实是令人痛苦的;重要的是要真正地知道,工业主义为勤劳的人民带来什么好处和害处：因为人类社会是我们的作品；当这个社会引起苦难时，我们是它的主人，要使它停止步伐，我们不能听任使别人遭难，而把我们行动的责任推到骗人的宿命论上去。

第十六篇 论货币[①]、流动资本和银行

希腊人将作为人类社会基础的组织机构的发明归功于上帝或上帝的儿子，即那些英雄们，这是毫不奇怪的。确实，大部分组织机构的建立需要对事物的本质了解得非常透彻和深刻，甚至在这些事物存在前就需要知识，这就使人们不得不把它归诸于具有超能的人或神的启示。人们觉得，通过循序渐进的办法达到预期目的是不可能的。问题好像是创造这种事物本身，而它是人们所必需的，是人们能够创造的。要不然如何解释在有语言以前，语言产生的习惯用法从何而来？又如何解释，在没有思想符号以前，怎么会有对人类思想活动如此洞察入微的分析？而语法就是建立在这种分析基础上的。此外，又如何解释对声音的奇妙的分析，这种分析使字母能代表声音，而且产生在字母作为人们互相帮助的手段以前，那对学者们不也只是在作些个人的努力吗？又如何理解在使用任何金属以前对金属的勘探呢？开矿费力很大，而且没有金属工具的帮助；在地球内部寻找金属灰石，不也是毫无经验，不知道这种表面上无用的矿石，能够用火力将它炼成合金？人们从来

① 本篇中货币一词，指的是金属铸成的硬币。——译者

也没有看见过原始状态的铁和铜，也没有在地球上看见过用铜和铁制成的工具，怎么事先也能想出制造的方法呢？

勘探金银等贵金属更是费劲：一方面是由于它们稀少，发现它们更为困难；另一方面，降服这些金属需要更丰富的金属学知识，而它们的用处比铁更狭隘。如果人们只是用这些贵金属做成漂亮的装饰品，它的用处似乎不足以成为进行惊心动魄的工程的理由，而没有这种工程，人们根本不可能取得它们。

但是，还有比开采这些蕴藏在地下的贵金属更神奇的事，那就是人们对这些贵金属派的社会用途，并且还给它们规定价格。这种用途，即货币的发明，它是为对人际间未来关系的最令人赞叹的设想所要求的。这种用途已经持续了三四千年，但是我们当时还不明白这种用途是什么。

自从人类社会有了商业，有了职业分工，每个人就不是为自己劳动，而是为社会劳动，人们也等待从社会得到劳动的补偿，对交换价值的估价代替了对物品的估价。过去对物品的估价是由个人作出的，是从使用本身的设想出发的；而价格是社会根据买主的愿望和获得这些物品的手段，进行比较后作出的估计。

此外，价值是对受估价物品进行比较后的估计，不是与某一物品，而是与所有物品进行比较。价值是以某种社会观念取代了个人的观念；此外，它还以抽象的观念代替了具体的观念。这是一种对未知量的比较，人们不是用算术方法而是用几何方法来计算它的，但是，在一个既没有算术也没有几何的时代里，这种比较是可望而不可即的。

与价值观念产生的同时，货币的观念也随之产生，它是对前者的补充。劳动时不仅要考虑自己，而且还要考虑素昧平生的买主，这种惯常的做法迫使人们从两种不同的方面来认识为金钱而生产的物品，也不得不承认这两种价值应该融合成一体。确实，一方面，应该衡量生产价格，即劳动的补偿，和该物品在生产时所付出投资的补偿，再加上，各种工业所应该得到的合法利润；另一方面，还应该估计消费者为获得这一物品准备给予的补偿。有时，这些价格之间有很大差别，有时是由于要得到利润而使生产的东西卖得太贵，有时是由于消费者需求迫切，供不应求，于是抬高物价，卖的价格比价值要高。卖主的要价，买主的还价，这两种价格的规定可能就是商业的结果，商业最直接地在交换中引进了货币，或者是人们认为是作为价值的整除部分的数目。

价值就是人们的需求和生产之间的关系。只有当人们的思想抓住了一种理想的单位时，只有当人们的思想在比较各种物品的过程中能回答出到底每种被比较的物品包含多少倍这种单位时，才有可能对价值进行比较。这种抽象的思想活动，恰似人们比较重量时就物质量所进行的思想活动。而且人们已选定了一个理想单位，即重量单位利弗尔(livre)[①]，借助于它人们便可以测量不同物体所共有的一种物质特性。这两种思想的相似被如此强烈地感觉到，以致这个名词一般用来表示两种计算单位，一种是物品的重量，另一种是物品的价值。塔兰、德拉克马[②]、阿斯[③]、磅、盎司等名词既是重量单位也是价值单位。一块铁、一块石头用来表示重量

① 利弗尔是法国古代的重量单位和货币单位。——译者

② 塔兰和德拉克马是古希腊的货币单位和重量单位。——译者

③ 阿斯是古罗马的货币单位和重量单位。——译者

单位利弗尔；一块金子、一块银子或一块铜同样也用来表示价值单位利弗尔。但是，正像重量观念和价值观念先于用来衡量其他东西的贵金属的观念那样，它们也先于贱金属的观念，或先于用来衡量物质的一个特性即重量的石头的观念。抽象的概念通过图像表现意思，但是，它是独立于图像的。正如重量不是由重量单位利弗尔创造的那样，价值也不是由货币单位利弗尔创造的。这个物品重 100 利弗尔，就是说在重量上，它相当于用来计算重量的那块铁的 100 倍；另一个物品值 100 利弗尔，就是说生产者认为它相当于弄到 1 利弗尔银子所必需的劳动的 100 倍；就是说消费者为了得到这种物品而付出的价钱，相当于他为了得到 1 利弗尔银子而付出的价钱的 100 倍；把这些估价相互结合起来并相互调整后，说这件东西值 100 利弗尔，是说它的可换性相当于用来计算价值的那块银子的可换性的 100 倍。

我们感到要掌握这种抽象的观念是非常困难的，但是我们也知道，语言上的含糊不清，以及这种含糊不清使我们养成的习惯看法，即认为货币实际上包含在它要计算的物品中，更增加了这种困难；我们总是设想，埃居在商品、固定资本、地产、用埃居计算的债权产生之前就已经存在了，然而，我们的观点却相反，所有这些物品的价值先于埃居存在，埃居并没有创造什么，就像几何并没有创造面积一样。但是，在遵循认为货币是用来作为价值的衡量标准的思想观念之前，我们得重新讨论一下对价值本身的双重估计，卖价与买价之间的差额，这是我们附带指出的，市场的价格是由此产生的。

我们在第十三篇中已经设法使人懂得，商业使财富的基本特点消失了，即它的使用价值，它只是让商品留下偶然性的特点，即交换价值。在没有商业以前，每个人都是自给自足的时候，产品的增加就是财富的增加。以劳动量来取得的价格对人们不会起副作用。当家里的谷仓多1倍粮食时，他感到富了1倍，尽管年景好时并不比年景坏时付出更多的劳动；家庭主妇在占有多1倍的布时，她感到富了1倍，她也不必坚持靠改进过时的织布机，因而织布不要花1倍时间。总之，人们所需要的东西绝不会失去它的用处，同时，为了得到他所需要的布，也不需要再花别的劳动；不管布匹或麦子是天上掉下来的或是路上捡来的，都一样有用处。毫无疑问，真正对财富估计起作用的是用途和享受。但是，自从人们放弃自给自足，靠交换或商业来满足需要，他们不得不系于另一种估计，即交换价值的估计，这种价值不再是靠用途，而是靠整个社会需求和满足这种需求的劳动量以及将来能满足这种需求量之间的关系。这种交换价值，这种市场价格是富于抽象概念的政治经济学所阐述的最抽象的观念。

在人们寻找用货币来衡量的价值中，用途的概念完全被抛开了。只有劳动，也就是为互相交换的两种物品所作出的必要的努力才是唯一要考虑的东西。在这个基础上，买卖双方的供求关系才能计算。卖主可能认为这个物品值10个劳动日，但是另外一个认为，这种物品今后用8个劳动日就能完成，如果竞争者对缔约双方作证明，价值将减少到8个劳动日，市场价格将以此为准。确实，缔约双方在概念上都认为这个物品是有用的，是人们需要的，没有购买的愿望就没有销售；但是，价格的规定与用处并没有什么关系。

为了衡量重量，要找到永远一致的重量标准是不困难的；这是感官所能估计的量。要衡量价值，也要找出一种价值同样是固定的标准；然而，价值是一种抽象的量，一种感官所无法估计的量。而重量的磅与价值的镑之间有类似之处，但是，并不是完全相同；在问1磅银子能买或可能买几磅麦子时，答复并不是很容易的。但是，我们刚才谈到，商业价值也是固定的，总而言之，那是基于被估价的物品的必要劳动量；这并不是现在付出的必要劳动量，而是可能用改进的生产手段，今后要付出的劳动量，这种量虽然难以估计，但总由竞争来决定，是比较固定的。因而，每磅银子的价值定出了，并用来衡量其他物品的价值。每磅银子用来代表一定数量的劳动日，用它可以开矿，并且也可把它带到交换银子的地点：对那些规定数额的人来说是个未知数，然而社会是根据需求双方的相互努力来作出估计的。人们并不考虑银子的用处，确实，除了用做钱币以外，它的用处是很少的；此外，人们也不考虑银子以前从矿里提出时所需的劳动量（因为它可能已流通了一二百年），而只是今天从矿里提出同等银子的劳动量。所有那些更丰富的矿藏的发现，以及那些降服矿石的更经济的措施，只是使今天生产的银子更为廉价，同时使以前存在的银子失去一部分价值。然而，经验证明，采矿业每年投入的银子，并不能明显地改变市场情况，也没有超过艺术品每年消耗的银子；金属学中的发现也没有如此迅速和占有什么重要地位，以致造成生产贵金属时明显地减少工作量；最后，一磅银子，并不是绝对地与其价值相等，但足以作为很好的价值标准，在人们的思想里总是代表同样的生产劳动量。

重量、面积、容量的标准是很容易为全体人民服务的。确实，

在某些市政府里，人们保留着过去通用的衡器，人人都可以求助于它；当习惯的标准建立以前，每家每户都保留有这种普通的衡器；对整个老百姓来说，过去也不是绝对不可能用一种银子作为唯一的普通衡量单位的；这种普通的衡量标准仅仅是这种理想的价值标准的代表数值；人们把商品的价值与这种通用衡量标准作比较；但是，商品从这些人的手里转到另一些人的手里，用不到以贵金属作媒介：人们甚至会说，这与某些国家存在的流通银行有某些相似之点。所有有关价值的交易是借助破纸片来完成的，它仅仅是用来简化计算手续而已，价值的标准，其字面意义只是代表抽象的估计，这种标准保存在公共银行里，人们可以借助那种破纸片来保存这些价值标准。

严格地来讲，只有在规定了价值的抽象单位以后，商业才能进行，这种抽象的单位，人们才能比较，才能解决其他物品的价值，甚至不必要用字面来表示其图像，不必要取一个人所共知其价值物品的名字。有人肯定地说，在一些半野蛮的民族里，他们经营商业时不用别的硬币，只用一种理想的钱币，这就向我们证明，理解这种抽象价值的能力存在于文明进步以前。商业活动通常不是简单地用一个人需要的物品交换另一个人需要的物品，在绝大多数情况下，交易双方并不是想使用所换得的物品，而是想把该物品运到另一个地方，在这个地方，通过新的交换，该物品将满足更迫切的欲望和需要。游牧民族的商人来到从事农业的民族的边界，他们出售他们同胞所剩余的马匹、骆驼、毛皮、乳品等产品，购买谷物、食品和城市工场生产的其他产品，并销售给自己的同胞。当他们不用贵金属来进行交换时，他们也需要一种货币，也就是说用一种可以用来计算的理想价值单位，以便比较出售和购买来的物品，并进行买卖和立刻分辨在成交过程中到底是赚钱还是赔本。在他们看来，种种物品分为 10 个整除部分；8 份等于另一物品的价值，12 份等于第三件物品的价值，4 份等于第四件物品的价值：这些整除部分对他们来说是计算的手段，是理想的钱币。不管是否有埃居来表示这种手段，不管埃居是很丰富或完全消失，相互比较的物品的价值都不会变化，就像天平或市秤完全消失，重量不会变化那样。

然而，把贵金属制成埃居，给商业带来了更多的便利，因为一个埃居实际上在价值上与一个整除部分相等，而每件物品的价值则被人们分为若干整除部分。牧区的商人和农民做买卖，这种活动并不是为了购买或出售贵金属，他们带回去的外国商品也和他们输出的商品一样是值钱的；他们将它在本国出售，赚来一大笔钱，他们用一部分收入，购买和去年出口数量同量的本国商品，因为他们是本国同胞的债权人，他们可以将剩下的钱用于生活享受，即用于每年的生活消费，或积聚起来。

与牧区的商人做生意的农业民族的商人，也是这样计算的：自从引进货币化的利弗尔后，至今都是如此行事的。一国和另一国的商品交换，甚至与所有其他国家的商品交易，几乎总是在平等的基础上进行的；一个国家成为另一个国家的债务人的情况是特殊情况，一个国家用硬币向另一个国家付款也是特殊例外的情况。至于商业利润的取得，那是由于转手输入的商人从消费者那里得到的。只是通过这种销售，商人才能知道他是否真合消费者的胃口，主顾准备付给他的钱是否比商人所付出的更多。

贸易就是一种商品与另一种商品交换；理想货币的发明仅仅是免除找同样价值的物品以便用来交换。有一个商人出售三四十件价值不一的东西；另一个商人可能同样出售 100 种都有精确价钱、样式不同的东西作为回报。在这些交换的物品中，经常有一个牧民享有另一个牧民的债权，情况和一个牧民对一个农夫享有债权一样，反之亦然；这些买卖都按一般的付款办法来结算。但是，最好是不要考虑结账，不要问人们拿什么东西来交换，也不管谁有债权，谁又欠款，以拿它来用作结算差额；也不要同时进行这些活动并使之带有某种广告性质。然而，人们用贵金属铸造了货币，并在社会上大量应用，这也就充分达到了目的。这样，在某种程度上，使人人都能把交换分为两部分，在考虑买新的东西前就能出售货物：用这种方式，至少在一段时间内，被交换的东西的价值以埃居的形式留在自己手中。他卖出商品，是想以一定数量的理想的利弗尔，即埃居，来换取同样数量的埃居；人们把这种方式称作销售；然后，他用这些埃居取得他所需要的商品：人们把这称作购买。在交换中，应该同时决定两个未知量的价值，这两种商品相互对换；新的购买紧随着销售，这两个未知量的价值是通过相互独立、完全不同的方式进行的。

为了决定这两个未知量的各自价值，那就得用金市或银市进行交换，这种货币在价值上被认为是不变的；确实，真正的国民财富在价值上是可能增长的，那就是商品；商品以某种价格买进来，以较高的价格出售以取得利润，而银子正好使之成为得到的价格。1 匹呢绒能卖得 30 个银币，是说 1 匹呢绒可以用 30 个整除部分来代表，而在生意好时，1 匹呢绒则可以卖得 35、40 或 50 个银币，也就是说能卖得35、40或50个整除部分；但银币总是等于相同数目的整除部分。因此，在销售时，付钱的人给的是确定数，而供商品的人给的是不确定数，结果，那个等商品提高价格再出售的人就会发财致富，而守着银子的人不会发财致富，因为它的价格总是不变的。谁要想赚钱，谁要想使他的资本增殖，那就赶紧把银币脱手，因为它赚不了钱，要把银币换成商品，只有商品才有进行贸易的机会。

然而，我们已经开始在货币里，某种程度上是在它的阴影中，看到了流动资本的产生，流动资本是整个国民财富的另一种表现，这种资本是理想的利弗尔的总数，是货币代表的所有价值。我们已说过，某种物品值8个理想的利弗尔，另一个物品值12个理想的利弗尔，第三个物品值20个理想的利弗尔。理想的利弗尔是每个物品总价值的一个确定的约数，如1/8，1/12，1/20；但是，从国民财富的角度考虑，这是单位，它的数目是不为人知的。然而，所有这些单位的总数就是国民资本。当这些理想的单位构成工业家的财产时，它总是在新的物品中作投资，在用做各种物品的交换时，它被称做流动资本；当它具有不变的形式，用来增加变化的形式的价值时，它被称做固定资本。

在人类的思想活动中，没有比了解资本的本质更伤脑筋的了，它像海神普洛透斯[①]那样变化无常，它不断地变化着形式和内容，在人们以为要抓住它时，它却遁之夭夭。资本在积累了一大堆金子以后，在那些扑向它抓金子的人手中，只留下一团烟云。资本与财富

① 普洛透斯是希腊神话中的海神。——译者

是一致的，但是，资本的产生比较晚，它是衡量这种财富的手段，它由商业产生靠商业而存在，这是商业具有的一切价值的抽象图像。

既然资本是商业概念，那就应该从商业中取得实践知识，而不是求得定义。打开某个商人的账本，研究一下他的贷借对照表，考察一下他的财产，商人自己就会告诉你，这份财产就是他的资本。

你在账本上首先会发现，购货总账欠他一笔钱。这是他为出售而购买来的产品的价值，也是他的买卖的特殊的对象，根据它生产或取得的价格，全部以理想的利弗尔来计算，直到商品出售，债务清偿，新的物品购进或生产出来，重新得到理想的利弗尔为止，商人把他的这笔账看成是他的债务人。

然后你会发现，他的磨坊或工厂也欠他一笔钱：这部分是商业财富，是以工具的形式来帮助他的工业的；通过这个名字，人们可以明白，它不是贸易的对象，而是帮助进行贸易，它包括最简单的工具，直至最复杂的机器，规模宏大的工场，这些齿轮传动机构花费浩大，锅炉驱动蒸汽从事巨大的人类劳动。固定资本经常是不动产，除了由于使用耗损以外，它兼有领土财富的性质。如果他有地产的话，他也把它算在债务人里面，其数目与其购进或能出售的价格相等。这些不动产的价值，也以理想的利弗尔来计算，确实也是资本的一部分，但是它不能流通，对商业也没有推进作用。

商人还把个人的、各个公司的债权、国家的公债也算作他的财产。我们将这一部分财富取名为非物质财富，一般来说，经济学家对这部分财富不怎么重视。我们将在下一章中指明整个债权对别人的财产也是一种税；它包括现在和将来的财产，已经创造的劳动收入，以及人们希望它在将来能创造的劳动收入。

最后，商人在他的贷借对照表中，把他存在金库的埃居也算作他的财产。他的金库占他的财产的一定比例，虽然他存放的埃居在他的资本中占的比例很少。

因而，流动资本与货币并不是一回事。相反，它不断与货币进行交换；货币使资本流通更为活跃；就像流动资本不能与货币等同一样，资本也不能与货币成比例。这两种流通是背道而驰的，在做买卖过程中相互抵消，但是不以相等速度。资本，或者说作为整体的公共财产，它会带来收入，即以利息的名义带来收入。对流动资本来说，在商品制造和到达消费者手中时，这种收入会引起商品价格上涨；对固定资本来说，这种收入会使这些商品价值增加；对不动产来说，它会增加土地的果实；对债权来说，它使债务人参加收入的分配。而现金账则一无所得：当银子作为实物留在保险柜里时，它什么也不会产生。其结果是在流通过程中，财富的各个部分以不同的步伐前进，在速度上有快也有慢。商品的流通较缓慢，是为了有时间产生利润，但利润或者来自制造商品的劳动，或者来自运输商品或销售商品的劳动。人们没有必要出卖固定资本和不动产以从中取得利润；如果有时候固定资本和不动产也流通，那是由于特殊的需要。同样，债券不必流通，就可以带来利息；但是，有些债券是有期限的，是用货币来偿付的；另外一些债券则是无期限的，但它们可以像商品那样用货币交换所有这些不同种类的财富时，人们总是以货币付给或假定以货币付给[①]；但是，因为保存货

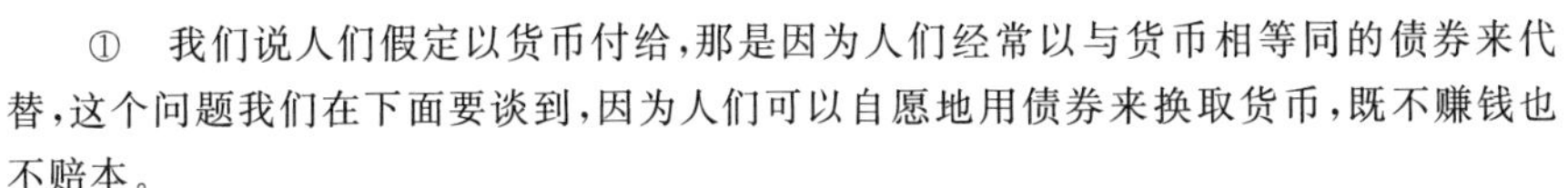

① 我们说人们假定以货币付给，那是因为人们经常以与货币相等同的债券来代替，这个问题我们在下面要谈到，因为人们可以自愿地用债券来换取货币，既不赚钱也不赔本。

币不会带来任何利润，所以相对于流动资本而言，特别是相对于任何其他种类的财富而言，持有货币的商人总是更急于脱手货币，更急于加速货币的流通，更急于转手货币。

因而，社会上存在着两种背道而驰的流通。货币不断地从那些需要它以完成交换的人的手上经过。买主将钱给卖主，卖主又去购买东西，只要某物的财产所有权从这个人手里转到另一个人手里，就得如此继续下去，同时，通过市场的运转，流动资本以理想的利弗尔形式从生产者到消费者手中。制造业主将这种资本以食品、原料的形式向工人预付这种资本，而工人又使商品增长；随着商品新的增加，工人又将商品交给批发商，批发商又将它分配给零售商，零售商将它分配给消费者。消费者对这一切增长、利润都得偿还，而利润是构成所有那些参加以理想的利弗尔作为资本的流通的人的收入。

社会文明的程度愈高，财产所有权愈是受到保障，人们在买卖中的谅解就愈大，货币的流通就愈快；人们已经习惯于在各种各样的产业中得到收入，人们确认在保险柜里存放货币是得不到利息的。而在那些不开化的国家里则相反，人人都感到货币是与它的价值相等的，总是适合于交换他所需要的东西，是对一切人所未知的危险的最好的预防剂。谁都知道，积累了钱，那就是在他的保险柜里保存着实力：它就是金子，社会状况愈是风云多变，人们就愈是想拥有实力，或宁可纵情享受。地主也感到如果发生社会动乱，这种以货币形式存在的实力，能在发生紧急情况时保护他或救他的命；他知道这种财富能避开众目，不为人所妒忌，能避开抢劫掠夺。在秩序混乱和专制国家里，尽管流动资本能带来大量利润，大多数有点钱财的人都不愿冒商业的可怕风险，他们宁愿将银子埋在地下而不愿借给别人或将它变成流动资本。确实，贷款给别人更容易受人凌辱和受到抢劫。除了债主所冒的风险外，还要加上借款人冒的风险；富人得讲出他的秘密，至少得和借款人讲，如果要保证借款的安全，还得和中间人和公证人讲。在土耳其、波斯和印度，所有的人毫无例外地把钱都积攒起来。他们将钱隐藏或妥善保存，或者埋在地下，他们从来也不把它取出，他们也不想一想，他们的做法是失去了一项保障。相反，在那些文明比较发达的国家，谁都想成为商人，至少，他不愿意让钱闲置着，哪怕是最短的时间。在英国，那些和做买卖毫不相干的人，在银行家那里都有一本账，他们通过拨款付款购买东西，家里存的钱很少。而在那些不开化的和受压迫的国家里，流动资本很少，相比之下，货币却比较多，而这些钱几乎都是藏匿着的。相反，在那些文明国家里，由于财产受到很好保护，流动资本数量很大，相形之下，货币的比例却很少。

由于流动资本是抽象的和捉摸不定的量，由于它总是靠货币来传递的(尽管如此，在这一点上，它与财富的其他本质无区别)，由于流动资本向来是以埃居的数目来表现的，所以一般容易与货币相混淆，甚至和投入商业中的货币相混淆。商业中的一些日常用语更增加了这种混乱，因为这些句子都是用词不当。人们说，钱少了，钱多了，这些句子与流动资本、与非物质资本有关，而不是与贵金属有关。当有许多债要还时，就说钱少了；当有许多人愿意提供借款时，就说钱多了。在这种情况下，用埃居来完成的交易并不重要。通过转账或通过拨款与汇票来转让非物质资本是有效的，它根本不以埃居的多寡来决定。

然而，流动资本与货币在概念上继续造成混乱的原因是在一系列的相互矛盾的努力中，政府和个人都把货币当做资本，在他们看来，货币是工业的万能动力；但是，他们增加的不是财富，而是计算财富的手段。有些人生产了大量的贵金属，另一些人将它进口，并通过熔炼铸造，赋予它过去所没有的价值；另一些人用一些费用较少的符号来代替，用一些可以随意增加的纸币来代替；这就像为了增加所有那些能进行买卖的物品的重量，他们不断增加秤的数目，然后又用更轻便的秤来代替原来的秤的那样。

像所有其他商品一样，生产贵金属花费很大；贵金属的价值取决于蕴藏量的多少和开采工作的难易程度。但是，因为开采贵金属耗资巨大，因为相对于其从重量和体积来说，贵金属的价值很高；最后因为运送贵金属比较方便，也比较可靠，因为贵金属几乎是不可摧毁的，因为任何意外事故也改变不了它们的本质，所以贵金属的价值在全世界很稳定。这种在各国之间和各年之间价格的稳定和完全相等是量具的基本性质。如果同时要估计商品值多少钱，人们给予的银子值多少钱，这就不是出售而是交换了；标明价格的就不再是理想的利弗尔，整除部分的数目是与通用财富有关的；商人从来不知道他是赚钱还是赔本。如果在从一个国家运往另一个国家时，用来衡量分量的秤，减少或增加了分量；如果用来衡量布匹的奥尼由于高温而延长，或由于寒冷而缩短，称量，衡量也将成为无用之物，它们都将成为欺人之物；同样，如果白银的市场售价与白银的生产成本之间的关系经常变化，如果用白银制造的利弗尔所表示的价值有时高于理想的利弗尔，有时低于理想的利弗尔，以致使商业关系变化不定，那么价值概念本身就不可能被掌握；所有那些在交换中自信有确定数量的人也会感到受骗；所有的合同，所有的交易都将变质。在世界贸易中，所有这些灾难性的后果都会使正在开采中的贵金属数量产生明显的变化。如果它的产量减少了，那些订立定期契约的人不得不付比他们允诺时更多的钱；如果它的数量增加了，那应该得到钱的人的收入就减少了；如果它的数量交替迅速变化，那就像今天的手工艺商品的价格一样，价值概念本身也就被消灭了，商业将成为倒霉的靠碰运气的赌博。

然而，人们对开采贵金属的一切鼓励没有别的效果，只能毁坏十分重要的比例。货币兑换商，银行家一般都担负维持这种比例的任务。他们将银子作为商业的对象和研究对象，与此同时，注意表现在汇兑率方面的国与国之间的价值区别，并迅速地将货币从过多的地方运到缺少的地方；由于这种活动迅速进行，他就能从汇费较少的地方得到好处，而汇费的商业价格可以不必考虑。但是，如果一次投入市场的货币为数太多，使白银大幅度降价，以致运输费用过于昂贵，那么银行家为维持各国间白银的价值所做的工作就是徒劳的，而用白银表示价值在各国之间也就行不通了。

对于贵金属生产以外的其他生产来说，市场要求和生产费用的争斗势均力敌，并由此定出价格。但是当涉及所有的价值标准时，市场需求正好与生产相符合。人们向银子所要求的正是形成这个标准，也就是规定价格；此外，一个德尼[1]恰好与盎司一样代表货币单位。在世界上流通的银子的价值是完全确定的，与它的

① 德尼(Denier)，古罗马银币及法国古币单位。——译者

数量无关。在一年中，整个货币数与整个物品在价值上是相等的，付埃居的次数，与用埃居付款的每件物品经卖主的过手次数，也是相等的。此外，这个货币量，它重量是 1 000 磅，100 万磅或 10 亿磅，也正好是同样价值。当人们发现更丰富的矿藏或更有利的采矿方法时，矿主并不会发财。但是银的价值立刻会与开采费用成比例；确实，在所有的矿中，使矿主发财较少的是贵金属矿。然而，发现非常丰富的矿会明显地给社会带来危害，同时他们在购买或出售各种物品的价格上欺骗那些订立合同的人。

从事金属加工的冶炼者的打算与矿工的目的是相似的。今天，人们不再想去完成大工程，很可能是干了这种工程而一无所获。科学的迹象似乎已经揭示，人们借助电力，在金属的组成上，正在发现自然的秘密。如果人们成功了，那对世界贸易将是很大的不幸。金子和银子的量已很多，因而价格已大大降低，代表同样价值的金银，重量与体积均增大，运输起来已很不方便。在钱币问题上，有的国家已经用铜作为调节金属，如今天的俄国和瑞典就是如此，一个人带为数 100 法郎的硬币已经办不到了。但在国内交易中，重量的不便只不过是小小的困难，如果这种交易不使贵金属的价值在全世界一致的话。今天，运输贵金属的港口已经不具有重要地位，在各个商业国家之间，贵金属已趋于平衡，因为它立即流向价格高的地方。但是，人们不能像运送利弗尔那样，整公担整公担地运送黄金；因此，如果价值本位一旦随着科学进步的速度而增长，这种本位再停留在原来价格或按原价估计，那就会整个失去利益；在不同的时代，应该给价值一个精确的概念，不能比在不同地点那样更不精确。

但是，人们在毫无节制地增产贵金属后，又想出另一个办法，那就是将贵金属变成无用之物，用纸币代之。金币和银币作为货币来说同时起两种作用：作为本位或作为价值的数量单位的度量；将价值从这个人的手里转到另一个人手里。代替第二种作用有很多办法，但是没有任何别的手段可以完成第一种作用。人类任何其他的工业生产品，只能接近贵金属拥有的好处，为了保存相等的价值，为了将贵金属用做拥有这些金属的人的完全的担保品，他们总是在这些贵金属中找到这种保证，而且与它的各个部分的每一部分成比例，他们接受贵金属是为了这种价值。在计算中，2/2、4/4 都等于一个整体。但是，人们在计算大自然中那些既能分开又能合并、而它们的价值不会改变的物品时，人们信任的是那些能保存在空气中、能埋在地里、能放在水里、能经得住火烧、而拿出来后仍保持原状的东西，是那些运输方便，藏匿起来能逃避暴力和暴政、而在 20 年或 100 年后还能找到以保证主人拥有所有权的东西；人们很快地感到，如果不得不放弃贵金属，如果人们不再能将它作成真正的货币，作为一种价值记号的担保物，那人们将找不到任何别的东西来取代它。

至于人们相互之间的交易，它可以用千百种办法照样进行，而且更为经济。人们可以以货易货，把两次卖和两次买联合在一起进行；也可以用共同的结算利弗尔来进行买卖，那里每个商人有一本未清账，那里财产的转移只是书写两行字，就像销售的转手只是一本公共债务账一样；最后，商人也可能通过汇兑、拨款、不记名票据和银行钞票来进行买卖，这些都只不过是汇票原始思想的变形。巴黎的甲对伦敦的乙有 1 000 埃居的债权；甲对乙开出汇票请他兑付这笔钱，并把这张汇票寄给其在阿姆斯特丹的债主丙；丙则将这张汇票寄给其在汉堡的债主丁，而丁又将这张汇票寄给法兰克福的戊；为了支付这些债务，汇票可能继续流通下去，经过 12 个或 15 个人的背书，直到在整个流通过程中，这笔债务用货币归还为止，谁也不会掏出一个埃居。确实，当汇票在一个城市里，由一个商人转让给另一个商人时，一般来说，汇票是由银子购买或支付的。只是在从一个城市到另一个城市时，在转移价值时，汇票一般不通过货币作媒介。另一方面，拨款就是一家商行抽出汇票交给这个城市另一家商行；由于汇票辗转转手，用一次付款方式，汇票可以清偿一大笔债务。不记名票据是属于在同一个城市的拨款，记名票据是属于城市间的汇票：这是付款的允诺，而不是付款的命令，这也是可转让的，同样也是辗转转手进行支付的，支付时也不必掏银子。在同一个城市里，由于前提是票据持有者相互之间是了解的，大家就可以省去背书的手续，在转手票据上写上"可转让票据"几个字就行了。总之，银行钞票是从不记名票据中产生的，钞票是银行大量发行的一种不记名票据。

银行答应将它所发行的钞票所代表的价值用硬币支付：每个钞票持有者可以立即将钞票换成硬币；但是，正因为是钞票持有者每时每刻都能够做到这一点，而他却没有做。如果他需要掌握现款，他保存的通常是钞票，因为钞票分量轻，也不醒目，不像硬币那样容易被窃。如果他要付款，他提供的通常也是钞票而不是埃居，他让别人到银行提取埃居，而第二个人的动机和第一个人一样，当安全能够保证，也不提取款项，钞票也就代替了硬币，在一二百次支付中连续使用。如果这种硬币比例不变，这种安全也保持不变，他只要持有 1 个埃居就可以代表 100 埃居或 200 埃居连续的支付。硬币将被纸币所取代，其他的贵金属铸成锭块，作为商品卖出。而银行家利用公众的信任和漫不经心，用钞票换取了社会上的所有硬币，并从中取得了利润。

直到现在，这种贸易活动给银行家提供了有限的利润，而给群众提供了方便。银行家一方面答应支付款项，同时，如果他确实付款的话，他也可从中得到同样的利息。他的利润正好和流通的纸币相等，他也不必操心存放在钱库里的银子。在这种替换中，公众只是免去往返携带银子和计数的麻烦。由于社会的利息是个人利息的总和，只要纸币值钱，银行家从纸币中得到的利润也是社会的利润。但是，这种微不足道的理由不足以使公众鼓励银行发展；因为那些与银行打交道的人，在安全上所失的比方便上所得的要多，他们在价值上所得到的担保只是一些价值符号，因此，他们把得到的所有的钱放在钱包里，而不必存在金库里，这种小小的方便并不能长期解除对商业危机的担忧。

然而，设置银行的结果带来了另一种更大的方便，它与整个商业有关，特别是与商人中那些最活跃的与最冒险的商人有关，这些人是支持银行的：银行是以普通借贷所身份出现的；银行对商业说：如果你们有什么需要，就尽管说，只要你们能保证有借有还，你们什么时候要钱，我们就什么时候借给你们。每一个商人，不管他多么富有，总会有感到缺钱用的时候，他当然乐意有地方借钱以摆脱困境，当然也乐意慷慨地提供帮助，使人们认为他是更富的人以增加他的买卖。同时，那些敢于冒险而又不怎么富有的商人最需要资金，他们贪婪地抓住机会以尽可能地扩展他们的买卖；所有的人对创造好像资本设在家门口似的随手可取感到满意,钱庄给每个人贷款,保证享受全面的优惠。

银行与制造业有这样一种关系,它们用的手段与其目的好像都是背道而驰的。公众鼓励制造业的目的是为穷人取得劳动,而制造业使用的办法是用比以前更少的劳动力干同样多的活;公众鼓励建立银行的目的是在流通中推广用银子,而银行所用的手段是向国外输出银子或熔化银子;这两种做法的目的是一样的,人们得到的都是这样一种矛盾:在某一个阶段,骗人的表面繁荣使这两种行业感到满意;然后,当危机来到时,这两个行业都深受其苦。

银行打算用纸币代替货币,用纸币来完成过去用埃居进行的流通。银行用发行纸币的办法收回贵金属,而且经常引起别人收回贵金属。同时,银行能够获得社会上节省下来的、原来投资在公共财产上的货币:这一部分是以理想的利弗尔来计算的,并把它借给愿意借款的人。借贷并没有创造财富,只不过改变了用途。一定数量的公共财富用做货币是有害的。社会上的现金应该恰好是几百万埃居,钱庄只能使用这几百万埃居。

首先应该指出,银行所支配的几百万钱数并不是国家货币的总数。我们已经说过,在兑换成银子以前,纸币可能经过200个人的手;但是,银行家靠的只是谁都可以随意省去的信贷:他们应该预料到他们的纸币要被兑换成银子,首先是每当纸币的持有者需要将它分成小额款项,或以少量金额付款时,其次是每当他们对银行的稳定性感到恐慌时。第一种原因发生在和平时期的纸币流通中;第二种原因是发生在危机时期,并使纸币流通停止。在批发贸易中,有一定数量的钱包是永远也不兑开的。在和平时期,500法郎或1 000法郎的纸币能够很容易代替这些钱包。它们从这个富商手里转到另一个富商手里，在作大买卖时，是以 1 000 法郎为单位来计算的。但是，从银行家手里转到年金收入者、制造业主、农场主和各种工程承包商手里的 1 000 法郎应该立即兑开，以一块一块的金币、一个埃居、一个苏地给买主，以供他们付给商店用来购买生活享受用品、食品、生活资料等等不以大笔款项购买的货物；每张 1 000 法郎的纸币由银行家付给那些不做大生意的、但是要花费、享受、生活的人，而这 1 000 法郎立即回归银行以兑换成银子；而银行能够设法兑换成市值更小的纸币；这些钞票很快落到消费者手里，落到穷人手里；等到落到他们手里时，只是 5 个法郎一张的纸币，这些钱得兑换成银子。

因此，有见识的银行应该精确地了解用于批发商业的交易中的银子数量；多数公司都习惯于将大量银子存放在钱柜里，那些 1 000 法郎一包为单位的银子只不过是流通价值而已。这种银子是银行唯一能用纸币代替并能得到利息的银子。相反，如果银行将不断分开又集合的纸币投入流通，这些纸币必然会遭到拒绝。人们宣布成立地产银行，抵押银行和工业银行；这种名字只能说明制定银行的原则的人是多么无知。收到 1 000 法郎纸币的地主、农场主、制造业主，得立即将它分成 100 份，甚至 1 000 份，以支付工资，这些工资每天经常不超过 1 个法郎，工人得把法郎换成生丁以满足他的各种需要。所有这些银行纸币，应该立刻回到银行以兑换成银子，或应该经过批发商的手，批发商拿到这些钱是将它作为贴现的现金的。

发行这种纸币，即不供流通的纸币或比从来不兑开的银子口袋数量更多的纸币，这种纸币一倒流回银行，就会引起人为的危机；另一方面，国务或商务上的骚乱和不安，意想不到的对银子的需要，都会促使纸币持有者兑现。危机不仅是银行胡作非为的结果，也是社会组织机构的危险，银行承担义务见票兑现，而它又没有银子，也不应该保留银子。突如其来并普遍要求兑现，只要稍有迟疑或拖延都会增加恐惧心理，并立即会使银行发行的和流通在市面上的纸币都来要求兑现。只要稍有意外事件发生，最无稽的谎言也会引起惊骇不安，最谨慎行事的银行得对付这种骚乱；银行至少得在钱柜里保存 1/5 至 1/3 代表其流通纸币的货币，尽管这种货币的利息和所失的利润一样多。

如果在危机期间，银行不断付出钱柜里的货币，它就得付出很大牺牲去借贷、购买或从外国搞来货币。老实说，银行也清楚它的允诺是不能兑现的，它寄希望于人们不要求它兑现诺言；银行已允诺，它已准备好它的纸币所体现的银子以供债权人使用，银行这样干，就得不到利润，肯定得赔本。在危机时期，谁都不愿意用银行的纸币来作结账手段，虽然纸币与埃居一样实用，他愿意在手头持有价值的可靠保证，而这种保证是他所放弃过的。如果在他的商店里有商品，他将感到商品里有财富，但它或多或少是难以实现的，但是它确实不会完全遁之夭夭。相反，银行的纸币只是一张纸，在他需要的时候可能是毫无价值的废纸。银行的偿付能力，银行用来作保证的不动产也不足以支撑它的贷款，因为在危机时机，当人们需要用钱时，等待的时间只能有半个月，这就会使它倾家荡产或要了他的命。此外，如果丧失信用持续一个阶段，没有一个银行会不破产的，除非它打定主意，全部抽回纸币，并关门大吉。确实，银行为获得货币的各种活动，只限于用它赔了本的钞票来换银子，同时又以银子用平价收回纸币。如果这个业务活动经常发生，就像危机时那样，那不管它有多少资本，银行也得垮台。一般来说，银行通过迅速付款来重建它的信贷；对包围它的群众能顶住两三天还清它的纸币，它就可指望这些人会散去；但是过两三天以后，这种逆差必然会导致破产。

我们曾经设想，危机是与银行毫不相关的，银行只不过受到它的影响而已。我们曾经设想危机是入侵、起义或革命的结果，或仅仅是商业上的大骚乱，大量的破产和市场壅塞的结果，同时，它使得大量的商人不能收回投资。但是，不管是拮据的原因、公众惊慌的原因如何，银行的动乱有增无减。如果流通只是用银子进行，这种令人惊慌的骚动的自然效果仅仅是暂时停止商业活动而已；老主顾不再登门，商人藏起或封存它的商品，那些有银子的人也不愿意脱手。唯一普遍感受到的损失是在这种令人焦虑不安的时期劳动产品的损失，直到某种程度为止，它以减少消费取得补偿。但是，在这种令人焦虑不安的时期，银行的存在却使人人都去从事杂乱无章的活动。持有纸币的人跑到银行里要求兑现，银行家与持有埃居的人洽谈购买埃居事宜：人们想入非非，总是不尊重理智，采取更危险的做法，并成为刺激他们贪得无厌的原因。资本的需要是产生危机的原因，而这种需要由于大量资本的突然消失而大大地增长。起货币作用的纸币同时脱离流通而大量拥向银行；银行渴望得到货币，不惜代价将它购回，随着银行付出货币，得到它的人妥善加以保管；因为这种令人惊慌的恐怖状态使文明社会变成野蛮社会，谁都想攒钱，谁都想自己的保险箱里有金银财宝。总

之，银行的资本已经冻结，并削减了社会资本，因为，恰好社会资本也不能满足当前的需要。法兰西银行股份的价值，它的资本今天值 16 200 万。让人们判断一下，如果政治或商业危机的效果是削减，至少是暂时削减这 16 200 万，那危机将大大加深。

不管那家银行多么明智，也不管它多么巩固，人们对引进这种机构抱着很大怀疑，因为，在太平岁月，它的本性确实是帮助商业活动，但是，这却为商业增加了动荡不安，给商业繁荣增加财源，在碰到对手时，又猛然抽走全部财源。但是，由于那些打扮成赞成这种买卖的人所传播的错误思想，以及那些为自己的贪婪目的而传播错误思想的人的努力，银行制度的危险无限地增加了。因而，我们每天都听说借贷的创造性力量，动员国家财富的重要性，银行给予工业、农业、负债的业主以及处于逆境时的商业的帮助；然而，借贷什么也没有创造，它只不过转移和借贷已经存在的资本。工业需要指挥和维持劳动的能力，这种能力通过货币来传递，但是货币不创造任何东西。由于对这种能力存在幻想，银行很少有这样的头脑，能把它们活动局限于对人们有用的活动中去。它们将流通所无法容纳的大量纸币扔到流通中去，并自信是创造了资本，这些纸币很快回到银行家手中，以用来交换硬币。这种纸币的回收足以传播不安因素：这部分货币可能是有用的，也可能被流通所抛弃。银行家破产了，他使所有给过他担保的人都破产了：所有那些手中掌握这个银行纸币的人，一下子被剥夺了现款，而整个社会也感到动乱和惊慌失措，所有商业贸易的中断，也会像危险的政治动荡一样，会使很多财产毁灭。

天下太平时，银行的建立在国内增加大量流动资本以推动工

业；银行用1/3或可能是1/2的贵金属来制造货币，它对社会是值钱的东西，但它不会给社会带来收益，这些贵金属被用来换取与理想利弗尔相等的价值，这种价值对社会来说虽不值钱，却会给社会带来收益：这是银行能够追求的最高利益。但是，在我们这个时代，非物质资本的增加难道会带来人们所希望的好处吗？社会并不是没有足够的物质资本，它难道不是太多了吗？毫无疑问，计划的制订者、没有本钱的承包商、商业里的投机分子，他们的回答肯定是否定的；他们将感到资本不足，因为他们自己没有资本；就像人们常说的那样，银子很稀罕，因为他们得不到；但是，对社会来说，这是它最希望得到的东西，因为上述几种人确实一点也得不到。我们已经看到，造成我们时代最大苦难的原因，就是英国人称做过度贸易的那种过度的和病态的刺激；对制造业来说，就是迫不及待地加工一些人们消费不了的商品；对商业来说，就是进口一些卖不掉的商品；对所有的人来说，也就是追求侥幸的利润，而不是商业利润；这种利润的得来不是建立在为买主服务的基础上，而是寄希望于其他商人的破产上。因而，上述种种情况，商业的壅塞，都是那些投机倒把的商人、那些本来没有他们地位而想挤进来的那些人造成的，也是那些什么东西也不向他们要求的人造成的；正当的商业、兴旺发达的商业，是应该根据它所感到的消费需要来准备商品的；但是，投机倒把的商业、那些存心造成市场壅塞的商业，它们准备商品是为了使用闲置的资本。确实，有些原因可能决定人们去从事一些有利可图的工作：聪明机灵的人的发明、穷人的劳动要求、使用资本的要求、最后是消费者对商品本身的要求；但是，前三个原因经常是令人失望的，最后一个原因保证买卖人能从中

得利。

现代社会积累了大量不可思议的资本，这些资本已经使社会感到很难办和不堪重负；这种过剩把资本不断推向投机倒把的商业。全面的战争是资本的巨大消费者，一旦这种战争结束，人们看到最富有的国家发疯似地投入亿万资本，首先是在美洲的和大部分大陆国家的借贷中，其次是在以前西班牙殖民地的采矿业中，还有成千上万的所谓的工业公司中，它几乎同时在英国出现，它同时出现和消散，像是瞬即消逝的肥皂泡，肥皂泡这个字是人们给它取的名字；最后是在铁路上的投资。这种种用于投机事业的资本可能已超过银行用于公用事业的 100 倍：这些资本大部分已经消失和化为乌有；政府、矿山、股份公司的接二连三的破产，引起成千上万个家庭的毁灭，到处都呈现一片凄凉景象；但是，如果没有发生破产，如果大资本公司没有被毁掉，如果社会过剩状况总是发展，那后果是不堪设想的。

50 年来，大部分商行一半是靠自己的资金，一半是靠长期借款，也就是靠人们称作贷款的东西来经营企业的。这些商行签字画押，答应在 4 年后或 6 年后归还借给它们的款子，并付 4%至 5%的利息。从那以后，这种借贷方式就完全被抛弃了；它被活期存款和贴现所代替：资本家通过活期存款，将他们的资本以不定期形式交给商人，并在他们愿意的时候局部地抽回资本，按日期收取商人享用那部分资金的利息；通过贴现，资本家用银子换取长期汇票，并扣除汇票使用时期的利息。但是，在建立银行的那些国家里，他们天天拒绝这类交易，他们不愿意对活期存款付利息，喜欢和汇票贴现的银行打交道。因为资本家的银子总是受到商业的排斥，我们最近已看到这些资本家很轻率地匆忙地办起大量的危险企业。

资本家所感受的疾患是一种社会病，企业家在银行家那里找到的方便可能也是一种社会病，如果社会因这些轻率的企业而遭难，制造这些使社会遭难的企业是为了使它们相互对立、相互转卖商品，社会应该希望债款人得不到取得资本的方便条件，希望借款人能在贷款人的监督下感到这一点，需要在借款人得到钱财以前说服他谨慎行事。但是，那里有银行，特别是银行贸易是自由的，而且自己是对立的，贷款人要找借款人，贷款人竭力以提供方便条件来引诱借款人；贷款人急于贷款，如果它推销不出纸币，它就会倒闭。最近美国的一次危机震动了全世界，它使人们认识到英国银行家是多么坚持并催促美国人利用他们的贷款；由于英国客商竞相兜售商品（而这种商品价值成千上万英镑）；这些客商给投机商人的财产是10倍于他们能够应承的，这是多么不谨慎的行为。这就是危机的历史：美国商人由于得到了一笔不应得到的贷款，与流通可能性不成比例的订货，制造业为完成这种订货而加倍生产，似乎是处于兴旺发达状态；商品最后来到市场，其数量远远超过美洲市场曾经消费过的数量，商品是来了，但是消费者并没有来到；在商品还没有卖掉一半以前，支付的时刻已经到来，商人要求新的贷款；银行家轻率行事，一意孤行，银行接二连三地急剧倒闭，卖不出去的商品也急剧地跌价，对工人来说，这是更为令人发愁的事。

银行增加的主要原因是英国人称作的超额贸易，以及工业发展的病态，这种病态像一场热病，当它还有热源时，表面上充满生气和活力；然而，人们在设法限制银行时，必然会引起一片喧哗，银

行家、股东和那些想成为银行家和股东的人对这种限制会感到不满，那些向银行借款的人、从银行贴现汇票的人或想有朝一日得到贴现汇票的人也会不满，最后，还有那些能从投机倒把得到利益的人也会不满，这些人最贪婪，最希望得到新货色，他们对上述愿望表现得最强烈。那些有实力的商人发现从资本家那里借钱，和从银行借钱一样，得有良好关系；经纪人从资本家那里用银子为单据。贴现与用纸币贴现一样容易。在日内瓦，贴现是用银子的，贴现率很少上升到4%。但是，资本家只是在研究签字的价值后，经过再三思考才审慎地进行投资。这种思考是排斥投机倒把分子的；那些为所欲为的人对此当然是不高兴的。然而，就对付混乱的商业活动来说，这是对公共财产的真正的保障，它对工业的安全比对资本的安全更有甚之。

这就是银行的好处与危险所在。好处是很少的，社会却要冒很大的险，这样做难道是明智的吗？在和平时期给予人们的小小方便，和在危机时期对所有财产造成的混乱，对威胁公共秩序本身造成的动荡，这两者之间是不是有什么比例可言呢？英国和美国定期地受危机威胁，而在那些没有银行的国家里不只是受到一些影响吗？我们可以肯定地说，在那些没有银行的地方，政府不让建立银行是明智行为，不允许成立旨在建立银行的股份公司，不允许个人或团体发行不记名票据（所谓不记名票据就是可以转让的无需背书的付款承诺），这些都是明智行为。

一般来说，政治经济学只是研究原则，而让法律去执行这些原则；为了进行立法，法律应该研究事实和情况。因此，我们在这里对已经建立的银行不表示任何意见。然而，我们应该谈谈垄断问题。英国有些政论家引用美国的例子，要求银行业对任何人都是自由的，把留给某些公司特权看做是不公平的行为。他们忘记那些发信用券的银行家对属于他的东西并不进行投机，而是对那些属于公众的东西进行投机，对公众的东西，他是无法暗地归为己有的。银行家要求交与银行纸币的人的信贷期限是如此的短，以至于他很难有时间考察一下是否值得借贷。此外，经常是银行家本人要求信贷而不是放信贷，因为在这种交易中有些东西是很奇怪的，谁都可以成为借主，特别想弄到票据，一种是汇票，另一种是作为债券的银行纸币。持有纸币的人在承兑方面并不困难，他在一收到纸币时就设法将它脱手。在这种交易中，政府是公共财产的保护者，特别是要为大众的利益而保护作为公共财产一部分的货币，政府为了监督就要进行干预，它是以不能自行监督的公众名义进行干预的。这就像政府为维护公共道路而进行监督一样；因为尽管每个过路的人都关心道路不要受阻塞，但行人不会为占据一部分道路的人进行坚持不懈的斗争。但是，货币也是一种公共道路。有人借助纸币的流通，借来纸币以供输出，并在公共道路下面挖了一个暗沟，这种道路可能会塌陷。

如果个人利益注意限制银行纸币的流动，政府可能信赖这种流通。因此，政府不需要关心汇票的流通，因为掌握或背书汇票的人的眼睛总是睁得大大的；他知道直到完全支付时为止，他得对这些汇票负责，就像他一样，可以追溯到第一个接受汇票的人，可以要求将那些给予的、为数不多的贷款兑现。如果接受纸币或给予纸币的人不得不进行背书，那么人们就没有理由担心银行会侵占公共货币，而不给予充分的担保；但是，当纸币在持有者手里时，得到纸币的人的利益是暂时的，对滥用信贷不负任何责任，而对公众来说，这种利益是头等重要的，不能掉以轻心。公众自己或通过组成政府的代表应该对此严加防范。只有具有了这种警惕性，才可以讨论银行垄断是否正当，是否适宜的问题。

如果没有这种章程，任何银行也不能行使职能，政府还可用各种办法限制银行的没有节制的活动。政府应该首先阻止各种竞争，包括银行竞争；政府也应该阻止银行家抢夺生意，抢夺借款人，而借款人寻找借主，向他们表示自己是值得信任的。在英国和美国，银行家之间的竞争使他们展开活动，这种活动是与他们的财富和财产成反比的；为了互相抢夺顾客，他们用票证塞满了所有的商业渠道，政府应该拒绝任何抵押银行和土地银行的契据，因为这些银行的名字就指明，它们的发起人并没有任何商业思想。他们用纸币向借款人进行投资，不用流动资本，而是用不流动的那部分，即已变成固定资本的那部分。借钱的人是用来开发土地，一旦他把钱花完了，他就不再准备在生活中再见到它们。这些纸币可能进入其他商业的流通中；但更可能的是立刻回到银行家手中，并用来换取货币。

政府能够、也应该要求任何纸币只是在大额时才用于流通。法兰西银行的纸币，最小的票额是 500 法郎，最大的是 1 000 法郎只是用于汇票贴现和财政支付：票值 100 法郎的纸币投入小商业；票值 25 法郎的纸币流入个人的钱包中；5 法郎的纸币到了农民和短工手中。纸币使黄金在商业中销声匿迹，在法国、英国、奥地利、俄国、罗马教廷，在纸币制存在时期，银子也无影无踪了。

有了这些限制，人们就可以得到银行的好处而不受其害：确实，人们看到法兰西银行度过了艰难时刻而没有过分之举。在别的地方，凡是在银行有过分之举的地方，它都动摇了商业。有人还比法国做得更好，限制银行的过分行为，使之不能推动冒险的企业和投机倒把的勾当；但是，做起来也很不容易，就像以前一样，人们会四面受敌，那些人会要求银行给予商业更多的帮助，给工业更多的推动，当人们下定决心，限制对制造业劳动的繁荣造成重大障碍的银行体制时，他们就会提出这种要求来反对这些不可克服的障碍。

第十七篇　论非物质资本或债权

我们在继续研究商业财富的同时，到处看到债权在再现，好像它是构成财富的重要部分。从商业角度看，全部国家财产本身也是一种债权；从抽象的观点来看，债权是各种物品的交换价值，而各种物品构成了个人的资本，它也是国家的资本。商业教给人们，将交换价值置于有用价值地位，也教给人们有时将人、有时将物看做是这种交换价值的债务人；在某种程度上，商业将体与影分离，财富和价值也可以分别占有。同时存在的大量商品里面包含着社会的流动资本。在账簿用语中，这些商品是拥有它们价值的人的债权人；债务人可以把这种价值给另一个人；在这种语言中，地产、不动产、固定资本的价值是属于物主的，但是，其价值的一部分或全部，通过抵押的办法，可以属于第三者。货币本身的价值也是属于把它藏在金库里并占有它的人的，但是这种价值可以通过银行纸币将它与货币实体分离。

所有这些财富都是人类劳动产生的，它反过来又帮助人类劳动，使它产生社会收入，使能够用于消费的财富经常增长，否则社会就会陷于穷困。这种增长，就像商业认为的一切增长一样，应该是交换价值的增长，而不是数量上的增长。当这种增长速度很快时，社会就繁荣，速度减慢时，社会就遭难，这也是指价值，而不是指数量。如果价值减少，数量增加，那社会也要遭难。由于财产都有助于这种增长，而它是更直接地源出于人类劳动的，这种共同的关系是建立在财产与收入、资本与利息之间竞争的基础之上的。利息就是以交换价值、理想的利弗尔计算的那部分收入，它每年在交换价值、在理想的利弗尔中、在社会财富或在它的资本中产生。资本和利息的通常关系使人们到处都看到资本，都期待着利息。人们到处都可碰到利息，人们设想一种资本，于是经常创造一种想象资本进入商业，这种资本就像真正的资本一样。

我们不知道对上述如此抽象题目的叙述，是否已经把问题讲清楚；但是，即使已完全明白了这个道理，我们觉得还得举例说明，因为由于语言上的含意不清和缺乏表达其属性的确切词汇，人们经常将流动资本与货币相混淆。因此，即使在人们暂时掌握其区别时，习惯与思想上的惰性也总是产生危险，使我们重新堕入同样的混乱概念中。

社会上现存的可以出售的商品价值被认为是流动资本的构成部分，而人们认为流通中的流动资本是包含有这种价值的各种物品的形式的不断的变化，或者是生产商品的商人的资本所经过的不同的物质存在形式，或者说是商人使商品达到其预定目的地的不同的物质存在形式。在流通中，应该指出的是，商人的资本，经常和别的任何物质形式一样，至少也是以债权的形式存在的。

当人们宣布，新的制造业企业家准备用 10 万法郎来经营他的工业，这笔数字就表示流动资本，或以理想的利弗尔计算的交换价值，是企业家打算每年用于商业交换的所有财富。然而，由于被语言所戏弄，在人们的思想中，立刻呈现相当于他所使用的资本的一笔埃居。这笔钱几乎从来也不存在。每种工业几乎都陆续地要求垫款,它几乎在整年里都要反复地进行。经营企业的企业家带来了以埃居计算的 10 万法郎,他可能失去他资本中大部分的利息。对他来说,宁可分成 50 份,每周拿出 2 000 法郎。如果在开始经营企业时,他出售不动产,还借了一些款,最后一次得到 10 万法郎,他的第一个活动就是将钱换成债券,如果可能,拿到 2 000 法郎的现款和 49 张 2 000 法郎按周支付的票据;如果他能将他的钱精确的划分,他用于流通的货币向来就是 2 000 法郎,他只使用社会的 2 000 法郎的硬币,尽管他的流动资本已达到 10 万法郎。

新的制造业主很可能已经有了以债券形式存在的基金:这就是在商业上备有的汇票的有价证券;这种汇票是定期的、即可领取的债券,或者是银行里的活期存款,商业上的债券;在债权人要用时就可领取;不动产的债权是抵押品,是定期的,不是马上能领取的;运河、矿山、银行的股份,本身是商业的公司的债券,这些是不能兑现的,只能转让或出售给另一个持票人;最后,公债是某国政府的债券,一般来说,它不像公司股份那样能够兑现,但是,债权人可以将公债让与另一个债权人,并从中抽回其资本。

确实,在有的时候,制造业、商业、工业的企业主可以在商品上进行投资:他提供羊毛、黄麻、棉花以用来纺织,要不然就用农场的产品来养活工人;但是,了解商业的人都明白,这种实物投资总是很有限的;大量的投资是用债券,当人们谈到现金时,言下之意总是指债券,这是不言自明的。

因而,在商业企业中,债券构成资本的大部分,在商人的票据中,债券每年都不断出现,在全年中有规律地分配他的款项。此外，制造商经常靠贷款过日子；他用于企业的流动资本是借别人的；否则，他付给工程承包商、原料供应商的是3个月或6个月的定期票据。另一方面，他出售期货，也得到债权，他付出商品，收到的是买主的汇票和期票。

但是，债权在那些不是经营商业的人的财产中占有更大的比例。每个人心里都有一笔账，当人们看到货币只占财产的很少的一部分而债券却占很大一部分时，会感到吃惊。

富人的财产清单中，第一个项目可能包含他所拥有的土地；其次是或多或少兼有土地、房屋、工厂及用做工业固定资本的其他一切不动产。由于不同的物品需要比较，人们在估计其价格时，习惯于以这些物品可能得到的货币作为价格，并把它作为与资本相等的金额。然而，不动产不能用于商业流通；利用它的方式，不是将它出售，而是保住它；它们真正的价值，那就是收入；只有出售的不动产是例外。如果人们同时将不动产全部出售，其售价将大幅度降低，否则产业主和国家会因此变穷。只有通过使不动产的用途或多或少能获利的买卖，真正的价值才能得以实现。另一方面，当流动资本的利息下降时，当它不能给工业带来同样的利润时，在估价不动产时，它的价格就会提高，否则产业主不会发财致富。人们不会以20倍、或5％的利息来估计收入，而是以25倍、30倍、40倍的数字来估计收入，或者以2.5％的数字计算利息，要不然，这些所谓的暴发户的享受也不会增加，甚至不可能将不动产以高价脱手，如果他们有人想这样做的话。

在富人的财产清单中，于不动产之后，其重要性占第二位的项目是债权；有时，人们以动产这个名词来理解它，更经常的情况是

人们以现金来指明那些百万富翁。在英国，对那些有债权的资本家，人们商定用金融家这个词来称呼他们；而他们自己也设想，由于别人欠他的是埃居，埃居也就构成了他们的财产。然而，如果人们把他所有的埃居、把他所有的钱凑在一起，人们会看到这些埃居也算不了什么大数目；如果他们中间的某一个人想把它的债券全部兑现，其他人就没有什么钱了。这些资本家愈是精心经商，就愈了解生意经，他的金库是空的，钱包却是满的，他们将流通所需要的货币给了银行家，这些钱就只是债券了；大部分资本家给银行家的是那份日常开支所需要的钱，并用拨款的办法来算账。很多富有的资本家，自己手头留下的银子不到他们收入的一半或 1/4，甚至还不到 1/12。

在富人的财产清单中，我们还得加上家具、服装、图书、收藏品，以及为享受所需要的动产。这些家具可能是富丽堂皇的，它能给人们留下主人是家财万贯的印象。然而，在他们自己的估计中，这些不算自己财产的一部分。他们以成千上万的埃居来计算这些东西，但他不把它算在财产之内，因为，他从中确实得不到收入，只有收入才能使它得到享受和高枕无忧。同样，这笔财富不必交税，而且从来不必交税：确实，税收是个人收入中向国家交纳的钱财，而这些家具在加工成享受品和现在成为消费品时作为收入的一部分已经纳过税了。

在富人中，那些经营商业的资本家把在商店中的商品也列入财产清单中，对有些商人来说，在财产的计算中，这部分数量很大。在商人与消费者的关系中，商人具有双重职能，在一定的时间内，商人为消费者保留一些他可能需要的东西。同时，商人设法调配，给消费者提供各种商品以供选择，使消费者能找到合意和别致的货物。要完成这种或那种职能，商人就得使商品琳琅满目。他这样做会推迟资本的周转，在某种程度上也使商品停滞不动，而这时货币总是在周转。这种缓慢的流通速度很容易成为赔本的原因。利息不断地随着商品总值的增加而减少；如果商品不花样翻新，商人就失去做生意的机会，如果他在这方面搞的过多，他就会失去收入。商人经常努力使货物完备，而投资愈少愈好；他每年尽可能地更换花色品种，使制造业不断搞些新花样，如果制造业停工 6 个月，那么，就像他说的那样，他就什么商品也没有了。商人竭力给卖主提供花样品种，但与其说是商品品种，还不如说是样品，在人们要求的样品中，有些是刚设计出来的，或者说是他急于想得到的。

然而，这种重要的观察，在我们看来，并不像是在我们以前就作了这种观察，随着国家的商业更为活跃和工艺更为发展，社会的流动资金，以商品作为财富的资金，是减少了而不是增多了。谁都能更好地了解商人手上所掌握的资本的损失；尽管每个商人都想以琳琅满目的商品来招徕顾客，但他得精心盘算他能够使用的投资，经常更新投资，从而急于将商店里那些已经过时的商品脱手。此外，我们已经很好地改进了运输工具和通信工具，我们前辈所经历的日期和时间的迟缓已不是什么问题了。过去，商品从制造商手里出去，经过批发商，在商店里闲待着，直到他的客商在外省的城里得到佣金时才能出售。于是，马车夫慢慢地将货物运走。这些货物在车上或在海关里待上几个月，然后，在零售店里等待顾客的任意挑选。制造业出产的呢子，在制成消费者的衣服以前已经经过了两三年。今天，在24小时内，剪下羊毛，经过清洗、染色、纺织，最精细的呢子就织出来了，再经过裁剪、缝纫，衣服就穿在身上了。这种神奇的速度无疑是罕见的，但是，生产活动的速度，直至成为消费品，这是大家共同努力的结果。如果中间经过的时间从前平均是3年，今天将是6个月。商品的存货时间缩短了5倍，因此，同时存在的商品量是很少的。在国家的借贷对照总表中，它的价值也像其数量一样减小。

对富人、地主、资本家、商人的财富构成，我们已经探讨过并得出一种概念。过去，穷人的财产在国家借贷对照总表中的数值也很大，耕作者、农民也有一笔小小的农业资金，手工业者有工场，家庭工业也有它的一笔小资本。随着各国进入工业主义的轨道，这些小额财富也随之烟消云散了。可能，在这些掌握技艺的家庭中，还留下一些值钱的家具；但是，这是已经使用的消费品，与富人的家具摆设不一样，不是国家资本的组成部分。至于穷人的工业，已经不再属于他们了，他们一般都在别人的企业里劳动，过去，他们的积蓄是他们从事劳动的资金，每年都在扩大，如今，如果说没有散失的话，除了存在储蓄银行以外，也没法作其他用途。穷人的另一部分财富，也就是工人的熟练技术，也已经无用武之地了。由于工人在学徒期间付出了相当巨大的费用，这种训练使工人在一定时间内完成很多工作量，而且比一般人完成得更好。学徒期间的训练是人的固定资本，是与商业财富相关而不是与土地相关的。但是，工业发展带来了奇怪的后果，人们像要求物的力量那样要求更多的技巧，而要求人们的只是耐力。机器完成了工艺中神奇的工作，而人的那部分工作，在配合机器做的工作中，已经降为极为

简单的工序，以至于一个工人，甚至是妇女、儿童，在几个星期的准备以后，也就能够操作了。

但是，在浏览富裕国家的借贷对照表后，人们不能不带着惊奇的心情提出疑问：国家财富在哪里？地产并没扩展，还是那一些，尽管它使纯收入大量增加，至少可以怀疑，地产被分成小块，投入了更多的固定资本，地产就更值钱；由于更快地进行消费，商品似乎在数量和价值方面已经减少了；工人的熟练技巧已无用武之地了，没有人需要它；在富国里，硬币都出口了，在受压迫的国家里，人们把它藏起来或埋在地下。在所有国家中，英国是以阔绰著称的。英国的阔佬，人数多，财产大；世界各国都有他们的足迹。然而，左右着商业的英国商品都是属于他们的，至于领土财富，无论是面积、地力、气候，甚至是出售价格和资金都没有胜过大陆。毫无疑义，这个国家是世界上最富有的，而人民的财富又在哪里？

英国的富人是在世界各地经营商业和工业的富人，他们将打开钱包，向你们回答这个问题。你们可以在他们的钱包里找到一张提前贴现记名本票，也就是扣除利息的本票，因为它还有几个月才到期；你们也可以找到不动产的抵押债券；还可以找到商业企业中两合公司的股票，股份有限公司的股票，以及银行、贴现银行、保险公司、矿山、铁路的股份；最后是在欧洲和美洲政府的基金中款项收入证明书，可能这些基金就等于所有的证券总数。

将大部分富国的财富变成非物质财产，这就是财富学派活动非常奇怪的结果；这种活动还有一个非常奇怪的结果，那就是与这种财富有关而呈现出来的第一个问题，即这种财富是否有真正存在的价值？我们已经尽力对一个国家作总结；我们怎么能够对这个国家自身引入债权？国家由于某种债务而变穷，而由于另一种债权而变富，这不是很明显的事吗？人们难道没有看到这是两种相等的量，一种是肯定的，另一种是否定的，它们是互相补偿的。

进一步考察债权时，人们很快碰到另一种情况，这种情况使人倍加震惊，更使人难以了解，债权怎么成为国家财富的一部分：往往有这样的情况，负量存在着，而正量却消失了，以致债权不是增加，而是更少了，并从国家财富中扣除了。通过合同构成的债权，也像大部分债权一样，特别是像销售合同一样，是两种假定的相等价值的交换；但是，这两种价值既使得到债权的人，也使摆脱债权的人感到满意。在交换中，这是两种商品，都适合于立即为缔约者所使用，都是用一种商品换另一种商品；在销售中，是一种商品用来换取各种商品都能得到的手段，即用来换钱；在赊售中，商品用来换钱，赊款以后支付；在贷款中，这笔钱用来换取不久以后支付的款项。赊售和贷款构成了债权，其共同特点是以现实的东西换取希望得到的东西。

我们所谈的贷款，罗马人称作借贷，它不像订货那样，并不要求归还借来的同样物品，而仅仅是同样性质的另一种物品，这是借款人在订约时所没有的物品。这两种量，即正量与负量，一旦分离以后，相互之间就完全独立了。借贷的资本能够作有利和有益的使用，并有助于国家财富的增长；它也可以在错误的投机活动中，在奢侈和浪费中被挥霍殆尽；它所构成的债权仍然是完整无缺的；人们并不是靠这笔钱来归还这笔资本，而是靠别处拿来的财富。然而，对国家来说，在这两种设想之间也有区别。在第一种情况下，贷款人有了和让与的资本相等的债权，而借款人得到这种流动资本后，从中得到价值：这两种量，即正量与负量，是相互补偿的；这样使国家既不赔也不赚。在第二种情况下，贷款人保留他的债权，与他让与的资本相等；他也是不赔不赚的；借款人不再拥有流动资本，他负了债；他由于有了这笔债而更穷了，而国家由于借走了这笔无利可图的债也变得更穷了。

除去作为贷款人担保品的贷出资本外，什么是财富？这种使真正的资本与债权交换的价值又在哪里？在这里，我们开始承认在借贷能力中确实有创造力：它掌握未来，它用这种未来来换取过去。借贷能力与国家资本相交换的东西，那就是分享由人类劳动创造的国家收入，这是借贷有办法支配的。但是参与分配的是定期利息；只是由于这种利息，正量与负量才相互补偿。人们将债务的利息与收入分开；这种利息，只有债权者才能享有，而不是借方所能享有的；此外，这种收入并不能由此而增加或减少，它是借贷双方的事，社会对它是漠不关心的，这种交易对社会也不会有什么影响。

同时，根据商业的习惯想法，每项利息都以资本为前提：未来的收入也来自资本，这种资本也隐藏于未来；这种资本和未来的劳动产品一起，也和来自商业的利息支持商业资本一样支持同类的关系。如果商业利率是 20 德尼，或者是 20%，贷款创造 20 倍于已答应的利息的非物质资本，这种贷款将这种非物质资本给予放款的资本家，并用来换钱。这种未来的资本积累，这种还没有生产出来的、可能永远也不会生产出来的产品的提前支付，富国的大部分财富也就都变成了这种资本积累了。

我们设法深入了解内情。一个订立借约的商人一旦破产，对他的债权也和资本一样消失了，国家的财产也不是负量，任何正量也不再能相适应。但是，一般说来，即使借主借去的资本赔光了，他给予的安全保证正好使他不赔本。一切抵押都属于这类性质；所有属于借主的不动产都是作为贷款人给他的流动资本和货币的保证。以抵押获得债权的债主打算采取减价办法，他要偿还旧债，以弥补偶然发生的失败，他最终付出一笔费用，而不是一笔投资。但是，这并没有什么关系，债权并不是需要付出银子的资本，它不像投影一样，它是以土地资本作抵押的，这种土地资本有两个产业主，一个是拥有债权的人，另一个是有地产而债权较少的人，这两种正量与负量相互补偿或相互抵消。

数量众多的股份有限公司，与其说是需要真正的资本，还不如说是需要贷款，如保险公司、银行，通过抵押得到这种贷款，它们以不动产作为保证，以防天灾人祸带走了它们的流动资本。所有那些损害了这些有限公司事业的公司都留下了一笔债务，或一笔贷款人收到的正数量款项也没法补偿负数量的款项；因为贷款人已经将这笔钱挥霍掉了；但是它应该从不动产的价值中扣除，这些不动产已经借出了它的物质。总之，政府的所有借款，可能毫无例外地都是用于支出，而不是用于投资的。贷款人拿出来的钱，都是像进去那样从国库里取出的；但是，贷款人用来转让的流动资本已经被挥霍掉了。流动资本已经在战争中耗掉了，在不带来任何收入的公共工程中花费了，或作为公共机构职员的工资发出去了，这些职员在收到钱的时候以为领到了收入，当他们花费流动资本时，他们就是这样认为的。

然而，当国家债权和个人债权还继续存在，而为这些债权奠定基础的财富已被挥霍了,这些债权又成为怎样的东西呢?我们只是怀疑这些债权没有真正的价值,因为债权形成了人们一般称作资本家的财富,也正是这种财富通常被用来建立有用的企业。这是一种奇怪的现象,在国家的财产清单中,这种只能当做负量来计算的量,好像是因为推动工业而显得有积极的效果。如果因这种现象而使经济学家胡说八道,那是一点也不奇怪的。

为了更好地了解这一点,应该弄清楚这样一种观念,即债权人从借方得到的并用来换钱的债权或非物质价值只不过是未来劳动产品的款项:借款人答应每年将收入一部分给贷款人,用来换取他所得到的资本,但这种收入还没有产生。有时,除利息外,他还答应从每年的未来的收入中归还一定比例的资本。人们称之为借来了充作年金的资本,尽管这种情况只是在资本被真正地归还时才发生。但是,更多的情况是答应长期的利息。资本是永远失去了;但是,只是根据资本一般在商业中带来的利息,人们设想这种利息能正常使用,总有一些资本家急于获得这种利息,债权也就是以这种方式进行的,否则国家永远也无法解脱。

然而,拨入不存在的收入又有什么用呢?这只能被认为是对真正财富的一种期望,如果国家碰到灾祸而不能从事生产,这种期望也就永远没法兑现:而人们设想的代表对未来的长期的拨款的资本,那就是价值,为了这种价值,人们设法出卖这种期望。有人曾经说,当人们提供手段去先期出卖土地将来能够出产的产品时,人们就动员土地,当人们能够向政府提供更多的方便来出卖社会劳动的未来的那部分产品时,人们就动员公债,这种公债是政府通过税收来提取的。然而,这种动员只不过是社会所作的对前途的无偿让与，先期挥霍下几代人的劳动产品。毫无疑问，对资本家来说，这是一种非常容易占有的财产；此外，这是一种对购销都有利可图的商品；因此，掮客、中间人，以及所有那些做这项买卖的商人，都把公债看成是他们的生财之道。但是，除了某些人得到个人利益外，对国家是一种灾难，对借债国干了一件错事，它靠损害未来几代付款人来挥霍浪费；总之，这也是社会一方面财富明显增加，另一方面却是日益陷入困境的一个重要原因。确实，还得要求负有大量债务的一切国家，用逐步减少工资、利润、银子的利息、地租和一切收入来偿清这笔债务；因为这些收入已经在产生前丧生了；而那些今天劳动的人、将来劳动的人不仅要创造生活资料，还得偿还前人的挥霍浪费和债务。

但是，信贷的真正职能，只是将某个人所有的东西转移给另一个人；但是，根据我们使用它的方式，转移给我们安排的信贷是那些还没有出生的人的东西，和安排那些可能正好属于他们和属于他们劳动的东西。在这种基础上，信贷已经创造了对国家的真正繁荣不能增加任何东西的巨大财富，对国家来说，甚至经常是毁灭它的重要原因，但是，它使拥有这些财产的人家财万贯，同时将实际上存在的多1倍的价值投入商业。好像每个躯体都在未来投下了影子，而这种躯体也像事实一样变成钱财。这种神奇的创造是我们思想中的习惯做法，即将收入都归到资本的结果。借出1 000埃居的贷款人与借主谈妥，为了享用这笔钱，借主每年得付50埃居给贷款人。这种交易使人们相信在某地有1 000埃居的资本，这笔钱在什么地方都能得到50埃居的收入。一块能有50埃居收入的土地就被认为值1 000埃居；一家公司或工厂有50埃居的收益，它也被认为值 1 000 埃居；从政府领取 50 埃居的长期年金的人也被认为有同样的数目财产。因而，国家公债的收入，不也是长期和可以转移的年金吗？确实，它们也是从一笔银子里产生；但是，挥金如土的政府将这笔钱登记在总账里，政府是站在那些想发财的人那边，而它从他们那里却什么也没有得到，政府在公债里同样创造 1 000 埃居的资本，而在总账本中记下 50 埃居的账。国家是不是因此发了财？没有，肯定没有；然而，政府增加了用于交易所的价值，它对经纪人和银行家的商业以新的商业活动，给资本家以新的投资。这是一种创造，但是这是一种与信贷相联系的神奇的创造：享有信贷的人自己只享有定期利息，他只是让出他未来收入和他继承人的收入的一部分，然而，他创造或投入一些非物质资本于商业，其数量相当于这笔未来的收入。此外，这笔非物质资本确实相当于一种价值，为了这种价值，信贷在商业中流通；信贷将带来完全正常的果实，甚至可能比这种价值更多，尽管信贷无助于这些果实的产生。这些果实只不过是借款人答应给贷款人的那部分钱，存在于借款人所生产的劳动果实中，至于谈到公债问题，那就是税务警察成功地从纳税人那里抽得他们的收入，给借款人：然而，所有非物质财富是以实物财富作抵押的。人们可以设想一下，取消了债务，某个人的财产就会转到另一个人手中，但是，从总体来讲，社会并没有什么得失。纳税人将停止付给贷款人他的收入部分；土地将无人耕种，劳动也没有人去干，如果人们坚持要找寻劳动代表什么资本，总的来说，国家，能够劳动的国家就相当于一笔与不流动资本相等的钱，而且比过去更有甚之，因为国家以永远失去自己一部分自由的代价才获得这种资本。

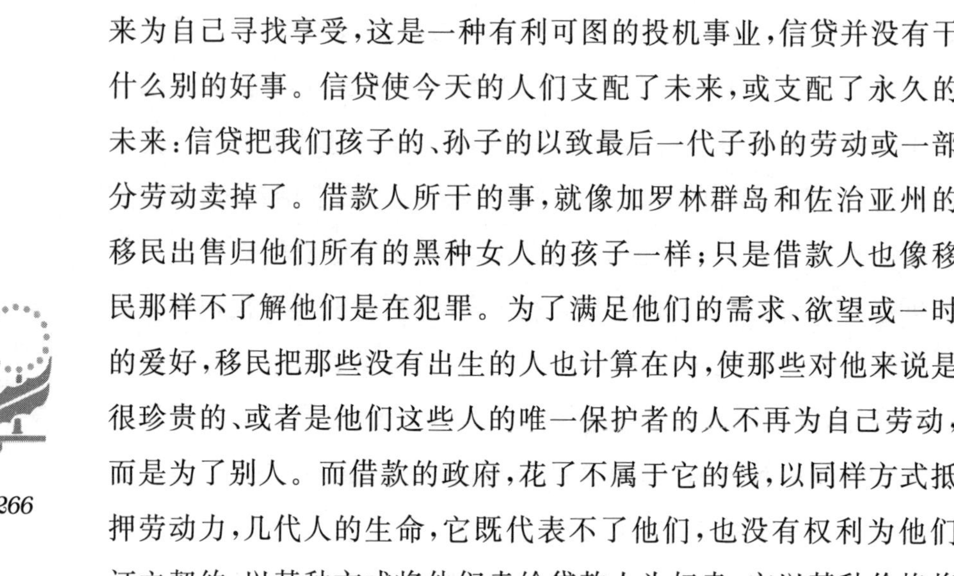

人们对信贷的发明大叫大嚷，并且赞叹不已，信贷使国家找到庞大的资本，当国家非常需要时，多数情况是，当国家建设重大工程或为了得到超过财富能力的享受时，国家是在自己巨大财富中获得资本的。但是，除去那些正直与廉洁的人以外，用别人的财富来为自己寻找享受，这是一种有利可图的投机事业，信贷并没有干什么别的好事。信贷使今天的人们支配了未来，或支配了永久的未来：信贷把我们孩子的、孙子的以致最后一代子孙的劳动或一部分劳动卖掉了。借款人所干的事，就像加罗林群岛和佐治亚州的移民出售归他们所有的黑种女人的孩子一样；只是借款人也像移民那样不了解他们是在犯罪。为了满足他们的需求、欲望或一时的爱好，移民把那些没有出生的人也计算在内，使那些对他来说是很珍贵的、或者是他们这些人的唯一保护者的人不再为自己劳动，而是为了别人。而借款的政府，花了不属于它的钱，以同样方式抵押劳动力，几代人的生命，它既代表不了他们，也没有权利为他们订立契约，以某种方式将他们卖给贷款人为奴隶，它以某种价格将他们出卖以供挥霍，而贷款人的子孙后代永远也享受不到。

在现今的国家债权和私人的债权状况中，大部分劳动产品都事先抵押出去，用来支付先前缔结的债务。在欧洲大多数国家，预先征收占社会收入的 1/5 或 1/4；所有借款人欠给债权人的利息要另外抽取 1/5 或 1/4 的社会收入。这样，可能还留下一半、至多是 2/3 的共同劳动所得的利润用来分配给参加劳动的人：产业主、承包商、商人、农场主、短工；尽管人类劳动和效率无节制地增长，所有那些作出贡献的人得到的报酬比以前更少，这并不值得大惊小怪。我们在旅行过程中，在那些被我们认为是不开化的国家里，经常碰到一些有关老百姓的风俗习惯、安居乐业的生活的描写，与我们工业国家令人担忧的贫困大相径庭。当人们参加这些半野蛮人的娱乐活动，受到他们的款待时，看到他们丰衣足食，菜肴丰盛，而想到自称是获得巨大进步的国家的勤劳的穷人时，不禁感到一阵心酸，人们要问，秩序、正义、自由和文明，是否只是骗人的幻梦，在社会科学中，人们是否只是高谈阔论。然而，人们却并没有放弃研究什么是好的和正确的原则，人们并没有丧失勇气：那些进步国家的人民，并不是因为真正的进步而遭难，这是因为我们的错误，往往是办事不公道使人民遭受苦难。保持欢乐天性和丰衣足食生活的穷人居住的国家，那里的人不知道信贷，政府也没有事先出卖他们血汗换来的果实。

但是，今天公共信贷制度能够引导我们到达的境地，过去是无法达到的。一旦那些强权人物发现将子孙的财产归为己有的方法，享有那些不是属于他们的东西，他们就不可能就此止步。一般来说，债务都是战争时期或为了战争而订立契约欠下的；但是，在和平时期能偿清债务的事也是罕见的。政府在习惯于长期借贷制以前，人们自信得对偿还债务寄予希望，为此目的，人们创造了一种偿债基金。不久，人们给交易所弄来了主顾，每天都有新的需求，并用来决定债券的价格，用这种办法来支持公共票据的价格。但是，政府不久也看出，并对偿债基金感到失望，这种基金在国家重新借债时，又同时购买了它，自从国家看清了这一点，各国政府就放弃了这种游戏。

自从这次和平时期开始以来，英国政府热忱并诚心诚意地致力于减少开支，清偿一部分债务；但是，通过节约来补偿过去的挥霍浪费是办不到的。其他人可能连想都没有想过。借款大大超过清偿债务的款项；公共票据大量增加。人们曾说，只有自由派政府能够借款，还说，只有信贷才能使借款的政府的财政暴露于光天化日之下。但是，借款的交易已经变成了银行家的很有利可图的商业，此外，他们对自己承担的贷款中突然发生的事无动于衷，他们在商业中投入了所有的息票，拒绝对任何人的斡旋，这种情况和隐瞒赤字的政府以及宣布混乱的革命政府一样。大部分借款的政府将来肯定要破产，然而，他们总是把贷款投入一个、两个或三个资本已经充裕的国家；如果土耳其政府不同意借款，这并不是银行家的错误。在拿破仑时代，如果借贷活动像现在这样先进，为了同时吸引借主与贷主，委托中间代理人出现了，如果他们出现了，毫无疑问，这是为了他们的生存而斗争，他们将会吞噬子孙后代的整个资本。如果今天爆发了新的战争，所有那些能够投入的资本都很可能投入；税收将取走生产的一半或 2/4，而不是 1/4，农业、商业或劳动的利润也以同样的比例减少。

要对付这种咄咄逼人的危险，应该在国家的宪法中求得保障；今天，不幸的是各国政府所作的修改都是旨在减少、甚至完全毁灭这种保障，而不是增加这种保障。陈旧的流弊恶习到处都激发改革的狂热，思想家的自由运动使得今日的思想战胜昔日的旧思想。人们千方百计地加强舆论的力量；但是，如果不相应减少对过去的爱，对未来的预见，那就不能加深对今天的感情；争取自由的大部分成果都转向反对经济。人们想方设法系统地在政府中排除那些因循守旧的人；然而，国家的繁荣和正义要求另一个世纪的声音、我们后代的声音能在立法中得到体现。政府的安排只考虑当前的利益，它应该与考虑长远与永久的利益的团体和机构结合，给政府以抵抗当前狂热的力量。

过去，共和派设法在贵族院里寻找长期利益的捍卫者，后代利益的捍卫者；为了保护未来，专制制度建立在人们假设的对统治的王朝的永久性的基础上，但是其效果甚微。在威尼斯、伯尔尼或古代城邦国家的上议院里，人们的思想也像今天一样，也是考虑到子孙后代的；在那些由国王、大臣领导的国家里，如弗雷德里克二世[①]、萨利[②]、科尔贝[③]等，他们是为前途着想的，对加诸于后代的困难，有时也有所顾忌，并设法避免。但是在今天，好像一切都使人们学会得过且过，议会使君主们不必为钱财操心：对君主们来说，他们不必知道国家能否付款，只要知道议员们是否会同意支付款项就行了。而对议员来说，授予他们的任期只不过是 7 年、5 年或更短的期限，他们为形势所迫，总是孤立地考虑问题，因为他们怕在群众中失去选票，纵然这种投票不是秘密的。因此，议员们只有一种想法，那就是让人们在今天少吵吵嚷嚷，而不管明天的后果会怎样。弗雷德里克二世以已有的物品求得自给自足；一个符合选举法选出的部长设法给予国王要求的东西，而议员却依然故我，他们迫不及待地留给后代的，那就是将同时代人的一切耗得一干二净。

此外，即使人们将子孙后代的利益托付给某个更热心和更会

① 弗雷德里克二世(Frédéric Ⅱ，1194—1250 年)，德国皇帝。——译者

② 萨利(Maximillien de Béthune Sully，1559—1641 年)，法国国王亨利第四时的大臣，著有《皇家经济学》。——译者

③ 科尔贝(Jean-Baptiste Colbert，1619—1683 年)，法国财富学家。——译者

经常维护这些利益的团体，但是，这种团体能否抵挡一时的狂热，能否抵挡得住代表当代民族利益的不可抵挡的力量，好像社会存在本身就是这种利益的胜利。此外，不管私人贷款或是国家贷款，当借款人急需时，不管他如何谨慎也是无济于事的，他会同意贷款人的各种条件。不幸的是，最近几年来的发明，使借款人和贷款人的谨慎化为乌有。当政府感到急需用钱时，它总是向别人贷款，这样，它就得用它所没有的东西去偿还。有些大资本家放了债，也就是说他们将来有债权和款项。人们答应按不同期限、但都是近期付款。资本家因而要求很高的利息，这笔利息与他们要冒的险以及用来服务的钱是成比例的：他们不是要5%，而是要6%，8%，10%的利息；但是，资本家宁愿为一笔微薄的投资而要人们承认有一大笔资本；他们的借款付的是50利弗尔，付5%的利息，而他们得到的借据是100利弗尔。他们用这种方式将他们缔结的高利贷价格置之不理。一旦情况变得有利时，他们就夺走借主的偿还手段；他们使同时代人如释重负，而要后代子孙归还资本，它不仅没有为他们的用途付过钱，而且参与商业活动的人从来也没有收到过这笔钱。贷款人对于要付的款子，与他拥有的款额相差甚远；他不但没有埃居，也缺少各种各样的债权。然而，他们急于兑现债权，或者用银币，用汇票，或用钞票，至少得支付第一批款项。他们从金库拿到的埃居，第二天就为公共开支花掉了。贷款人并没有避开流通，但是不让在他们身后一文不名；但是，银行家又得重新提供钱币以供给他的第二批付款，贷款人为此目的向资本家卖掉了所有的借款息票或他刚购买的公债，就像以前卖掉所拥有的其他债权一样。今后的事就是要说服国家保证投资的安全；贷款人

负责保卫债务人的品格，夸耀他的诚实和收入丰厚；而当人们想到借款的国家是哪些，这些国家的境况有时显得多么糟糕时，就得以很坏的价格给这些国家以巨额款项，人们不得不承认银行家善于欺骗，而国家的安排使其变得这样。然而，贷款的息票陆续出售了；资本家的埃居到了银行家手里，然后到了国库，国库付给所有的资本家，资本家又立刻重新开始同样的流通，直到银行家应允的最后的付款完成为止，同样也是借款的息票转移出去为止。借款的政府可能遵守诺言或爽约，它在破产的时候，可能使债权人破产，也可能在强迫债主支付他所花费的钱时使债主破产；银行家对政府将采取的决定漠然置之，当资本家开始冒险，银行家已进了港口，赚了大钱。

只有那些积聚巨额财富的人才能试图进行这些投机；确实，他们至少应该承担起整个企业的责任，他们应该不让国家很清楚地看到他们的绝对依赖；但是，在另一方面，今天，人们靠工业积累了亿万家财。当其他商业只获得有限的和不很可靠的利润时，投机倒把的商业却积聚了万贯家财；对那些精明的百万富翁来说，最冒险的赌注，最赚钱的买卖是公债买卖。对那些比较富裕的能够自己取得贷款的商界人士来说，这种商业恰好是恼人的机会，如果银行家可能使这种商业破产的话，政府也没有督促银行家去履行义务。因而，我们在这里又找到了我们多次承认的东西，巨额的财产已经搅乱了社会的平衡，就像超额贸易一样，人们将借贷的弊害归之于巨额财富。我们同样也找到立法机构制造障碍的理由，有时是用资本积累，有时是用资本积聚的办法。但是，当它反对政府时，政府怎么能等待有益于社会的警惕性呢？这就像是反对那些与社会缔约的人一样，社会应该对它保持警惕吗？

政府是唯一的自身一无所有的借款者，它不能认为是什么也不能生产的，然而，它也能找到信贷，当人们看到这些政府定期地付利息，人们也可以想象他们在未来，可以强迫他们的臣民向他们交钱；但是，对有些政府说来，他们的臣民显然是没有能力付款的，而这种情况是借款时所最不希望出现的事情。像一个破了产的浪荡公子那样，一个国家也不能求助于高利贷者，因为国家也已入不敷出；战争是如此迅速地挥霍了财富，同时还反对再生产，它经常给找寻这种倒霉的财源提供了合法的理由。英国政府在挥霍浪费方面是行家，至少它是用借贷来创造新的利益，为的是保证政府的利益；但是，在战火蔓延的国家，收入是减少了，而不是增加了，巧立名目建立各种税收也无济于事，因为那里一无所有，也没法得到税收。和希腊、美洲的新国家、西班牙和葡萄牙进行交易的银行家，如果没有与利息相当的收入，就得另想办法，那就是在向政府的投资本身中，在手里保持足够的资本以支付最初两年的利息。银行家已经了解到，一旦危机过去，政府会找到新的财源；他们指望的是最初几年付款的规律性会使资本家产生幻想，当银行家出售所有的息票时，资本家就会争相购买。银行家脑子里很清楚，头两年所得到的利息就足以维持营业活动，尽管那些和他们做生意的人破产迫在眉睫，他们确实已经获得巨额利润。确实，银行家也给予资本家一种挽救破产的手段，那就是商谈一批新的借款，并用它来继续支付银行家利息，而这么一来，不管是利息或资本，给后代子孙留下的是一笔已经挥霍殆尽的债务。在那些不怀好心的权宜办法中，美洲新国家选择的只是破产，他们是下定决心这么干

的，这还不算是最不道德的也不是最糟糕的。

在伊比利亚半岛和在新大陆的属地，内战在继续，对革命和反革命双方，这些银行家都是出资者：在英国、法国、荷兰和瑞士，银行家从中调停，并用资本进行欺骗和引诱，双方维持现状，继续了25年之久的内战，使这片美丽的地区满目凄凉。资本家对另外一个国家的干预比国王们的干预并不逊色，也同样有害。然而，当一个党宣称它不愿意支付对立的党派的债务时，因为这些债务是因为迫害他们和奴役他们而欠下的，银行家、资本家和新闻记者们，此时就用一本正经的愤怒的语言，大叫大嚷来反对他们称作部分破产的东西；他们的叫嚷声在所有的交易所里引起反响，他们宣称不再为破产的蒙受耻辱的人的资产标价。他们横行不法，居心叵测，很难谈得上正义与良心；人们也很难理解，臣民们怎么会对一个他们不承认和对他们加诸暴力的政府俯首帖耳？一个国家失去信贷，可能还是应该庆贺的，因为它的主人再也不能将它出售了，外国银行家再也不能购买它了。尽管欺诈性契约欠下的债款是非法的，破产也可能无济于事，因为破了产的政府虽然从旧的债务中摆脱了，但是还会在信贷中欠债；它还会重新借钱，而它的臣民还会像今天一样很快地负债累累。

英国欠下的债务并不是由于干尽丑事的市场造成的，如果从政府得来的银钱是用来拯救不列颠的独立，下几代人会从中得到好处，而他们现在则是身受重负。这种负担是不轻的。精明的英国经济学家证明公债恰好是英国人民所记恨的，并以此作为自己的任务，他通过计算，指明英国的债务利息，分摊到不分性别年龄的英国人身上，每人只有25先令，他设想英国的最穷困的短工，即农业短工，只付 15 先令。[①] 就算这个计算是正确的，在我们看来，这种负担也算不了什么。短工家庭的平均人数是 5 口人以上而不是 5 口人之下；只是家长挣钱，他得付年老的父亲以及妻子和孩子的那份负担；这样一算就有 125 先令，大不列颠每一个家庭的家长分别得付 156 法郎，或者我们承认穷人负担部分是 15 先令；那每个短工在生产生活资料之外，为了支付先辈的挥霍费用，得通过劳动生产 75 先令或 94 法郎。在欧洲大陆的一半国家里，每年付出的这笔款子就足以维持生计。

尽管留给子孙后代的负担是这样沉重，我们难以指望道义上的推理和考虑能够阻止政府订立借约，即使是它已感到有这种危险，甚至国家存在本身也岌岌可危。只要债主存在，只要这些人能从国家的困境中得利，只要他们自己能够巧妙逃避破产，他们将破产转嫁到别人身上。然而，我们相信，认识非物质资本的本质，指出借款是为今人而牺牲来者，是骗人的和不正义的，不应该对信贷的创造能力存在幻想，寄予信任，除了在特别需要的情况下，应该阻止正直的政治家去求助这种坑害人的权宜之计，这一切都是有益的；政府阐明，最富有国家的、人们羡慕不已的繁荣里面隐藏着骗人的东西，阐明这一点也是有益的；在增加财产的同时，物质财富确实是减少了，这种鲜明的对比是由于我们的先辈只是考虑他们现在占有的财产，而我们还要考虑未来的财产。他们想在已完成的劳动中发财致富，而我们认为致富要靠将来的劳动；他们和他们的同时代人以及他们的祖辈，认为自己是财富的唯一创造者；而

① 《英国和外国杂志》，第 3 期，第 293 页，“论谷物法”。

我们认为，这样做不会使我们的后代发财致富，是事先吞噬了后代的劳动果实。我们的财富也包括我们子孙的，在他们出生以前就已经作为商品课以人头税；这些子孙，有的是被出售了，有的是购进了，事先已宣布他们不再属于自身支配了。

将我们的原则直接用于立法，这样做可能超出我们的期望，但是，对非物质资本的真实本质的了解，使我们能提防那些自认为能通过公共票据交易而使国家发财致富的人的诡辩，能对付那些向政府提供信贷的人的诱惑，并能反对那些不断在私人交易中设法为弊多利少的契约提供方便的人的意见，他们以商业的名义，要求给信贷以保护，给贷款人以保证。毫无疑问，我们并不要求经济拮据的人去出售财产而不去借款，但是我们要求法律不要照顾赔本的销售及具有方便条件的贷款；我们要求人们相信，应该给抵押、给商业票据以特权，或者，如果人们不得不维持这种情况，即采取债务逮捕权，这种特权只是出于正直和公平的企图，而不是为信贷提供方便的愿望。最后，当我们并不想立即执行这些原则时，我们相信最根本的是要彻底认识物的本质，而且，如果不以全部智慧来了解债权、非物质资本是什么东西，人们永远也不能抓住政治经济学的全貌。

图书在版编目(CIP)数据

政治经济学研究.第2卷/(瑞士)西斯蒙第著;胡尧步,李直,李玉民译.—北京:商务印书馆,2017
(汉译世界学术名著丛书:120年纪念版:珍藏本)
ISBN 978-7-100-14097-3

Ⅰ.①政… Ⅱ.①西… ②胡… ③李… ④李… Ⅲ.①古典资产阶级政治经济学 Ⅳ.①F091.33

中国版本图书馆CIP数据核字(2017)第139897号

汉译世界学术名著丛书
(120年纪念版·珍藏本)

政治经济学研究

(第二卷)

〔瑞士〕西斯蒙第 著
胡尧步 李 直 李玉民 译
胡尧步 校

商 务 印 书 馆 出 版
(北京王府井大街36号 邮政编码100710)
商 务 印 书 馆 发 行
南京爱德印刷有限公司印刷
ISBN 978-7-100-14097-3

2017年12月第1版 开本 710×1000 1/16
2017年12月第1次印刷 印张 17½
定价:88.00元